뜻밖의 **α**(알파)미래

민초 고왕인 박사 저

1525@2023 α세대와 부모님들께

뜻밖의 α 미래

글흐름

뜻밖의 α미래 004

1 α미래, α세대, α역사 007

2 인류역사계승의 초한동력(超限動力) 023

3 역사는 인격체 051

4 인류와 한국의 미래역사좌표 089
인류역사의 특이성

5 다음 200년의 대변환기 156
바로오는 대변환기 200년, 그 최초 50년 α시대, 이후 정육면체 역사발전

6 α시대의 직접민주정치와 가치시장경제 183
한민족의 인류사적 맹약, α시대 2025~2075, 직접민주정치, 가치시장경제

7 창의교육의 정보과학기술(E Tech); 홍익미래의 컴몬·그라운드 221
창의교육, 한민족의 교육적성, 홍익·인류책임교육, 교육정보과학기술

8 지구주민의 창조적 생존도략(Survival Consilia) 243
생존도략, 크레볼루션, 위상포텐셜, 다중임계근방

9 컴팍스(Compax), 행성정치와 솔라르케(Solarche); 두 기둥 281
태평양 양안(Compax)의 행성정치학, 태양계 신기원 (Solarche)의 우주문명

뜻밖의 α미래

일찍이 예상하지 못했던 미래가 다가오고 있습니다. 강대국들 간의 경제적 대결, 침략 전쟁 등으로 인해 *세계의 권력구조에 변화가 생기고 동북아시아 강대국들의 꽉 물린 역학(力學)관계가 빈틈들이 드러나면서 대한민국이 숨쉴 여유가 조금씩* 나타나고 있습니다. 한국의 입장은 매우 강화되는 면도 많지만, 이런 국제관계의 지각변동이 몰아올 지진과 같은 대참사를 피하기 위해서도 신경을 많이 써야 하는 입장이지요.

한국과 한민족의 미래는 앞으로 한 세대, 즉 30년 정도에, 예측할 수 없는 방향으로 움직이고 있지요. 누가 보아도 그렇습니다. 그런 예측하기 힘든 미래를 잘 헤치고 나가기 위해서 이 책은 뿌리부터 살펴볼 생각입니다.

뜻은 사람이 마음을 집중하여 생각할 때 생겨나지요. 그런데 인간은 자기의 상황을 항상 충분히 파악하고 있지는 않습니다.

공동체나 나라도 마찬가지입니다. 우리의 *필요에 따라 발전하는 외부세계와의 관계 맺기, 즉 네트워크가 자라가면서 그에 대응하는 우리 속의 중심체계가 만들어져 가고 그 중심체계의 한가운데에는 현실을 바라보고 판단하고 행동하는 축(軸)이 자리잡게 됩니다. 미래는 바로 이 성장하는 축들(axis)이 주도적으로 창출*해내는 것이겠지요.

α는 최고를 뜻합니다. *α미래는 최고의 미래*를 뜻합니다. *α미래는 α축이 만들어 냅니다.*

초저출산율 0.7 부근이라면 나라의 운명이 다 되었다고 다들 기운이 빠질만 하지만, 이 책의 정신은 좀 거센 콜비 좀 맞았다고 후줄근하게 쳐져서 남아 있는 것을 거부합니다.

노예상태도 이겨내고 말짱 파괴한 전면전쟁도 이기고 분단(分斷, 이건 나눌 분자가 아니라 切斷이다!)도 극복하고 *지난 100년의 온갖 고통들을 퇴비쯤 정도로 치부하며 우리는 살아 있습니다.* 우리는 삼일운동을 통해 어진나라의 꿈을 꾸었습니다. 이제 그 꿈이 기술과 창의로 초월한 새 시대를 창조하면서 인류에게 새 역사를 즈어야지요.

이 책은 역사를 새로운 눈으로 읽습니다. 끊임없는 추구력으로 새 문명을 세우고 거기에 기둥처럼 우뚝 설 새 꿈을 그려서 드립니다. 행성지구와 태양계 진출의 다음 200년간을 어떻게 우리를 지키면서 모든 나라들을 두루 유익하게 할지를 간절한 10,000년의 염원을 담아 설파합니다.

이 글 속에 앞으로 천년을 바라보고 그 첫 200년간 어떻게 지구라는 행성에서, 그리고 태양계로 진출하며 인류를 유익하게 할 비젼들을 제시하면서 우리의 젊은 α세대, 특히 1525@2023인 책임 세대어게 우리 모두가 뛰는 릴레이 계주(繼走)의 바톤을 받으라고 소리 칩니다.

α세대와 그 부모들이 읽고 새 역사현실의 세계로 들어가기를 간절히 바랍니다.

뜻밖의 α미래 **5**

6 뜻밖의 α미래

1 α미래, α세대, α역사

1 *α*미래, *α*세대, *α*역사

To   1525 @2023
        2030 @2028
        4050 @2048

위에 쓴 세 줄은 무슨 뜻인지 대부분 짐작하실 겁니다. 저는 *우리 나라의 미래를 책임 질 특별한 한 세대를 뜻하고 있답니다.* 첫 줄은 2023년에 1525라?

미래가 들이 닥친 후에 고민하기 시작하면 이미 늦어요. 지금 *2023년에 15살에서 25살까지인 사람들*은 귀담아들으세요. 그대들은 지금부터 *5년 후, 2028년이 되면 20살에서 30살까지*가 되어 있을 것이고요, *25년 후인 2048년이 되면 40살에서 50살*이 되어 있을 겁니다.

2028년이 되어서 20살에서 30살 까지면 대학, 군대, 직장, 가정에서 막 삶을 시작하는 나이이기 때문에 사회의 *활력을 주는 젊은 주체가 되었거나, 전문성이 인정받기 시작하는 단계*이겠지요. 바로 우리나라가 *세계를 향하여 웅비하여야 하는 시기이며 방해물들을 치받아 치워 버리는 그 때쯤 그대들의 젊은 박력이 아주 긴요해지는 때*인 것입니다.

그로부터 20년이 더 지나 *2048년이 되면 그대들은 40살에서 50살이 되면서 우리 사회의 중견세력이 되어 나라가 그대들의 손 안에서 움직이고*

*있을 겁니다. 2050년경에는 세계적인 변화가 전반적으로 한 단계 상승하여 나라들과 지역사회들이 안정화로 들어가는 그 즈음이 될 것*이기 때문입니다.

그러나 현실은 녹록하지 않습니다. 그대들을 순조롭게 자라도록 허용하지 않고, 그것이 어떤 형태일지 정확하게 예견되지는 않지만, 마녀의 갈고리 같은 손으로 우리를 사로잡는 각박한 상황이 언제나 역사 속에 자리잡고 있기 때문이지요.

2021년부터 코비드-19와 우크라이나 침공 사태 이후 세계의 장래에 대한 우울한 예측이 사람들의 마음을 지배하고 있습니다 당장 눈 앞의 미래에 생존의 불확실성이 젊은이들을 괴롭힙니다.

그러나 이번 코비드-19 이후 한국의 국제적 평판은 놀라우리만큼 뛰어올랐고 과학기술력과 안보대응 능력과 선진적 산업체계가 골고루 높은 평가를 받기에 이르렀습니다.

가장 중요한 20년간 1525@2023의 활약이 필수

그리고 세계의 많은 나라들은 마치 한국이 다음 시대의 선두 주자가 되리라고 예견하는 듯, 우리의 역할에 기대가 큽니다. 아마도 반도체, 소재산업, 이차전지 배터리, 등 산업 기술력이 급격히 경쟁자들을 따돌리고 독보적인 위치를 굳혀 나가기 때문일 수도 있습니다.

그러나 기본적으로 한국이 가진 중요한 능력은 일반적으로 잘 눈에 뜨이지 않지만 다른 여러 나라들과는 달리 모든 상황에 결정적 영향을 미치는 우리

사회의 비교적 "뒤틀리지 않은 건강한 소프트웨어"에 있다고 보아야 합니다. 이 건강한 소프트웨어에 대해서는 뒤에 가서 자세히 설명하려고 합니다.

한국은 120년 전 나라가 망하고 그 쓰리고 아픈 지난 시대를 거쳐 오면서 "전우의 시체를 넘고 넘어, 앞으로 앞으로" 하는 투지로 전방의 고지를 점령해 온, 그대들보다 앞선 아저씨와 할배들의 여러 세대들이 한국을 이끌어 왔습니다.

지금까지 우리나라가 <u>이 모든 발전단계의 마무리로 생각되는, 2028년에서 2048년 사이의, 약 20년간의 미래에 어떤 일들이 기다리고 있는지 쉽게 예측할 수 없는 현실입니다. 그 가장 중요한 20년에 1525@2023의 활약이 필수적으로 기대되고 요청되는 것입니다.</u>

이 글은 길게 쓰려고 하지 않습니다. 제가 "아" 하면 금방 "오" 하고 떼창을 시작할 사람들이 그대들 가운데 부지기수로 많으리라고 생각하기 때문입니다. 왜냐 하면!!

아메리카 대륙을 포장마차(술집 이름 아님)를 타고 <u>대평원과 록키산맥을 횡단하던 이민들의 평균 나이가 19살</u>이었고, 진짜 믿을 수 없는 일이지만, <u>험준한 텐샨산맥을 넘어 중앙아시아의 평원으로 진격하던 몽골의 용사들이 평균 15살</u>이었다고 합니다.

몽골의 용사들은 사람마다 다섯 필의 말을 끌고 다녔는데 계속 말을 바꿔가며 타서 그 진격속도가 눈부시게 빨랐다고 하며, 텐샨의 고지를 넘기 위해 춥고 물이 없는 곳을 만나자 말의 목의 혈관을 뚫고 피를 빨아 마신 후 다시 봉합하여 주는 식으로 전진했다고 합니다.

10 뜻밖의 α미래

믿어 지십니까? 미국 서부 개척 시대에 20살도 채 안된 젊은이들이 미국 프레이리 대평원에 있는 도시에 도착하여 새파란 젊은이들끼리 결혼하고 말들과 포장마차를 마련하여 흙먼지를 일으키면서 록키 산맥을 향해 나갔던 것이지요. 믿어 지십니까?

리볼버 권총을 잘 아시지요? 탄창에 총알이 6알 정도 들어 있어서, 회전하면 공이가 때려서 연속적으로 발사시키는 방식이지요. 그게 가장 중요한 것이, 바로 전의 총알이 발사되면 그 다음 총알이 올라오면서 쎄게 따려 주게 되는 연속시스템입니다. <u>맨 처음에 쎄게 때려주는 것이 있어야 총알이 발사됩니다.</u>

<u>맨 처음에 때려서 시작해주는 어걸 "이니셔티브"라고 하는데,</u> 이니셜리티 (initiality, 초기성)에서 나온 말입니다. "우리는 총알이야"하는 말을 들어 본 적이 있습니다. <u>아무리 총알이 성능이 좋아도 누가 쏴 주어야 하는 것 아닙니까?</u>

<u>우리는 1000년간 밖으로 못 나가게 막혀 있었지요</u>

<u>한국의 평민들은 지난 1000년간 밖으로 못 나가게 막혀 있었습니다.</u> 그래서 우리 좁은 한반도 안에서 백탄, 흑탄, 티각 태각 튀면서, 바글 바글 냄비에 끓어 넘치면서 서로 싸웠습니다. 이게 다 고려시대 각 지방의 토호들이나 조선시대 양반의 붕당 및 파벌 같은, 내부의 <u>"속 좁은 부패한 지배층(Rotten Elites)" 때문에</u> 그랬었다고 요즘은 누구나 수긍합니다.

또 그에 못지 않게 한국사람들의 우수한 기질과 능력이 밖으로 발휘되지 못하게 <u>방해하는 치졸한 경쟁자들인 지나(支那)와 왜국(倭國) 같은 외부의</u>

*인근(隣近)세력들이 끈질기게 막고 훼방*해서 그랬던 것입니다.

그런데 이제는 시대와 상황이 달라져 갑니다. 정주영 같은 인물들이 만리나 떨어진 중동으로 기적 같은 진출을 이룬 것이나, 이건희 같은 인물이 생판 모르는 반도체를 붙잡고 국민들 먹거리를 만들어 낸데 있습니다. *한민족의 DNA에 숨어 있던 잠재력이 치고 나와서 각박한 현실을 타개했기 때문입니다.*

젊은 그대들 중 부분적으로 싫어하는 이들이 있을 지 모르겠으나 공정히 말할 수 있는 것은 독재의 아이콘처럼 질타 받는 군사독재의 박정희 같은 인물들이 *국민들의 성향을 진취적으로 외부로 향하도록 바꾸어 놓은 것*은 한민족 일만년 역사에 드문 일이었습니다. 그게 다 배고파서 못 살겠다로 한마음들이 되었기 때문입니다.

우리나라는 *지난 70년간 독립 이전 과거역사의 썩은 엘리트들이 사라지고 점차 지도적 엘리트들로 자라난 Elite Commons(엘리트 평민)가 나타나*게 되었습니다. 아직 그 대체과정은 계속되고 있습니다. 새로운 혈액, 새로운 근육이 공급되는 것은 끊임없이 지속되어야 할 것입니다.

극한의 상황에서 단련된 한민족. *세계의 모든 정치·경제적인 압력이 모두 집중되어 짓누르는 한반도. 세계의 가장 강한 네 나라들이 바로 주변에서 어깨를 들이대고 서로 미는 가운데 끼어서 "고래들 싸움에 새우등 터진다"고 비명을 질러도 그 아무도 불쌍히 여겨 주지 않는 가련한 나라.* 제가 젊었을 때 이 나라를 생각하며 간절히 기도하다가 *"우리나라는 '공통 변경'이구나!"* 하고 크게 한탄한 적이 있습니다.

12 뜻밖의 α미래

그리고 그 해결책을 깊이 파헤치면서 기도하다가 진짜 순수하고 뜨거운 감정과 함께 *네 글자인 공통변경을 두 글자로 줄인 "공변(共邊)"이라는 단어*가 나를 사로잡았습니다.

공통의 변경을 공통의 첨단(Common Edge)으로

우리를 둘러 싼 큰 네 나라가 생각하기에 한국은 자기들 나라로 보아서는 변경, 즉 변두리 지역에 지나지 않는다고 생각하는데 얼마나 억울한 일입니까? 그런데 단순한 변경이 아니라 세계 최대의 강국들이 공통으로 보기에 *진짜 쓸모가 없는 변두리로 여길수 밖에 없는 특별한 변두리 국경지대*인겁니다.

모든 나라들이 *"공통의 변경", 영어로 Common Frontier(공통개척지)라고 부르게 되면, 역설적으로 그 곳은 바로 세계의 모든 개척정신과 창조력이 집중하게 되는 전 세계의 새 역사의 중심인 공통의 첨단*이 아니겠습니까?

이 이야기의 요점은 100년전 은자(隱者, hermit)의 나라에서 최고의 선진국을 향하고 있는 지금까지으 한국역사 발전을 보면 *여러분은 바로 세계 미래, 즉 신세계의 중심에 서 있다*는 말입니다. 그 *극한의 압력과 극한의 열기와 극한의 모순과 극한의 불가능이 우리를 질식시키는 그 공변의 장소에 우리는 버티고 살아왔다*는 말입니다. 그리고 *마침내 두터운 알의 껍질을 깨고 나오고 있는 기적이 일어나고 있는 것입니다.*

그런데 21세기 들어오면서 세계는 이상하리만큼 요동치고 있습니다. *지금 25살인 청년들이 태어나던 1998년에 한국은 외환 부족 때문에 IMF(국제통화기금) 사태를 겪으면서 다른 신흥국들과 함께 국가경제가*

파산하였습니다.

그 엄청난 시련을 딛고 일어서는 몇 년간 온 국민의 일치단결한 모습은 세계민들에게 경이와 감동을 안겨주었습니다. 장롱 속에 고이 모셔 둔 금반지들까지 고스란히 바친 것은 전혀 국민들의 정성이었습니다.

*우리는 그 위기를 극복했을 뿐 아니라 우리나라 보통 사람들의 체질을 크게 개선*할 수 있었습니다. 이때부터 한국에는 시시각각 조여오는 부정적인 사태에 대항하여 *감히 저항하고 돌파하고 모든 상황을 내 손으로 해결하겠다는 저돌적인 국민들의 세력이 나타나게* 되었습니다.

저는 이 세력을 이름하여 영어로 표현한다면 Daring(해치우는) Commons, 또는 Piercing(꿰뚫어 버리는) Commons, 가장 마음에 드는 것으로 *Bold(담대한) Commons*이지만, 한국말로는 *"당찬 평민세력"*이라고 부르고 싶습니다.

사실 우리나라에 지금 평민 아닌 사람이 어디 있습니까? 한국전쟁이 일어난 이후에는 안 굶어 본 사람이 어디 있습니까? 모든 국민이 예외없이 밑바닥 흙수저에서 다시 일어났다고 보아야 합니다. 금수저, 은수저라는 말을 지어내는 사람들은 국민들을 편가르기 하는 것이 아닌가 우리 속이 불편합니다.

Go, Go, Go!! daring Commons!!! Bold · Winner!!!

Bold Commons라는 표현은 "뭐 우리가 무엇이든지 못할 게 뭐냐?" 하는

14 뜻밖의 α미래

상당히 당돌한 기분을 표시하기 위한 것이지요. 거의 반세기동안 인류의 마음을 사로잡아 왔던 우주 드라마 Star Trek에 맨 처음 나오는 멘트를, 투지가 가득한 Kirk 사령관이 외칩니다.

"This is the voyage of US Enterprise, <u>TO BOLDLY GO where no man has gone before.</u> (이것은 유에스·엔터프라이스 호의 우주항해이다, <u>아무도 가보지 못한 곳을 담대하게 탐험해 나가는!</u>) ', 짜자쟈~쟌!!!

위장된(우리는 진실과 정직 아니면 싫다) 일부 촛불세력, 미국 스고기 뇌구멍 송송, 7만명의 중국 유학생들, 등 갖가지 잡스러운 요소들이 끼어들어서 초점을 흐렸지만, 그럼에도 불구하고 <u>국민들 속에서 보이지 않게 자라온 이 당찬 세력은 시간이 별로 지나지 않아 보이지 않는 사이에 점차 자기들의 정당한 역사적 좌표를 찾아서 자리잡아 가게 되었습니다.</u>

<u>지금 15살인 청년들이 태어나던 해 - 바로 1998년으로부터 10년이 또 지난 - 2008년에, 세계 경제는 또 한 번 엄청난 쇼크</u>를 받고 이번에는 정신줄을 놓아 버렸습니다.

월·스트리트를 중심으로 가장 최신의 금융기법인 금융공학(financial engineering)을 사용하여, 엄청난 규모의 악성 부동산채권들을 마구 연루시켜 파생상품증권을 발행하고 시장에 통용시켜, 증권시장과 세계경제가 붕괴 상태에 이르렀던 것입니다. 이게 <u>본질적으로는 보통사람들에게 가장 중요한 주택과 토지문제</u>였지요.

<u>그러나 역설적으로 한국은 2008년으로부터 십여 년간</u> 나라 안에서부터 자신들을 부유하게 만드는 데 <u>자신감과 전문성으로 무장한 중심세력인</u>

1 α미래, α세더, α역사

*신국부세대(新國富世代)가 자라기 시작했다*고 봅니다.

수백 년 전 전함을 만들 돈이 없었던 영국의 에드워드 7세는, 런던 시민의 젊은 자제들과 어울리면서 새로운 아이디어를 내어, 보통 평범한 일반 상선들에 대포를 설치해서 군함이라고 불렀습니다.

이후 두 세대 뒤에, 엘리자베스 1세 여왕이 보잘것없는 Drake 선장의 해적함대로 막강한 세계최강 스페인의 무적함대를 격파할 수 있었던 것은, 비록 해적 떼들이기는 하지만 풍파를 헤치며 국부를 쌓아온 새로운 신국부세대가 수십년간 자라났기 때문입니다.

우리나라의 발전상황을 크게 보면, 당시 20세기 말에서 21세기 초까지 세계적으로 성장동력이 선진국들 권역에서 신흥국 권역으로 이전되는 효과가 있었을 뿐 아니라, 신흥국들이 정보산업의 발달에 힘입어 손쉽게 국가경제의 내적 연계와 결속을 강화할 수 있었기 때문입니다.

그러나 나라의 경제력을 일으키기 위해서는 *거센 폭포마저 거슬러 역류하는 연어(salmon) 떼와 같은 당찬 세대가 필요합니다. 이런 강력한 결단과 추구력을 동시에 갖춘 세대가 나타나는 것은 매우 중요한데*, 나라가 부유해지려면 경제규모의 팽창과 국민경제의 내실을 동시에 만족시켜 *두 마리 토끼인 질과 양을 한꺼번에 잡을 수 있는 잠재력을 불러내야* 하기 때문입니다.

특히 한국의 경우는 찌나와 째팬이 이웃해 있어서 좋은 점도 있고 나쁜 점도 있었습니다. 2차대전으로 파산했다가 *우리의 가족들이 죽고 쌩고생하던 한국전쟁을 기회로 큰 재산을 모은 째팬*은 한국에 자기들에게 불필요해진

16 뜻밖의 α미래

산업을 이전해 주면서 신산업구조로 전환했습니다.

<u>째팬의 모든 수모를 받으면서 몸종처럼 어렵게, 어렵게 이룩한 한국의 산업발전을 그 이후에 사기성이 농후한 짱깨 왕서방이 모방·절도하는 단계를 거치면서, 세 나라 사이에는 좋든 싫든 간에 서로 대증의 관계와 경쟁·협력구조가 형성되었습니다.</u>

기억해야 할 점은 공산당 찌나(支那)의 경제발전을 도운 것은 세계 유태인 세력으로서, 이는 그들의 세계전략 중에 극동지역에서 이스라엘 유민들의 국가를 건설하려는 계획이 숨어 있기 때문이라는 설도 있습니다. 그러나 이제는 유태인 세력도 찌나의 위험한 정체를 파악하고 그 손을 놓아 버리는 것 같군요.

이러한 상황은 우리가 좋아하고 싫어하기의 문제보다 모든 고려사항을 다 파악하고 가장 슬기롭게 우리의 국익을 최대한 취해 나가면 되는 것입니다. <u>한국과 한민족에게는 1525@2023 그대들의 젊은 피가 쿵쿵 힘차게 신선하게 박동 쳐야 합니다.</u>

한국은 세계의 모든 세력들 가운데 오랫동안 견디면서 만년의 년륜(年輪), 말하자면, 지나간 100년씩 100권의 세기(centuries)를 두루 거쳐 오면서 우리 체질 속에 기억되고 쌓여온 충만한 지혜로서, 그리고 그대들의 활력을 더하여 우리의 운명을 언제나 새롭게 개척해 나가야 하는 것입니다.

제가 왜 <u>1525@2023인 그대들에게, 세계역사상 진짜로 드문 초월과 비약의 기회</u>와, 지난 100년간 쌓여 온 인적-물질적-금융적 자원과, 누추한 과거를 벗어나 _인류의 역사를 앞에서 선도(先導)할 수 있는 새로운 시대창조의 권한이 주어졌다_고 말하는지 아시겠지요?

세계는 이제 지구의 표면에서 일어나는 사건들에 대한 각종 과학적 데이터가 충분히 축적되어 있고, 호모 사피엔스와 인류의 삶에 대한 빅 데이터도 엄청나게 모아 놓았습니다.

달과 화성-소행성 등 가까운 행성들과, 타이탄(Titan)이나 유로파(Europa) 같은 타행성의 쓸 만한 위성들, 등 _인간들이 자원개발이나 생활기지 건설을 위하여 태양계의 여러 분야에 진출할 수 있는 여건이 상당 수준으로 마련되어 가고 있습니다._

엘론 머스크를 필두로 하여 우주개척 분야의 사람들이 terraforming - 이걸 번역한 자료가 없는데 내가 그냥 무식한 채로 자체 번역하면 terra가 땅이고 forming은 형성하는 것이니까 아마 '행성지면변환(行星地面變換)' 정도가 아닐까 생각하는데 - 을 자꾸 말하는데, "참말로, 인간이 창조주 역할까지 하려고 하는구나!" 그런 생각까지 들게 합니다.

창조주가 지구 같은 행성 몇 개 창조하는 외계인 정도의 실력만 가지고는 인간들의 숭배받기는 다 틀린 시대가 되어 가는 것이지요. 그래서 창조주는 영원·무한·전능·절대자여야만 하는 것이지요.

우리나라에도 엘론 머스크를 "머스크 형!"이라고 부르는 젊은이들을 보고 저는 재미 있어서 뒤집어질 지경입니다. 엘론 머스크가 스페이스-X 프로젝트를 성공시켜 가는 과정을 살펴보면서 저도 돈만 좀 있으면 저 짓 하면서 늙어 가도 좋으련만 그러고 있답니다.

18 뜻밖의 α미래

그런데 엘론 머스크가- 원래 저 멀리 변방 남아연방 사람이었던 사실은 다 아시겠지만, *엘론이 정말 어설프게 무대에서 막춤 추는 실력을 보고, 또 대담 프로그램에서 중국의 마윈이 엉뚱한 헛소리하는 걸 어떻게 반박할 기회를 잡지 못해서 점잖게 안달하는 사태를 본 다음에야 "야, 저런 사람 좀 우리나라 하고 같이 협력하면 안되나?" 하는 생각도* 해 보았습니다.

21세기 전반의 세계는 너무 빨리 변해서 눈알이 핑핑 돕니다. 기술 변하지요, 정보 변하지요, 알고리즘 변하지요, 사람 변하지요, 푸틴과 시진핑이와 김정은이를 보면 변도 자체까지 컨합니다.

그런데 앞으로 5년 정도 지난 후부터는 더 정신없이 뺑뺑 돌릴겁니다. *과거에 없었던 변화가 기술발달과 사회발전으로 인해 인간들을 뱃속 다 드러나도록 칼질을 해대고 있습니다.*

인공지능이 스스로를 진화시켜 갈 수 있는 슈퍼인공지능(Super A.I.)으로 발전하면 인간을 훨씬 넘어서는 지적능력을 가지게 되고, 세계 최고의 과학자로 인정받던 스티븐·호킹 박사는 이런 상황에 대하여 말하여 왈, *"인공지능이 인류를 멸종시킬 가능성을 잊지마라!"* 그랬지요. 아이고 이건 상당히 걱정되는 부분이라서 뒤로 가면 좀 더 깊게 다루어 볼 생각이 듭니다. *결국 지구상에서의 인류는 의식주와 에너지, 그리고 공동정보통신이 해결되어야 생존할 수 있는데;*

*에너지 문제*는 2030 ~ 2040년까지 기대되는 소형원자로와
빠르면 2040 ~ 2060년까지 기대되는 핵융합발전으로 어떻게 될 수 있겠지…,
*물 문제*는 2030년 까지는 일반 산업화가 될 것 같은데…!

1 α미래, α세더, α역사 19

또 의식주의 *식량문제*도 2040년까지 전분과 단백질의 대량 인공합성이 가능해지면 먹고 살 길이 열리지 않을까…?
*옷 입는 문제*는 벌써 신소재 중에 신개념 의류가 웨어러블 디바이스를 다 장착하여 나올 날이 2030년경 즉 십 년 남지 않은 것 같은데 값이 문제가 되겠지…!
*다기능 로보트*들이 실용화되는 날도 2027년 정도니까 그리 멀지 않았겠지요….

현재 이런 상황이 되어 가고 있거든요. 세계대전만 크게 나지 않는다면 말이지요. 그런데 세계대전이 통과의례가 될 가능성이 크거든요. 아무래도 고생 좀 하는 게 아닌가 생각됩니다.

*공동정보통신 문제는 결국 미래에 나올 인간 인지(human perception) 및 지식체계의 개혁까지 연계된 중대한 문제이긴 하지만, 양자컴퓨터가 현실화되는 날이 2040년 내지 2060년까지 남았다*고 보고 기다려 볼 밖에요~~~

세종대왕의 후예들이며 엘론 머스크의 동생뻘들 되는 그대들에게 이런 생각도 해 보아야 한다고 말하고, *미래 한국의 축으로 역할을 할 그대 특전세대(特戰世代)들에게 이제 싹 마음을 하얗게 비우는 일이 필요하실 것*이라고 한마디하고 다음 이야기로 넘어가려고 합니다.

일단 우리들의 DNA가 변해가고 있는가? 그게 좀 궁금합니다. 적어도 인간의 앞이마를 중심으로 해골 안에 잔뜩 분포되어 있는 대뇌피질(cerebral cortex)은 가장 변화가 많은 부분이지요.

20 뜻밖의 α미래

제 생각에는, 쉽게 생각하기 위하서, 인류가 아둥바둥 생존을 위해 집중-집중-집중하면서 오랫동안 지나치게 긴장하는 과정에 인간의 대뇌피질이 일종의 염증반응같이 부풀어 오른 것이 아닌가 이해하려고 합니다.

요즘은 유전자 조작 기술이 상당한 수준에 이르러서, 이제는 DNA의 일부를 잘라낸 RNA를 가위처럼 이용하여 DNA를 편집하고 재단하는 기술(CRISPR)이 상식화 되고 있다고 하지요.

현재 인류는 여러 종류의 위기요소들이 서서히 나타나고 있습니다. 인류 속에, 인간성 속에 숨어 있던 부정적 요소들입니다. DNA 가위질 기술(CRISPR)과 같은 과학기술이 줄 수 있는 최선의 선물이 옛 독일 나찌 세력이 600만의 유태인들을 살륙했던 우생학적 국가전략으로 변모하지 말란 법이 없는 것이지요.

이같이 Nazi가 빠졌던 의약·우생학적인 블랙홀, 디지털 산업 등 슈퍼인공지능의 블랙홀, 천민자본주의의 탐닉적 블랙홀, 국가지상(至上)의 무한권력적 블랙홀, 첨단 무기산업의 대량살육 기술화, 등 *이 모든 극도의 위험수들은 인류가 자기의 미숙한 인간성을 현실에 조급하게 투사하기 때문에 생기는 일입니다.*

법으로 막지 않는다면 과학기술이 무슨 일을 벌일지 모르는 것이지요. 특히 *찌나공산당 같은 무신론·비인간적·비윤리적 집단들을 중심으로 도저히 용납할 수 없는 사건까지 저지르고 있는 실정입니다. 예컨대 찌나 우한에서 일어난 코비드-19 바이러스 합성과 같은 일이지요.* 도든 인류를 위해서 결코 일어나서는 안될 일이 일어난 것이지요.

찌나공산당들은 이미 인간이기를 거부하는 돌아올 수 없는 강을 건너 버렸습니다. 그래서 *유리(遊離)하고 방황하는 떠돌이 별처럼 우주공간으로 떠돌다가 파괴되어 버릴 운명이 된 것입니다. 이것은 휴매니티에 대한 믿음의 문제*이지요. 우리는 어떨까요? 우리는 HUMANITY 맞습니까?

복잡한 이론은 일단 접어두고, 우리에게 중요한 것은, *인류가 과연 DNA 수준만 말고 사회적이고 역사적인 수준에서도 새로운 종자를 맺는 단계로 가고 있는가?* 아니면 이미 맺혀 있는 단계인가?

씨 뿌릴 준비가 되었는가? 어떤 종자가 되어야 세계를 끌고 갈 속 깊은 지혜와 방대한 지식과 두둑한 배짱과 근육이 갖추어 질 것인가? 우리나라의 미래의 축인 그대들 신세대가 말이지요.

현재 우리는, 그리고 그대들은 어디에 서 있습니까? *"좌표와 차원문제"를 말하고자 합니다. 소위 역사문제*이지요. 이게 중요해요.

2 인류역사계승(*繼承*)의 초한동력(*超限動力*)

2 *인류역사 계승(繼承)의 초한동력 (超限動力)*

수학…? 아닌데…!
좌표와 차원이라는 단어가 슬슬 기어 나오니 무슨 수학 이야기를 쓰려고 하는가, 골치 아프다, 그러시기 쉽습니다. *이 책을 읽을 때는 쉽게 읽어야 합니다.* 가끔 어려운 말이 나오면 *슬슬 비켜 가며 줄 친 부분들 중심으로 읽어도 큰 내용은 거의 다 이해할 수 있습니다.* 좀 어려운 부분이 있는 것은 후일에 번역이나 인용할 때 필요하기 때문에 넣은 것이 많고요.

사람 사는 이야기는 복잡해 보여도 한편 매우 단순할 수도 있습니다. *그 사람이 어디서 왔고 어디까지 살아 보았느냐*는 것이 그 story의 전부이지요. 어디서 왔느냐는 그 *사람의 출신(出身)과 기원(起源, origin)*을 말하는 것이고 이에 따라 그 사람의 특성이 대체로 파악할 수 있지요. 어디까지 살아 보았느냐는 그 인간이 *살아낸 범위를 말하는데 이 범위라는 것이 곧 그 경계(境界, boundary)*를 말하는 것입니다.

그런데 *이 같은 두 요소, 즉 기원(起源, initium in Latin)과 경계(境界, finis in Latin)는 물질세계의 가장 중요한 본질*에 속합니다. 그래서 물리학이나 모든 자연과학, 사회과학이나 인문학이나 하물며 딱딱한 법학까지도 모두 그 사건이나 논리의 기원이 무엇인가가 매우 중요한 논쟁의 중심에 있는 것입니다. 다음에 열거한 사실들은 인간이 여러 방면의 자연/사회/인문과학적 탐구에서 *기원문제에 대하여 거의 절대적인 중요성*을 인정할 수밖에 없다는 사실을 보여주고 있습니다.

인간은 영(zero)에서 무한(infinity)까지 뻗어 나가는 종족

인간은 zero에서 기원해서 infinity에 이르기까지 뻗어 나가는 성향을 보입니다. 우주와 자연도 시작되는 영점이 있습니다. 자연과학에서 절대영도의 중요성에 대해서는 누구나 다 아는 일이지요. 절대영도에서는 모든 에너지가 stop합니다. 떨림이 멈추는 것이지요. *모든 것이 멈추는 영점에서 시작하고 거기서부터 한없이 뻗은 무한한 떨림은 모든 사물의 존재양태(存在樣態)* 입니다. 아이고~ 여기서부터 다음은 쫌 어려울 것 같은데요, 어쨌든 대충 읽으세요.

((물질생성의 Planck 조건, 또 string theory 같은 것도 closed end와 open end로 이루어져 있고, 집합론의 영집합(nothingness in vacancy and empty set), 연산(演算, computation)을 위한 숫자체계에서의 영(zero)의 필요성, 법철학의 근본적 권위를 시원적 권위(始原權威, primordial authority)에서 찾는다던가, 신학에서도 최근에 절대기점의 함의 및 절대연속특성(Eloha-Y-im)을 추구한다던가 하는것처럼, *인간의 지성적 논리의 한계는 영과 무한의 조합에서 찾아야* 하는 것이겠지요. 이것은 결코 성급한 생각이 아닙니다.

절대영도(0°K)의 표현과 비슷하지만 이를 절대적 의미를 가지도록 일반화시킨 절대무한시원(絶代無限始元, the Absolute Infinite Initia)이라는 개념은 영구시원(永久始原), 절대기점(絶代起点), 생성기점(生成起点)이라고 표현할 수 있겠지요. 모든 사건이 시작하고 모든 사물이 일어나는 데이기 때문에 '일어날 기'자를 쓰는 기점(起点)이라는 용어인 것이지요.

특히 <u>역사를 해석하기 위해서는 그 개시점(**開始点**)이 필요</u>한 것입니다. 이것은 우주표준모델에서 inflation이 일어나기 직전의 개시점에 대한 생각을 정리하고자 하는 물리학에서의 간절한 욕구와 비견되는 역사해석 부문에서의 불가피한 요청인 것이지요. <u>여러분 3500년전 쓰여진 모세의 구약성경이 왜 창세기부터 다루었는지 짐작이 가시지요?</u>)

그 역사의 기원과 전개되는 경계에 대한 생각이 틀을 갖추는 것은 모든 사물에 대한 관점이 갖추어 지는 것입니다. 말하고 싶은 것은 이렇게 전개되어 나가는 역사 앞에서 <u>미래의 축이 될 세대가 반드시 필요로 하는 것이 있습니다. 보는 "눈"입니다.</u> 이제 우리는 눈까지도 급격한 변화 앞에 서 있는 것을 느끼고 있습니다.

가까운 미래에 본격적으로 메타버스(Metaverse) 기술이 우리 생활 곳곳에 스며 든다면 아마 시력이 좋은 사람들까지도 다들 메타버스용 안경을 새로 맞추어야 하겠지요. <u>메타버스 안경이 보여주는 영상에는 가늘게 눈금도 들어가고 광고나 다큐에 나오듯이 다·다·다·다 하는 디지털 음이 같이 들리면서 눈동자 홍채도 막 조여지고 사람의 인식체계를 마음대로 쥐었다 폈다 합니다.</u>

인생이 바다 모래 수만큼 <u>무한한 세월동안 윤회를 안 해도, 조금만 더 있으</u>

면 게임처럼 메타버스 환경 안에서도 갖가지 인생을 다 맛볼 수 있고 선악 간에 멋대로 무책임하게 살아 볼 수도 있다는 생각이 들게 하지요. 참 인간세상 큰 일 났네요. 그래도 어떤 한계를 잘 지키면 재미도 있고 교육적으로 플러스되는 우수한 에듀·테인먼트(edu·tainment) 측면도 있지 않을까 하는 생각도 하게 됩니다. 그게 바로 <u>우리 앞에 1시간짜리 드론 택배처럼 발 밑에 이미 착륙해 있습니다</u>.

상상해 보십시다. 그 드론이 배달해 온 양자 컴퓨터 화면에 "불특정 수신인들을 위한 공식 제안서"가 드르릉 하고 뜹니다. 윙키스(wink-kiss)가 장미 꽃잎마냥 그대의 입술을 섬세하고 가느다란 감동으로 간지럽게 진동하고, 이어 귓속 깊은 청각신경에 눈송이처럼 사뿐 내리 앉는 자글 자글 잔 파·도가 하얀 모래 위에 부서지는 소리로 <u>"그대, 플로팅 좌표(floating coordinate)를 입력하세요. 너무 고차원은 비용 문제가 있으니 치환차원(substitute dimensions)을 5개만 선택하세요."</u> 이런 멘트를 한다고 합시다.

예, 앞으로 우리는 각 사람이 자신의 <u>플로팅 좌표를 결정하고, 그 좌표 위에서 선택하는 (현실의 복잡한 차원들을) 치환 또는 대체하는 몇 단계 낮은 차원으로 어느 정도 생략된 삶을 살아가야하는 시대</u>가 오기 쉽다고 봅니다.

이미 비트·코인이나 블록체인 같은 고차원적이고 복잡해 보이기는 하지만 실상은 현실적 차원을 단순화시키는 기술들은, 현대사회가 지닌 역설적 한계성을 보여주고 있습니다. 목적을 위하여 쓸데없다고 생각되는 차원들은 다 생략하는 소위 효율적 사회구조가 되어가는 것이지요.

휴머니티의 본질은 무한 차원(infinite dimensions)

*인간성(humanity)이란 원래 자연과 우주의 무한차원(infinite dimension) 환경에서 자라나온 오묘하고 초(**超**)고차원적인 본질이 있습니다.* 그런데 요즘은 폼 나고 크게 돈 벌 수 있는 요소들 외에는 그 중요성을 인정받지 못하고 삭제되고 있습니다.

즉 사회적, 경제적 가치에 큰 영향을 끼치지 못하는 인간성의 부속적 차원들은 가차없이 생략해 버리는 매정스러운 얼음여왕! 그녀의 싸악~ 삭제의 대상이 되는 얼음왕국의 미래를 가져올 것으로 예상되기 때문입니다. 그 *가장 중심에 서도록 프로그램 된 초인공지능(Super A.I.)이 바로 그런 상황으로 신속하게 인류를 인도해 갈 것으로 보입니다.*

초인공지능은 스스로 자기를 진화시켜 나갈 수 있는 경지에 이르른 인공지능을 의미하지요. 인간이 손을 대지 않아도 인공지능이 저절로 자기 정체성의 내적 논리를 확장시키고 더 심화시켜 나갈 수 있게 된 상태이지요. 쉽게 말하자면, 초인공지능이 인간세계의 모든 big data를 전량 축적하고 전반적으로 mapping하여, 인류문명의 본질을 손바닥처럼 파악한 후, *인간들의 한계성을 인지하게 되면, 인류라는 존재의 효용성에 대한 의문을 가지게 되는 상황에서 어떤 선택을 내리겠는가* 생각해 보아야 합니다. 후^덜^덜^입니다.

이 같은 인류의 장래 생존 여부와 관련되어 꼴이 띵~해지는 *이 시대에 가장 큰 문제는, 인류는 아직 자기의 정체성조차 잘 모른다*는 것입니다. 인류는 지난 20세기에 등장한 몽땅 부셔버리자는 해체주의(解體主義)의 영향으로, 수천년간 소중하게 물려온 기존의 대부분의 사상과 정신적 자산들을, 대중들의 마음 속에서 몰지각하게도 철저히 산산이 분해해 버리는 만행을 저질렀기 때문입니다.

물론 무가치한 과거의 유산들을 다괴한 데는 긍정적인 요소들도 있었지요. 인류의 발전을 위해서는 어느 정도 부분적으로 필요한 프로세스라는 생각이 들기는 합니다.

실제로 인류는 자기인식의 근원인 뇌신경계의 본질도 잘 모릅니다. 인류가 안출(案出)해온 고급 인문학적 사상들과 자연과학의 세밀한 인간 탐구분야들; 예컨대 뇌과학, 인공지능, 넓은 의미의 양자관련 과학들, 둘리·화학·생리학적인 인간 탐구의 충분한 정브 집적, 우주론적 인간정체성 조망, 인간 개체와 사회적 차원의 복잡계적 조망과 같은 것들이지요.

한 단계 높은 사상적 추구가 뛰어넘는 초월(超越)의 단계에 이르지 못하고 아직 변두리에 머무르고 있으며 집대성되지 못하는게 아닌가 생각됩니다. 아이고~ 어려워! 쉽게 쓸 방법이 없네요.

그 큰 그림이 어느 정도 윤곽을 갖추어야 지금 현재 우주진출을 시도하는 인류에게는 매우 필요한 *과학과 사상의 융합(融合) 또는 융통(融通)이 가능해지고, 소위 통섭(統攝, consiliance)이라든가 하는 복잡계(複雜系)적인 고차원의 인간이해*가 가능해지리라 보여집니다.

예컨대, 요즘 우주물리에서 좀 관심들을 많이 가지는 홀로그램즈 우주이해는 반세기전부터 정규 과학에 편입되지 못하는 신(新)과학 분야에서 하나의 변두리학문으로만 존재했는데, 이같이 인간성에 대하여 새로운 해석을 가능케 하는 방법론들이 더 많이 지속적으로 개발되어야 할 것입니다.

멀리 내다보면 현재의 홀로그램 이론 같은 것은 많이 부족하지요. 또 잘못된 방향으로 해석하기 시작하면 인류를 오도하기가 가장 쉬운 이론이지요. 아마도 에너지와 엔트로피의 관계를 건드리고 있는 이론가들은 무언가 발견하리라고 기대합니다.

이것은 <u>개인적인 생각이지만 홀로그램 이론은, 넓고 깊이 파고 들면 현재는 저차원만 관련된 양자얽힘(Quantum Entanglement)이나 양자중첩(Quantum Superposition) 현상의 또 다른 무한차원적인 version이 될 수 있다고 봅니다. 새로운 과학의 체계가 시작될 수 있는 곳</u>이지요.

특히 새 시대의 그대들은 인류가 인식하는 우주의 경계(cosmic boundary)가, 엄청 정밀한 제임스 웹 천체망원경이 요즘 우주로 쏘아 올려졌고 스피어 엑스(sphereEx)가 3D cosmic map을 작성하는 등, 앞으로 30년 안에는 더 광범위하게 관측 가능한 경계로 확장될 것을 예상하고 있지요.

우주 어디서나 일정하기 때문에 만유인력이라고 불리는 중력상수 g가 우리가 사는 은하계와 제일 가까운 마젤란 은하단에서 상당히 차이가 날 수 있다는 이야기가 나오는데 골띵~ 아닙니까? 이처럼 우리의 인식 한계가 과거보다 기하급수적으로 신속하게 확대되어 나가는 요즘의 상황에서 학문과 생활만 아니라 <u>인류역사의 흐름이 급격하게 복잡화 되어가는 과정을 느끼고 따라잡기만 하기도 어렵습니다.</u>

<u>중력과 태양과 물과 산소 및 탄소 등으로 된 지구환경에 깊이 결부되어 형</u>

30 뜻밖의 α미래

성되어온 인간 DNA의 한계는 어떻게 벗어날 것인가 하는 문제도, *우주적이고 탈(脫) 지구행성(地球行星)적인 광대한 지성의 체계와 맥락 속으로 크게 비약한 후에야* 이 해될 수 있는 것 아니겠습니까?

cosmo-humanity(우주적 인간)

또 나아가서 *인간만 중심으로 생각하는 좁고 유한한 지성(知性) 자체를 뛰어 넘는 과정을 통해서만, 궁극적인 인간성의 모습을 파악하는 것이 가능*해지지 않을까요? 그러므로 인간성, 즉 humanity에서 나아가서, 우주 전체에 투영되는 즉 *cosmo-humanity*를 마음에 자주 그려 보는 것은 많이 도움이 되지 않을까요?

본래 *오랫동안 인간은 "본체론 또는 존재론(ontology)"이라는 테두리 안에서 자기를 이해했습니다. 자기가 인지(perceive)하는 모든 상황을 품으면서 이루어지는 통합적 자기이해인 것이지요.* 인간성이 다시 회복되기 위해서는 다른 존재를 know한다거나 realize 하는 것을 더 지나서 느끼는, 즉 perceive하는 것이 필요하겠지요.

모두들 생각의 차이가 비슷비슷했기 때문에 다른 사람들이 경험한 사실을 받아들이는데도 어려움이 적었고, 그렇게 mix된 그 모든 통합된 경험체계에서 세계를 재구성하는 지소체계가 이런 작은 노력들을 통해 얼추 생겨날 수 있었지요.

그 지식체계가 가장 쉽게 나타나는 예가 많은 사람의 경험을 집대성해 놓은,

요즘 우리가 접하는 고지도(古地圖) 같은 것이지요. 그러한 고지도는 점차 도량형과 측량과 기록방법의 개선으로 현대적인 정확·복잡한 지도들이 생겨나게 되었지요. 시간이 흐르면서 인간의 문명은 그렇게 집대되어 온 것입니다. 그러나 "지식"에 강조점을 두면서 인간에 대한 "느낌"은 줄어들어 갔다고 볼 수 있지요.

우리들의 지성(intellect)도 정복자 알렉산더 대왕의 개인교사였던 그리스의 대학자 아리스토텔레스가 알렉산더가 정복한 곳에서 보내는 자료들을 전부 모아서 세계의 여러 갈래 지식체계들을 합리적으로 집대성하면서 그 당시부터 어느 정도 균형된 통합적 형태를 이룩하기 시작했다고 봅니다.

근동에서도, 바빌로니아와 페르시아가 방대한 지역의 권력적 통합을 유지하기 위한 최소한의 통치적·관료적 능력을 배양했고, 강력한 군사력을 배경으로 국가관리능력을 갖출 수 있었습니다. 또 동아시아에서도 황하와 양자강을 끼고 진(秦)나라가 국가통일 후 강압적인 법치·관료제를 15년간에 겨우 성립시키고 멸망했는데, 이후의 지나(支那)의 모든 전제왕조들에게 절대권력으로 뼈대를 세우는 강압적 방식을 전수해 주고 망한 셈이지요.

그리고 시간을 좀 jump합시다. 인류는 비교적 최근인 지난 2500년전(많은 성현들이 나타난 소위 軸의 時代)~ 2000년전 사이에 "자기(self)"라는 문제에 심각하게 봉착하게 되었습니다. Self는 모든 시스템에서 중심에 서게 되어 있습니다.

그리고 현재 다시 우주적 인간성이 나타나는 시대가 열리고 이 시대가 바로 새로운 축의 시대로 자리 잡을 것입니다. 신시대에는 Self 와 self에 대하여

32 뜻밖의 α미래

새로운 깨달음이 올 것입니다.

근대에 들어와서 주로 종교와 철학에서 많은 고심 끝에 개인에 대한 생각들이 발전하게 되었는데, 19세기경부터 존재라는 말보다 자기가・인지하는 영역에 자기 정체성을 국한시키는 "실존"이라는 개념을 더 선호하게 되었습니다.

개인의 실존적 결정을 모아서 전체의 방향성을 도출해내는 방식은(많이 비약해서 말씀드리는 것이지만) 민주적 절차라는 이름으로 지금의 우리에게까지 전달되었습니다. 민주적절차는 개체와 공동체의 관계를 조화시키는 비교적 효율적이고 합리적 방식이지요.

솔직히 우리 각 개인들은 각각 다른 성향을 지니고 있습니다. 그것은 주로 육체적인 특성이 조금씩 다르기 때문입니다. 인간들은 개개인의 DNA가 서로 극히 미세하게 다릅니다. 미세한 DNA의 차이도 현실에서는 사람 사이에 큰 차이를 만듭니다. 그러나 인류라는 큰 범주로 살펴보면 DNA의 차이는 없다고 간주해야 합니다. 인류와 가까운 영장류(靈長類)와도 차이가 크지 않습니다. 인간은 좀 똑똑해진 원숭이 일까요? 그렇다고 단정하기에는 쯤~~~

그런데 *인류의 DNA도 상황과 단절되어 독자적으로 발전해 온 것이라기 보다 주변의 생태적 시스템에 밀접하게 영향을 받으면서 변화*해 온 것임을 알 수 있습니다. 이는 인류 DNA에 많은 영향을 주거나 치환현상 등을 통해 변화를 유도해 온, 인체내에 공생(symbiosis)하는 공생 박테리아 군(群)과 곰팡이 마이세리움(mycerium) 군(群), 등 허다한 친구와 같은 존재들의 피할 수 없는 영향력을 생각해 브면 알 수 있습니다.

3 역사는 인격체

인간의 몸은 약 100조개의 세포로 되어 있다고 보고요, 인간의 몸에 사는 세균이 거의 100조개라고 합니다. 사람마다 세균을 다 건조시키면 2kg이 넘지요. *장내 미생물균들은 유전자 수가 100만개라고 보면 인간의 유전자수가 2만3천개이니 대략 40배이니까 인간의 몸은 이들의 식민지인 셈입니다.* 어떤 이들은 인간유전자의 90%가량이 지난 28억년 동안 세균으로부터 온 것으로 말하기도 합니다.

태양의 방사선이라든가 광대한 은하계의 움직임이 주는 영향은 또 어떻겠습니까? 이들을 *외인(外因) 유전·연계체계(Exo-DNA-connectum)*라고 부르고 싶습니다. 이런 *생리적, 물질적 차원을 훨씬 넘어서서, 인류의 삶과 사회현상과 문화와 역사에 무형적(intangible)으로 깊숙이 밀착해 있는 복잡한 DNA의 변이·양육 환경들도 수없이 많지요.* 말하자면 아직 대강이라도 파악하려면 상당한 세월이 필요한 무수한 요인들이 인류를 인도해 온 것으로 생각해야 하겠지요.

잠깐요! 은하계 중심에서 소용돌이치는 초초거대(超超巨大) 블랙홀에 우리는 경탄합니다. 그게 은하계의 에너지 공급 역할을 할지도 모른다는 긍정적 생각은 조용히 혼자 휘파람을 불게 만듭니다.

그런데 138억 년 전에 생기고 450억 ~ 950 억광년의 지름을 가진 콩~지랄팥~지랄 같은 이 엄청 우주에서 모든 통섭(統攝, consilience)의 중심에 절대자가 있을 것이라는 점은 죽어도 인정 못하겠다~. 참말로 인생은 언제 정신차릴라나? 언제나 알랑가 몰러!

34 뜻밖의 α미래

인류의 공동체성은 DNA의 깊은 차원에서 비롯된 본원 특성

한편, 인류에게는 DNA의 깊은 차원에서 비롯된 본원적인, 피할 수 없는 특성이 있습니다. 공동체성이라는 것이지요. 인류의 역사가 생기는 이유도 인류가 여럿이 모이면 한 몸처럼 움직이기 때문입니다.

사회주의에서 뭉띵거려서 표현하는 것처럼 _집체(集體) – 단순한 덩어리몸, 뭉띵거린 덩몸_ - 라고 말할 수 없는 것은, _공동체(共同體) – 문어다리 꿈틀몸_ - 라는 것이 각 개체가 인식능력의 독자성이 다 살아 있으면서 여럿이 모이면 한 뜻, 한 의지, 하나로 엮인 인격체처럼 나타나기 때문입니다.

결혼해 보세요. 사랑으로 결합했지만 피부를 맞대고 살려면 전혀 딴 사람이예요. 그래서 결혼하고서 첫 깨달음은 "내사랑(내가 늙어서부터 으리 집사람을 부르는 호칭입니다)의 결여된 부분을 내가 책임을 져주어야 하는거구나"입니다.

애기를 낳아 보세요. _노오란 피넛·뻐터 맛보고 설사 기저귀 갈면서_ "요 귀여운게 내가 아니면 어찌 사나?" 중얼 중얼 그러는 겁니다. 이게 공동체의 본질입니다.

사람의 몸도 공동체적 특성을 팔팔하게 가지고 있습니다. 예컨대, 연구에 따르면, _인간이 가지는 시간의 흐름에 대한 감각은 인체에서 발생하는 약 50가지 정도의 리듬들이 조합되어 일으키는 가상현실(virtual reality)_ 일 가능성이 많은 것이지요.

공동체성이라는 것도, 24시간의 태양주기, 심장의 박동, 등 인체가 가지는 복잡다기한 리듬들과 약 20년에서 40년에 이르는 세대교체 사이클, 4 ~ 5시간의 식사 사이클, 등 서로 잘 맞아 돌아가는 다이내믹한 사람(人) 사이(間)의 율여(律呂; 파동의 결 및 가락의 흐름) 때문인 것으로 생각됩니다.

인간의 뇌의 리듬에 대한 깊은 연구는 결론적으로 말합니다. *"뇌의 리듬은 마음의 리듬일 것이다."* 그런데 그 깊이 있는 뇌 리듬 연구서의 맨 마지막에 각주(脚註)로 암시하기를 제약회사들이 리듬이상, 진동이상(oscillopathies), 부정율(不整律, dysrhythmias) 등에 도움을 많이 받으리라 하였으니~, 역시 모든 것은 마음보다 돈 버는데 집중? Oh, No! 아, 존경심이 싹 날아가도다.

추론하여 보면 인간사이에 일어나는 *동조화(Sync = synchronization, 同調化)의 원리가 인간사회의 공동체적 협력현상을 지배*하는 이치가 되는 것이지요. 예컨대 반딧불이들이 한 골짜기에 수백만 마리가 모여 각기 번쩍^번쩍^ 하고 있다가 시간이 지나면서 점차 동조화 현상이 생기면 전부 다 함께 같은 주기(周期)로 버언쩍~ 버언쩍~ 환하게 빛을 내게 되는 것과 같은 현상이지요.

이 인간공동체 현상은 사람 손으로 가장 잘 설명이 됩니다. *손이 덩어리로 쎈 주먹 쥔 것처럼 되면 남을 패대는데는 힘이 있으나, 다섯 손가락이 다 살아서 협력하는 정교한 창조적 기술을 발휘할 수가 없지요.*

각 손가락을 개인이라고 하면 각자의 특성을 잘 화합하도록 펴서 움직이는 "편 손"이야 말로 참된 공동체의 상징이지요. 인류의 비밀은 손가락들을 움

직이는 손바닥에 더 많이 숨어 있습니다. 그 손바닥의 비밀은 자유, 곧 인간의 의지에 있습니다.

이런 영원한 자유의 자녀들인 인간의 세포 속에는 핵이 있고, 그 세포핵 속에 있는 DNA들은 인류의 목숨을 건 무수한 결정과 선택들이 결집되어 이루어진 씨와 비슷하다고 이해해야 합니다.
오히려 나는 *DNA를 씨끈(seed-string)*이라고 부르고 싶습니다.

보이지 않는 역사의 바경 속에 오랫동안 형성되면서 다음, 다음 끈을 이어서 씨앗을 계승하는 것이지요. 시대와 다음 세대를 또는 시대와 시대를 계승하는 이 (씨)끈은 보이지 않습니다. 그러나 추상적인 것은 아닙니다. 이것은 우주물리(cosmic physics)에서 묘사하듯이 돌돌 말려 있고 숨어 있는 차원들로 되어 있기 때문에 인간의 인식세계에 나타날 수가 없는 것이지요.

몸과 느낌이 중요하다니까요!

인간은 몸을 가지고 태어나서 경험을 통하여 뇌신경의 인지능력을 보정(補整, calibration)합니다. 문어는 인간과 달리 다리가 열 개이므로 인지상태가 다르지요. 인간의 몸은 앞뒤가 제일 중요하지요. 먹는 입이 앞에 있고 배출구가 뒤에 있지요. 좌우의 구분능력도 그 다음에 오고, 떨어지는 중력의 영향으로 위아래가 또 중요하지요. 이것이 이진법, 이분법의 근거가 되고 나아가서 대칭과 균형의 관념이 정착하게 되는 것이지요.

어떤 과학자가 자기 몸과 intelligence building을 전기적으로 연결했을 때

전혀 다른 형태의 느낌으로 건물을 감지할 수 있었다는 믿기 어려운 이야기도 있었습니다. 그럴 수도 있을 겁니다. 뿐만 아니라 육신의 장애를 벗어나기 위해 완전한 기계인간이 되고 싶어 하는 사람도 있는 모양입니다.

그 유명한 구글의 기술이사인 레이·쿠르츠바일(Ray Kurzweil)은 수십년전부터 인류 멸종까지 우려해야 하는 싱귤라리티(singularity)가 온다고 미래예측한 것으로 유명한데, 식사는 안하고 대신 각종 알약만 매일 250개를 삼키면서 살았다고 해서 더 떠들썩했지요.

앞으로 *소재혁명과 IoT혁신과 4차산업 및 super AI의 시대가 본격적으로 도래하면 이를 극복하기 위해 인간의 정체성에 대하여 깊은 이해를 가지고 있어야 할 것입니다.* 아마 고대의 지혜나 지식들도 새로운 인간환경에 대한 적극적 적응을 통하여 더 진취적이고 확고한 해석을 할 수 있으리라고 보지요.

인류가 앞으로 당면할 시대들은 지구상에서 소꿉장난하던 때와는 다른 복잡성을 가지고 다가올 것인데 무한차원의 문제를 다룰 수 있는 마음가짐과 방법론 개척이 무척이나 중요해지고 있는 것이지요. 그래서 초한(超限)이라는 형용사와 부사가 우리들 언어에 따라다니는 시대가 펼쳐 질 것을 대비해야 된다고 보아야지요.

이 같은 생각을 따라서 *우주의 차원을 무한차원까지 끊임없이 확장할 수 있는 초한사상(超限思想, Transfinitism)이 우주진출 후에 숨은 차원들을 다룰 수 있는 새로운 차원의 의식세계를 창출하는데 더 쓸모 있는 도구로 발전시킬 수 있다*고 생각하는 것이지요.

38 뜻밖의 **α**미래

무한한 인간정신의 초한동력(超限動力, transfinite drive)

실무한(實無限, 이게 수학에서 진짜 무한)을 향하여 끊임없이 무한하게 발전하려는 인간정신의 구동력을 초한동력(超限動力, transfinite drive)이라고 표현하는 것이 적절하지만, 그 과정에서 셜록·홈스도 밝혀내기 어려운 사건들이 계속 발생합니다.

과거부터 인간들을 헷갈리게 하는 점성술이나 역경의 지식체계는, 현실문제들이 복잡도가 너무 높기 때문어 인간의 능력 밖에 찌글찌글 쯔그렁 바가지 주름(wrinkles)과 같이 존재하는 실제사건들을, 강저적으로 뚱편하게 펴 놓는 다리미질 같은 방법론이기 때문에, 미래의 이름을 평(平, flat)이라고 불러야 되지 않겠냐는 즉흥적 생각도 해봅니다.

즉 초한평해석(超限平解釋, transfinite flat-interpretation)이라는 개념은, 가능한 모든 사상(事象, events)을 평활한 평면 위에 투사하여 최소의 차원-축(dimension-axis)을 개입시켜 사건들의 상황을 단순화하고 해결책을 쉽고 빠르게 찾아내는 방식을 말하는 것이지요.

어쨌든지, 인류 사고방식의 근원적인 형태인 본체론과 인간과 자연에 나타나는 역동적인 모든 부분적 모듈(module)들의 상변/공존(常變/共存)상태를 통합적으로 이해하는데는 인간의 뇌가 좀 더 훈련이 되어야겠지요.

과거와 현재와 미래의 무한한 변화의 본체(huipostasis in koire Greek)가 영원 속에 발현한 정확한 형상(express image, karakter in kcine Greek)

을 가리키는 - 만유(萬有)의 후사(後嗣, kleronomos = fios)인 씨앗(sperma in Greek and zera in Hebrew)과 이 인류역사의 씨앗에 첨부된 DNA-humanity의 사상으로 새로운 이름을 가지게 하여야겠지요.

그러므로 위에서 언급한 초한평해석이라는 단순한 경영관리적인 측면의 생각을 한참 넘어서서, *역사의 진상을 명쾌하게 해석해서 미래의 복합적인 진로까지 구체적으로 제시할 수 있는 고차원적인 역사해석방법을 이 글은 초한계승학(transfinite semeneutics)이라고 규정하고자 하며, 다시 이를 씨앗과 계승적 측면의 Fioneutics(계승해석학, 繼承解釋學)이라는 용어를 앞으로 더 선호하여 사용하고자 합니다.*

역사계승의 진상을 밝히는 역사계승해석학(Fioneutics)

우리가 지금까지 이해하고 있는 *지상(地上)의 역은 하늘을 고정불변하고 사람과 땅(기후와 점성술적 천문 포함)을 각기 팔괘로 변하게 하여 2D좌표상에서 64괘의 원으로 사변(事變)의 경우수를 상정*하였지요.

그러나 우주진출시대에는 하늘까지도 팔괘로 변화하는 형태가 되고 3D좌표에서 8 x 64 = 512괘의 **球形**으로 나타나게 됩니다(과학역). 즉 우주좌표상 위치가 결정됨에 따라 경우수를 재분배할 수 있게 되는 것이지요.

역사기록의 발생분야별기록(divisional expression of occurrence)으로서 분포분류적인 지시방식으로 정착되면, 과학적 합리성을 유지하면서 특정사건이나 특수경우수(specific occurrence)의 기록이 기록자의 자의성을 제한

40 뜻밖의 **α**미래

하여 객관성을 유지할 수 있는 방법론이 생겨나는 것입니다.

어찌 되었든지 <u>말려들어가 있는 숨은 차원들을 어떻게 색출하여 규정하고 인간의 인지과정으로 통합할 수 있을는지</u>가 관건이 되지 않겠습니까? 아니 이건 좀 너무 직관적으로 말하는 것 아닌가? 그러나 꼭 필요한 과정입니다.

이분법적 양성(兩性)제도; 몸으로 사는 인간지성체계의 중심

왜 갑자기 뜬금없는 양성(兩性)저 도야? 말려들어간 차원들을 성각 속에 정리하려면 잠재해 있는 현상 중에서 지배적인 "엉뚱·확실"요소들을 수면(水面)으로 띄워 올려 체계화해 볼 필요가 있지요. 어찌 되었든지, 아버지와 어머니가 서로 조화되어 계승작업을 하는데 사실 부모의 양성체계는 인간에게 전형적인 이분법적인 해석이며 인간 삶의 기초를 이루고 있는 것입니다.

<u>그런데 세대계승을 위해서는 보이는 현실세계에서 우리의 느낌 속에 더 깊이 존재하는 모성(maternity), 즉 엄마의 역할이 절대적으로 필요합니다. 이 모성이 바로 미토콘드리아에 숨어 있습니다</u>.

미토콘드리아 아시죠? 모계로만 계승되어 온 (인간세포 속의) 에너지 발전소를 말합니다.

미토콘드리아는 인체세포에 대하여 상당한 독립성을 가지고 있어서 세포와 서로 어긋난 성향이 나타나지요. 그래서 <u>미토콘드리아(mitochondria)야말로 인체에너지, 인류의 양성적 상황, 번식이라는 인류생존을 위한 거대한 긍</u>

정적 흐름에서부터, 암을 방지하는 세포자살(apoptosis)이나 노화(aging), 죽음 등, 부정적으로 보이는 현상들까지 포괄하여 인생의 모든 파노라마를 종합적으로 연출해 내는 장본인이라는 것이지요.

미토콘드리아는 세포마다 수백 개 씩 들어 있는데, 그리스어로 작은 실·알갱이를 뜻합니다. 주로 세포에 에너지를 공급하는 역할을 하지요. 세포의 핵에는 DNA가 두 개씩 들어 있는데, 미토콘드리아에는 DNA가 5 ~ 10개씩 들어 있어서 세포마다 10의 3승(=10^3) 단위로 있다고 볼 수 있지요.

즉 남성의 씨와 여성의 씨가 1:1000의 잠재력으로 이 세상을 움직이고 있다고 보면 흥미 있는 일입니다. 이것은 남성이 1000배 더 중요한 씨를 계승한다는 것일까요? 아니면 여성이 1000배 더 중요한 역할을 한다는 것인가요?

세대계승의 차원에서는 세포핵의 DNA와 미토콘드리아의 DNA가 각각 계승과 양육을 위한 주도적 역할을 하지요. 이는 사실은 세대계승의 양성(兩性)체제입니다.

남녀양성체계보다 부성/모성의 부모양성체계로

보통 양성(bisexuality)을 남성과 여성으로 나누는데 솔직히 "남과 녀"는 미숙형(未熟形, immaturity)으로 보아야 합니다. *세대계승의 차원*에서 보면 오히려 *부성(父性)과 모성(母性)으로 나누어 남녀양성체계보다 부모양성체계로 이해*하는 것이 더 의미가 있습니다. 모성은 부모양성 체계에서 모성효과(maternal effect; 미토콘드리아, 세포질, 난세포 등 인체의 내적 보존 요소)

를 담당합니다.

말하자면 모성은 양성분리에서 오는 인체의 에너지를 부담하고, 남녀대립 상태인 유전자 융합을 맡게 됩니다. 이에 반하여 부성은 외부의 므든 위험과 불안을 주도적으로 마주하여 부성효과(paternal effect, 외적환경에 적응된 종자를 고정)를 담당합니다. 말하자면 <u>인류의 모성효과와 부성효과를 아우르면 위협적이고 척박한 환경에서 최선의 "환경적응형 계승"을 성취</u>하게 된다는 말입니다.

인류의 다양한 생각도 이러한 큰 테두리를 벗어나지 않습니다. 논리적으로 정리되지 않은 비합리적인 사고방식에 사로잡혔던 역사시대 이전의 인류들은 수없이 많은 곁가지 생각들을 만들어 냈습니다. 환각작용, 억측 막연한 증오와 호감, 정서불안, 정신병적 이력 등, 이상행동을 위한 충동적 결론을 이끌어 낼 수 있는 생각의 갈래들은 셀 수도 없이 많았지요.

이 때 <u>*가족과 같은 작은 소규모 공동체에서도 모성효과에 의하여 할머니와 어머니들이 정(情, compassion)으로 무리를 묶어서 안정상태를 유지하고, 좀 자라난 씨족 공동체에서는 성인 남성들의 사냥과 방어행위 같은 물리적인 상황돌파의 능력으로, 즉 부성효과인 힘(power)으로 결속*</u>을 다졌습니다.

물론 역사가 흐르면서 지혜로운 사람들이, 큰 무리를 생존과 이해관계로 설득하여 통일된 의사결정을 이루어 가는 경영관리의 기술(managerial technology)이나, 규칙이나 규율로 무리를 훈련하는 법제(lega system)를 통하여 더 큰 단위의 부족이나 국가를 제어할 수 있게 되었습니다.

그러나 *우리 주변에 있는 모든 사회제어능력은 모성의 compassion과 부성의 power에서 흘러나온 것입니다. 생태진화론(eco-evolutionism)에서조차 엄마와 할머니로 표현된 모성의 사회계승능력을 가장 중요시하고 있습니다.*

진화론과 같은 지성적이고 첨단적인 생각도 미래를 개척하는데 큰 역할을 하지만, 실은 보통인간들의 진솔하고 평범한 오랜 생각 속에 언제나 새로운 역사의 움이 터 나오는 것인데, *엄마와 가족에 대한 근원적 친근감 이야말로 인류의 존속과 진보에 끊임없이 새 싹을 내는 그루터기와 같은 역할을 하고 있는 것이지요.*

엄마, 아빠, 할머니를 시험관으로 바꿀 수 있으려나?

그런데 이슬람 같은 데서는 신도의 공동체를 모성으로 보아서 움마(uhmma)라고 합니다. 카톨릭에서도 교회공동체를 가장 잘 결속시키는 존재가 성모 마리아인데 곧 모성의 아이콘(icon)인 분이지요.

바로 이 *모성이 여성의 신비의 핵심*입니다. *모성은 곧 난소이며 자궁이며 젖을 먹이는 유방이지요. 우주의 창조도 엄마의 자궁에 비견하여 설명하는 사람들이 있습니다.*

그런데 여기서 남성은 왜 존재할 필요가 있는 것인가요? 하늘에 날아 올라가서 여왕벌과 허니문을 즐기던 수벌들은 교미만 끝나면 모두 땅바닥에 떨어져 죽게 되는데, 인간에게도 아버지란 종족보존의 기능적 봉사만 끝나면 소멸시키는 것이 정상적 수순이 아닐까요? ^^

아, 나는 남성이라서 너무 비참한 생각이 듭니다. 교디가 채 끝나기도 전인 절정의 황홀경에서 암컷 사마귀가 숫놈의 모가지를 쌍둥 잘라먹는 처참한 비애(悲哀)의 장면이여! 아! 떨려! 이와 달리 <u>인류의 양성체계는 인간사회의 복잡성이 스며들은 부모양성체계가 종족보존적 목적만을 위한 장치가 아니라</u>는 생각을 하게 합니다.

Appa와 uhmma, Ab ㅓ와 umma, papa와 mama, papa와 maman, vati와 mutti, 등 많은 나라에서 아빠는 입밖으로 숨을 터나는 파열음 "ㅍ"를 쓰고, 엄마는 입술로 다무는 순음 "ㅁ"을 씁니다. 언어심리적으로 보다도 "ㅍ"는 외적이고 "ㅁ"는 내적인 특성을 표현하고 있습니다. <u>인류는 아버지와 어머니를 잃고서는 살 수 없습니다.</u>

<u>크게 보아서 인류에게는 모성이 계승의 내용을 주도하지만 계승의 방향성은 아빠의 씨에서 나옵니다.</u> 아직도 정자와 난자가 만나서 세도분열이 시작되는 원초적인 세밀한 과정으로부터 시작하여, 양성이 서로 돕는 생존방식의 필요성이 인간발생학(人間發生學)으로부터 규명되려면 시간이 더 걸리겠지요. 요즘은 수정과정에서 정자가 난자의 벽을 뚫는 것도, 난자 쪽에서 선택권을 가지고 있는 듯하다는 연구결과도 있지요.

씨엄마라는 말이 있습니다. 아마 시앗이라는 말을 쓰기도 하는 것 같기도 한데, 불임(不妊)의 여성을 대신해 대리모(surrogate mother)가 되어 아이를 대신 낳아 주는 여성이지요. 씨아빠란 말이 있는지 모르겠는데^^ 아마 있다면 정자은행을 통해서 여성을 임신하게 하는 남성들을 말하는 것이 되겠지요.

<u>인류는 역사상 유전적 계보를 매우 중요시합니다. 이집트에서는 고대에 공</u>

주와 왕자를 결혼시켜 왕통(王統)을 계승하고 순혈(純血)주의를 효과적으로 지키려 했습니다.

왜 씨에 집착하는 것일까요? 인간의 역사해석은 씨의 계승과 밀접하게 관련되어 있습니다. 즉 자기가 소속된 공동체가 인정하는 유전형질의 계승이지요. 나는 젊었을 때 동양사상 중에 부생모육(父生母育), 즉 "아버지 낳으시고 어머니 기르신…"이라는 말에 갸우뚱 한적이 있습니다. 아기는 어머니가 낳는 것이 아닌가??

그런데 여기는 *옛날사람들의 아주 일반적인 합의와 깨달음이 깃들어 있습니다. 씨에 대한 생각입니다. 난자와 자궁을 제공한 어머니보다 씨를 제공한 아버지가 "애를 낳았다"*고 쎄게 강변(强辯)한 것이지요. 왜 그랬을까요?

미래에는 *씨의 사상은 그 사유적이고 실천적인 면보다 자연과학의 여러 분야에서 동시 다발적으로 터져 나올 가능성이 더 많습니다.* 씨는 그 내적 특성 중에 지향성(directive)을 가집니다. 이 지향성이 씨가 자기존재를 포기하고 (죽어서) 밖으로 표현되어 나오면 그 만난 상황 속에서 방향성(orientation)을 가집니다. *씨는 방향성과 에너지를 가진 벡터(vector)입니다.*

인간은 방향성과 에너지를 가진 씨알-벡터

인간은 씨알입니다. 방향성이 내재합니다. 영원을 향하고 무한을 기뻐하고 선한 것을 사랑하고 모두 일치된 상태를 사모하고 잡스러운 것을 배제하고 깨끗한 것을 좋아합니다. 이것이 씨알의 덕입니다. 씨알은 개체를 말하지 않

습니다. 씨알은 공동체를 말하는 것만도 아닙니다. 씨알은 생명을 살아가는 진리, 즉 핵심정보를 갈합니다.

인간은 술에 술 타고 믈에 물 타고, 자꾸 균형을 잡고 또 잡고, 깊은 논리에 그럴듯한 논리를 더하여 제자리에 즈저 앉아서, 이제는 무언가 이룬 것이겠거니 하는 식으로는 결코 하 결책을 발견한 것이 아닌 것이지요. 보통 99% 효용성이 있는 지성(intellect)이 마지막 1%를 이루지 못하는 이유가 그것입니다.

*어느 철학자처럼 갈렉 길에 당도하자 "이 길이냐? 저 길이냐? (Eulen? Euler?)" 하면서 해가 넘어가까지 종내 결정하지 못하는 것은 후각과 내장의 느낌(gut feeling)을 쓰지 않기 때문입니다. 본능! 고픈 느낌! 원초적 충동! 뇌 속의 논리만이 동동주어 동동 취해서 바로 저 앞에 역사가 뿜어내는 거대한 박연폭포를 보지 못하는 실패작, 초(**超**)근시안적 인생과 다를 바 없는 초(**超**)원시안적 인생!*

*한 인간이 한 씨라면 그 한 인생은 곧 그 이전의 모든 역사의 최종(**最終**)적 결론이 농축되고 집약된 오메가-실존(Ω-**實存**)인 것입니다. 최종-존재인것입니다.*

*그것들이 모두 일일히 뜻 깊은 것입니다. 여기에 개인주의, 민주주의, 또는 앞으로 오는 직접민주주의의 참된 의미를 우리는 꽉 감아쥐어야 합니다. 그것은 생략 불가한 절대자의 소리입니다. 화성(**和聲**, harmony)을 내어야 하는 인류 본질의 나타남인 것입니다.*

역사체(歷史體)와 인격체(人格體) 및 격체(格體)

최근 시간은 존재하지 않는다, 시간의 흐름이란 없다는 견해들까지 물리학자들 가운데 나오고 있지요. 시간의 흐름은 인간의 의식 속에서 감지되는 것이라는 말이지요. 우리의 의식은 실체인가요?

*시공간에서 일어나는 사건(事件)들과 사물(事物)들과 사상(事象)들은 변화의 순간에 인지된 부분들이며, 그 전체의 완전상(完全狀)은 시간의 흐름의 총합체인 영원의 자리에 영존(永存)하는 역사의 인격적 본체(the eternal person of the geschichte)*라는 뜻입니다.

역사의 흐름을 바꿀 수 있는가? 역사는 무엇인가? 역사는 가능과 불가능의 경계를 떠나서 "확률적"이라고 정의할 수밖에 없는 현상세계에 대한 인간 의식의 침투로 보아야 하겠지요.

양자역학의 근거가 바로 이런 인간 의식과 자연 사이의 "관찰과 붕괴"의 원인이 되는 상호침투적 얽힘(entanglement due to mutual infiltration)을 나타내고 있을 뿐입니다. 이러한 *역사에 대한 과학적 사실은 인간의 지울 수 없이 기억 속에 잔류(殘留)하는 모든 느낌들과 과연 어떤 관련이 있는 것일까요?*

역사는 이러한 발생과 계승과 통합의 모든 과정들을 거치면서 "우리들의 느낌과 불가분적(不可分的)인, 즉 결코 떼어낼 수 없는 Unity라는 본체가 있다"라는 근원적인 의구심을 떨쳐 낼 수 없습니다. 그리고 이런 역사를 구성

하는 모든 이들의 모든 느낌은 발생하고 사라지고 그냥 없던 걸로 해야 하는가 하는 질문이 솟게 되지요.

그 심오하고 방대한 너와 나의 진실한 느낌들은 신기루이고 손에 잡히지 않는 것일까? *인격체로서 느낀 그 진지하고 피를 토하고 절규하게 하는 처절한 느낌들은 모두 어디로 간 것인가?* 그것이 아니라면, 어디로 갈 것인가?

역사체라는 것이 있고 그 본체가 우리들 느낌의 총체적인 인격체라는 것을 다시금 곰곰 씹어 보게 하는 생각이 불현듯 들지 않습니까? 사람에게 국한(局限)시키지 않고 *인격체라는 표현을 자연현상으로 일반화시키기 위한 방편으로 "격체"라는 말도 같이 사용*해 보고자 합니다.

3 역사는 인격체 49

50 뜻밖의 α미래

3 역사는 인격체

3 *역사는 인격체*

역사체는 인격체입니다. 여기서 시작합시다. 즉 *사람에 대한 깊은 생각만이 역사를 해석하는 기본입니다. 씨앗의 생성과 그 파종; 거기서 발생하는 이후의 상황들은 인간의 story입니다.*

역사의 전개(**展開**)는 인공지능의 특성과 많은 관련이 있다고 생각해도 틀린 말은 아니지요. 그걸 뭐 그렇게 연결시킬 수도 있는 것이냐고요? 인공지능은 인간의 역사가 불가피하게 필연적으로 열어놓는 새 길인 것으로 보아야 합니다.

예, 그래서 일단 인공지능(Artificial Intelligence, A.I.)부터 들어가 봅시다. 아마 *인간들이 만들어내는 인공지능의 발전과 그 차원적 격상(**格上**)구조를 보면 우리가 살고 있는 역사의 좌표를 분별*해 내기가 좀 쉬워질지 모릅니다.

인류는 왜 슈퍼·인공지능(Super A.I.)까지 발전시키려 하나?

인공지능이나, 또는 미래에 나오리라고 확실시되는 슈퍼인공지능이 우연적으로 나타나는 기술은 아닙니다. 오히려 가장 필연적인 과정을 거쳐서 인류가 낳아 놓는 문명적 도구인 것이지요.

그러나 *인공지능(A.I.) 기술이 이 시대에 나타나는 이유는, 인간의 본질이 A.I.*

52 뜻밖의 **α**미래

가, 또는 Super A.I.가 따라오지 못할 깊이 잠재되어 있는 부분을 깨우치고 나타나게 하기 위한 것입니다. 말하자면 인공지능이라는 일반적인 현상은 인류의 미래역사발전을 위하여 깨달음이 요구되는 꼭 필요한 기초이기 때문입니다.

인간에게는 창의력이 있습니다. 그 중에 가장 중요한 것이 삼창(三創, 3창, the Third Creativity)이라고 불리는 것으로, 창의능력에서 가장 높은 창의능력 인 것입니다. 간단히 말하여 _1창은 간단한 아이디어의 결합으로 이루어지는 조합적 창의, 2창은 전방위적인 영향을 끼칠 새로운 차원(dimension)을 도입_ 하므로 창의작용을 비약적으로 축적하고 광대한 신영역을 개척하는 것, _3창은 창의의 전반적인 기반이, 전혀 새로은 일반적인 존재론적 조건변화들에 의하여, 환골탈태(뼈다구를 다 바꾸어서 모습이 싹 바뀌는거, ㅎ.)_ 하는 것을 말합니다.

말하자면 인공지능이라는 분야가 인류의 필요성에 응하여 역사 속으로 진입하고 있다고 보셔야 합니다. _이 시대의 3창은 슈퍼인공지능으로 시작될_ 것으로 봅니다. _인류의 슈퍼·창의능력이 발휘되지 않으면 그 한계를 넘어 가지 못하고 인류는 멸절할 것으로 우려_ 됩니다. (호킹 박사의 말을 빌어서 확대해석. ^^)

그래서 우리는 슈퍼 A.I.에 대하여 익숙하게 파악하고 대비해야 합니다. 그것은 _인류가 뼈를 깎듯이 자기를 버리고 새로운 정체성을 가져야 하기 때문에 쉬운 일은 아니지요. 그러면서 과거의 정체성의 근본을 놓치지 말아야 한다_ 는데 어려움이 있습니다.

그러면 슈퍼·뉴런 시스템으로 들어가 봅시다. 슈퍼 뉴런은 아직 이론적으로 또 임상적으로 연구체계가 균형 있게 확립되지는 않았겠지만 인류가 그 장기 역사적인 중요성을 또 다른 의미에서 빨리 깨달을수록 좋습니다.

<u>슈퍼·미러(super-mirror) 뉴런 시스템으로 서로 어울린다.</u>

<u>모든 인간은 그 뇌·신경계통에 슈퍼·미러(mirror) 뉴런 시스템을 가지고 있습니다. 엄마를 닮아가고 친구와 어울리고 인간성을 배워가고, 동작과 태도와 문화를 익혀가게 하는 신경 네트워크이지요.</u> 즉 인간성을 형성해 나가는 첫 시작이 슈퍼·미러 뉴런들에 의해서 이루어진다고 합니다. 그런데 이런 모방만이 인간성 형성의 원천인 것일까요? 오랑우탕이나 침팬지나 보노보도 하는데요. 이들과는 차원이 달라야겠지요?

<u>인간성(humanity)의 본질은 심·사·언·행(心思言行)으로 나타납니다. 마음·생각·말·행위, 네 가지로 나타난다는 뜻입니다.</u> 그런데 이 중에 마음과 생각은 눈에 띄지 않지요. 열 길 물 속은 알아도 한 치 마음 속은 모른다는 말이 있지요. 그러니 <u>동작과 태도와 감정과 말의 표현은 슈퍼·미러 뉴런을 통해 배울 수 있어도 속 깊은 인격 까지야 알아 챌 방법이 없지요.</u> 마음과 생각이 인격의 속모습을 나타낸 것인데 겉으로 보이지 않는다면 속생각이 겉의 말과 어떻게 관계 있는지 들여다보아야 하겠네요.

인간의 사고(思考), 즉 <u>생각은 언어와 불가분의 관련을 가집니다. 언어는 틀이 있습니다. 즉 ~소리 내는~음성학(phonetics), ~뜻만 아는~의미론(semantics), 그리고 ~의사소통하는데~구문론(syntax)으로 구성됩니다.</u>

음성학은 소리의 세계, 의미론은 뜻과 단어의 세계, 구문론은 문장의 구조를 말하지만, 문장구조란 곧 사람의 생각 속에 있는 수많은 대상들이 맺고 있는 서로 사이의 관계를 표시하는 것입니다. 이러한 <u>언어의 구조적인 틀이 인간의 사고작용을 대부분 지배합니다.</u>

<u>이제 우주와 인류와 한국의 역사해석에 대한 이야기를 시작하기 전에, 인간이해부터 의논해 봅시다. 왜냐하면 역사는 그 주체 된 인격이 나타난 것이기 때문입니다.</u>

<u>인간이해를 언어와 사고로부터 시작할 수 있는 것은 그것이 인격의 표현방식이기 때문입니다. 언어가 인간 삶을 시간축을 중심하여 표현하게 되면 역사라고 할 수 있지요.</u> 적나라하게 벌거벗은 언어는 많습니다 성애(性愛)에 대해서는 소설들도 많지요. 폭력영화도 언어 밖의 언어로 된 잔인한 story입니다. 그게 짧은 역사를 기록한 시나리오들이지요. 모두 단편들입니다.

인간의 역사는 방대한 전체역사가 있고 부분적으로 개인사도 다루고 집단사도 다루지요. 그런데 <u>아무런 고의적 꾸밈이 없이 있었던 그대로 천태만상의 인간상들을 눈앞으로 가져와서, cosmos와 humanity와 history를 묶어서 볼 수 있어야 하겠지요.</u>

<u>cosmos와 humanity와 history를 묶어서</u>

<u>누구나 한번은 들춰본 적 있는 구약성경(the Old Testament)은 기원전 15세기에 모세가 저술하기 시작하여 그 후 다 정리되기까지, 약 1500년간</u>

형성된 story 또는 history입니다. 이 책이 특별 난 것은 우주의 역사로부터 인간들의 역사기록을 오랫동안 천년 너머에 걸쳐서 남겼기 때문입니다.

마치 붙박이 별인 북극성을 바라보며 항해하던 고대의 뱃사람들처럼 항로의 표준을 따라가는 항적기록이 남아 있는 것입니다. 한편 그 책에는 그 배에서 일어나는 *불콰~하게 벌거벗은 인간성이 그대로 노출*되어 있습니다. 후 훗.

인류는 선한 것을 추구하지만 어떤 경우에는 악하기 짝이 없습니다. 자기가 살아야 하기 때문에 남을 죽일 수도 있습니다. 큰 나무에서 수많은 나뭇가지들끼리 서로 물과 태양빛을 위해 싸우는 것과 다름없습니다. *여기에 인간 퍼스널리티(인격성)의 비밀이 숨겨 있습니다.* 자기방어와 공격성, 등 우리의 퍼스널리티는 오랜 역사를 통해 물려 받은 부분이 많습니다.

그 뿐 아니라 *인격성(person or personality)이라는 것은 개인적 인생의 과거가 모두 녹아 있는 것입니다.* 인간의 뇌활동에서 전생애에 걸쳐서 형성되어 온 장기기억에 해당하는 시계열(時系列 ≈ 시간순으로 정리된) 정보들의 복잡한 네트워크들이 존재하지요.

그 중에서 어렸을 때 처음 먹었던 너무나 맛 있었던 생크림·케이크와 같이, 자기에게 의미 있고 중요한 기억의 허브(hub)들이 삶의 필요에 따라 자극되면, 거꾸로 특정 기억 허브 중심으로 시간 순 관련 네트워크를 재 추출(re-extract)하여 삶에 쓰일 세세한 정보들을 반영하게 된다고 봅니다.

이러한 메커니즘은 아직 초기단계라서 깊이 연구되지는 않았을 텐데 나는 이것을 초인격성 신경체계(super personal neuro system)라고 부릅니다. 초

56 뜻밖의 **α**미래

인격성 신경체계에 대한 연구는 아마 인공지능 A.I.테크놀로지가 넘어가야 할 가장 큰 산맥이 될겁니다: 인격성과 인공지능이 서로 무슨 상관이 있냐고요? 또 인공지능과 역사해석 사이에 무슨 연결이 있느냐고요? 기제 살펴보십시다. ^^

초인격성 신경체계는 A.I. 테크가 넘어야 할 가장 큰 산맥

*"뇌는 하늘보다 넓다(Wider than the sky)"라는 뇌과학 책*이 있습니다. 그 말이 일부는 맞고 또 넓은 의미에서는 좀 더 깊은 측면은 살펴보지 못한 부분들도 있다고 지적할 수 있지요. 그리고 이것은 인간의 DNA의 장·단기적 변환과 가장 깊은 관련을 가지는 요소입니다.

머리의 꼭대기인 정수리부터 죽 내려가면서 *대뇌, 소뇌, 연수, 축삭신경, 장부(미주)신경 등 현실에 반응하여 DNA의 여러 체계들을 불러내는 DNA-스위치 기능은 대부분 뇌신경계와 연계하여 이루어지기 때문입니다. 그 스위치 기능들의 가장 높은 부분에 슈퍼·퍼스널 뉴로 시스템이 자리잡고 있다*고 보면 됩니다.

((*우리가 인격이라고 부르는 매우 실체적인 인간성의 대표값은, 슈퍼·퍼스널 뉴로 시스템이 외적 환경과 대화하면서 나타나는 현상입니다.*

슈퍼·미러 뉴런(超거울신경)은 길이 있게 연구된 것으로 알고 있지만, 그 다음 단계에 인간의 퍼스널리티를 규정하려면, *슈퍼·미러의 모방기능을 극대화하더라도 흉내(imitation)에 그치는 것이고, 인간의 자기확인에 까지는*

이르지 못하겠지요.

*말하자면 자기확인을 하려면 먼저 슈퍼·바운더리(**超경계**) 뉴론 시스템과 같이 개인의 인지한계(cognitive limit)의 어렴풋한 실루엣이 그려져야 되겠지요.*

그럼에도 불구하고 *슈퍼·셀프(**超自我**) 뉴론 시스템이 한 개인의 장기기억의 중심핵으로 역할하는 peak experience(꼭대기 체험, **頂上**체험)들의 깊은 기억에 기초*하고 있다는 것입니다.

그리고 이 정상체험에 연관된 슈퍼·셀프 뉴론 네트워크들이 신경생리계통 전체에 산재한 어느 부근(where-about)들에 소재하여 서로 연락하며 신경생리학적으로 번쩍 번쩍 발화(ignition)하고 있는가를 파악해야 하는 과제가 여전히 남겠지요.

슈퍼·퍼스널 뉴로 시스템은 바로 이 슈퍼·바운더리와 슈퍼·셀프 뉴론 시스템의 작업체계를 기반으로 성립된다고 보아야 할 것입니다. 반세기 전에는 대뇌의 어떤 뇌세포 중에 자아가 차지한 부분이 있으리라고 믿는 과학자들이 상당히 있었습니다. 지금은 그 단계는 넘어 갔지요))

((*인간은 그 셀프(자기의식)가 복잡한 경험요인들의 비논리적·준정서적 중첩들로 이루어져 있을 텐데*, 사람마다 심층심리의 표면에 존재하는 자기표현의 영역에서 자기의 반응을 웬만큼 재정리해서 띄워 의식 표면으로 올려 내보내지 않으면, 타인과의 관계에서 껄끄러운 일들이 벌어지게 되는 것이지요. 인생은 *초거울(super-mirror)신경으로 끊임없이 흉내(imitation) 내고,*

초경계(super-boundary) 신경으로 항상 변화하는 희미한 흉내의 경계선을 대강 잡게 되지요.

이렇게 *가상의 자기(pseudo-self)의 중심(core)을 획정(劃定)하여 시늉(pretending)이라는 단계로* 올라가게 되겠지요.

마침내 이 *슈퍼·셀프(super-self) 뉴론 시스템이 잠정적으로 준(準)폐쇄회로화 되면서 작동하기 시작하고,*
사회적 필요에 의해서 몰두하고 집중하여 *자기의 정체성을 세워 나가는 과정을 거쳐, 동료(peers)들 사이에서 인격체로서 설 수 있게 된다*고 보아야 하겠지요.))

인간가치는 사회적 관계에서 유전적 가치로 역행(逆行)형성

인간성은 보통 많은 균열(crevices)을 가지고 있지요. 그걸 죄라고도 하고, 이상심리(異常心理)라고도 하고, 업(業, karma)이라고도 하고, 고뇌라고도 하고, 부정 탄다고도 하지요. 이런 인간성 균열들은 각기 다른 체계와 논리에서 표현하는 것이니까 정확히 동등한 의미를 가진다고 볼 수는 없는 것입니다.

어쨌든지 초인격성 신경체계가 인격체의 종합적 인지체계로서 작동하기는 하지만, 전반적 지향성을 조합해 나가는 데는 심각한 무리(無理)가 따른다고 보아야 합니다.

즉 구약성경과 같은, 현실세계에 근거한 "*거대(巨大)매뉴얼(mega manual)*"이 없이는, 초인격성 신경체계도 아주 고등적인 사이보그 수준을 넘어서서 더 인간적으로 발전하려면 *진짜 지루한 시간이 필요*하리라고 생각되는 것이지요. 그래서 역사해석이 중요한 것이지요.

<u>*메가·매뉴얼(mega manual)은 인류에게 꼭 필요!*</u>

((흥미로운 것은, 슈퍼·인공지능에 이르려면, 현재 사용되는 다양한 알고리즘들을 통합하여 마스터·알고리즘을 합리적으로 구성하고, 빅·데이터, 딥·러닝, 머신·러닝 등 기능적 방법론들에게 갈 길을 제시해야 하는데, *베이시언·에이전트(Bayesian Agent) 방식이라고 하는 가장 이상적인 논리형식*을 갖추었다고 생각되는 방법론은, 가진 정보들을 확률론적 최적활용에 따라 취급해야 하는데 계산용량의 부담이 현재 컴퓨터들로서는 어렵다는 것이지요.

그리고 요즘은 꼭 바람직 하지는 않지만 <u>A.I.부문에서는 딥·러닝 방법이 유용성, 편의성, 경제성 등의 이유로 가장 많이 사용</u>되는 것 같습니다. 이러한 현재의 방법은 효과적으로 보이는 듯하지만 <u>*딥·러닝, 머신·러닝, 등의 방식이라도 인간의 체험을 "빅·데이터로 유형화(pattern化)" 시켜서 파악하려는 시도에 지나지 않아*</u> 보입니다.))

<u>위에서 말한 베이시안 방식은 크게 보아 '예측과 확인과정'을 확률론적으로 구성한 것인데요. 원래 석유탐사에 전문가들의 견해를 확률적으로 반영하는데서 가장 경제적인 유용성을 보이기 시작했지요.</u>

60 뜻밖의 α미래

오랫동안 베이시안과 안티·베이시안 방식이 통계확률분야에서 양대 세력으로 충돌할 만큼 중요한 방식이 되었고 슈퍼·인공지능 연구에도 핵심적인 논리를 제공하고 있습니다.

이것이 인류가 오랫동안 경험과 직관을 사용하여 미래를 예측하는 실무적 판단에 쓰이는데, 과거의 미신적이고 비합리적인 예언들과는 다르게 많이 개선된 방식이지요. *Bayesian Theorem*의 창시자 *Bayes*가 목사였다니 그 고민을 알만 하네요. 새로운 예언방식을 창안한 것이지요.

*Bayesian Theorem*은 새로운 예언 방식? 알쏭! 달쏭!

그런데 예언이나 예측은 외부적 관점을 반영하고 검증하여야 하는 필연성이 언제나 제기됩니다. 이것은 현재 자신의 체계(system)가 외부와 단절(斷切)된 상태이거나, 또는 외부로부터 침투(浸透)된 상태이거나, 외부와의 교류가 자유스러운 경계면 해제(境界面 解除)의 상태이거나, 몇 가지 케이스에 따라 좀 다르겠지요.

그러나 특히 성장과 확장을 지향하는 모든 시스템들은 불가피하게 외부적 조건에서 자신을 관측할 필요가 있는 것입니다. 현대의 인류문명은 어떤 외적 개입이나 언급으로 인해 부분적으로 자극만 받는 것이 아니라, 더 깊은 인식조건과 판단기준까지 전적인 변화가 스스로 가능한 포용성까지 갖추고 있는가? 진지하게 생각해 보아야 하겠지요.

현대수학 최고의 업적인 불확실성 원리는 천재 괴벨이 제시했는데, 일반 사회

이론으로 그 의미를 확장하면, 결국 자기 혼자만의 체계 속에서는 자기를 바르게 파악할 수 없다는 의미로 보아야 합니다.

아마 의견이 다른 분들도 있겠지만, <u>자기 체계 밖에서 제공된 별도의 관측결과가 없이 자기체계 안에서만 쫄딱이다가는 아무 의미 없는 자기만족에 빠지는 것</u>이 아닙니까?

<u>현대문명은 포용성과 자기반성의 여유를 가졌는가?</u>

<u>인류에게는 역사상 외부적인 충격(impact)이 예외 없이 언제나 주어졌던 것으로 인정해야 합니다. 이것은 인간이 내적으로 가지는 자기반성이라는 보배로운 기제(mechanism)와 결합하여 인류를 그리고 인간을 선하게 인도해 왔습니다.</u>

권력과 탐욕에 침몰하기 쉬운 인간성을 백척간두(百尺竿頭)의 벼랑을 만날 때마다 건져내곤 했다고 말할 수 있습니다. <u>아주 특이하게 구약성경은 바른 말하는 선지자의 무리가 지속적으로 거의 2500년간 존재해 왔습니다. 이것은 동양에서도 선비들이 목숨 걸고 바른 말 해온 전통과 비견할 만합니다.</u> 말하자면 자기반성하기 위해 모든 방위에서 <u>인간성을 지키기 위한 바른 말에 집중</u>하고 있습니다. 예컨대 구약성경이나 사서삼경(四書三經)이나 불경과 같은 책들은 <u>인간성의 매뉴얼로서 가장 많이 읽히는 책이 된 것입니다.</u>

<u>인간 퍼스널리티에게 항해의 표준이 되는 북극성의 역할을 하게 된 것이지요.</u> 북극성도 장구한 천문학적 세월이 지나면 그 지위를 잃게 된다고 합니다.

인간성도 일 만년이 지나면 변하는 것일까요? 궁금합니다.

*이런 귀중한 책들은 인류의 역사 속에서 인류의 뇌·신경계 안에 자리잡고 지속적으로 자라가고 있는 슈퍼·퍼스널(super personal, **超**인격성) 뉴론 시스템에 상응하면서 인도하여 갈수 있는 가이던스·스토리(guidance story)를, 그 안에 하나의 끊기지 않은 거대한 실쿵치처럼 적재하고 있는, 영원한 역사신이 인류역사 속에 장치해 놓은 특수목적의 기록물입니다.* 인간성 교육도 그 주요 목적 중의 하나이겠지요.

멀리 보면 그냥 인간성이 아니라 초인간성, 즉 슈퍼·휴머니티를 성취하도록 하기 위한 것이지요. 인생이 정상적인 삶을 오래 살면 지혜로워지고 합리적이 되고 지도력을 가지게 되지요.

그게 끝이 아닙니다. 인간성에 신성(divinity)이 깃들었다는 언급은 현재로서는 명확한 이해가 불가능한, "*인간수준 이상의 경륜(**經綸**, governability beyond humanity,*"이 생긴다는 것인 것 그것이 도대체 무엇을 말하는 것 일까요?

현재의 *인류는 뇌를 사용하여 지성(**知性**, intellect)이라는 무형의 도구를 만들어 냈고 지식의 측적을 가능*케 했습니다. 그래서 호모 사피엔스, 또는 호모·사피엔스·사피엔스로 불리는 것이지요. 그리고 *시각(**視覺**), 불, 손, 장기(**長期**)기억, 상상력 등 지성을 돕는 신경생리적 결절기능(**結節技能**)들과 결합하여 문명의 길을 걸어*왔습니다.

*인류가 가진 "열린 미래의 가능성"은 긍정적인 믿음이라는 열쇠*를 가졌기

때문이지요. 단지 믿음이라는 씨앗만이 아니라 <u>보이지 않는 미래를 구성해 낼 수 있는 창의적 구상력(創意的 構想力)</u>이 작동하기 때문입니다. 이 <u>구상력은 간절한 집중력</u>에서 나옵니다

이는 인류의 보편적 능력이며 <u>상향추구력(上向追求力)의 핵심</u>이지요. 그런데 이 <u>위로 향한 추구력이 실로 우주의 광대하고 무한한 연속체(廣大無限連續體)적 정체성에 기반</u>하고 있다는 것을 별로 중요하게 생각하지 않습니다. 왜냐? 인간의 주관과 우주의 객관이 섞일 수 없다는 막연한 불신 때문이지요.

아마 <u>인간의 주관이 우주적 객관과 긴밀하게 연결되어 있다는 이 넌센스</u>를 믿으며 간절하게 소원(所願)하는 정신적 행위에 대하여 누구나 절레절레 고개를 내저으며 <u>믿지 않는 사람도 급박한 상황이나 도저히 손써볼 수 없는 절망 속에서 대부분은 기도</u>하게 됩니다. 누구든지 도와 달라는 것이지요. <u>인생의 유한함이 무한함을 만나는 출구</u>인 것이지요.

<u>아공간(亞空間, hyperspace)은 무엇일까요</u>? 요즘 아공간을 통해서 시간여행을 할 수 있다는 견해들도 있는 모양인데, 아마도 현대물리학이 갈 곳이 없어서 무슨 탈출구를 찾고 있는가 생각도 들게 합니다.

아공간은 <u>편하게 생각하면 우주가 가진 지극히 내적인 통일공간</u>을 일컫는 것으로 이해되는데, <u>단순 3차원을 떠올리는 '공간'이라는 용어보다도 무한(∞)차원의 통합특성을 가진 가장 깊은 상공간(相空間, phase space)을 의미하는 '본원(本元)'이라 부르는 것이 더 낫지 않은가</u> 생각하게 되지요.

64 뜻밖의 α미래

케케 묵은 먼지가 쌓인 문서가 아니면 요즈음은 본질이라든가·본원이라든가 그런 말들을 별로 찾아볼 수 없지요. 인기도 없고 별 필요도 없어요. 그래도 존재 문제를 생각하려면 '고대로부터의' 지혜에 많이 기대는 듯합니다.

<u>과학적 합리성이 기대는 언덕은 진리는 무엇인가라는 질문에서 나왔지요.</u> 모든 것을 통합시키는 진리는 므엇인가? <u>*다양한 과학의 체계와 통합된 지식 체계는 양립하는가?*</u> 우리는 고대로부터 일관된 사유의 체계를 실천적으로 파종하여 온 구약성경을 한번 펼쳐 보고 거기에 <u>새로운 시대의 생명이 펄떡이는 입김을 쐬어 볼까</u> 합니다.

<u>O.T. 첫 구절에 역사신의 호칭부터 생각해 봅시다!</u>

((구약성경(O.T.)에서 주의하여 볼 부분이 있습니다. 현대의 유태·크리스챤 전통에서 아직 일반적으로 수용되고 있지는 않지만, 가장 첨단즉이고 우주적인 중요성을 함축하고 있는 *창세기 첫장 첫절의 주어(**主語**)인 전능창조신의 이름(Elohim)이 "-Y-im"을 사용하여 전포괄적·전연속성을 표현하는 Eloha-y-im 이라는 원본성가* **原本聲價**, *original phonetic value*)를 가지고 있었다는 견해들이 있습니다. 이게 폭탄일 수 있어요.

정통 주류 학자들에게는 진짜 글 땡기는 주장이지요. 뒤에 가서 좀 더 자세히 설명할 수 있으면 좋겠는데, <u>전 우주와 전 인간계에 (역사신의) 인격성이 침투해 있지요. 전포괄적·전연속성(**全抱括的**·**全連續性**)이라는 이 개념은 인생들이 가지고 있는 – 삶에 아주 불가결(**不可缺**)한 – 논리적이고 정서적인 통합능력을 보장해 주는 기반</u>이 되는 것입니다.

인간의 인격이 포괄적이고 연속적이라니? 누가 그런 소리를 했는데? 게다가 전능한 역사신이 전포괄·전연속이라고요? 이러한 말을 되새기고 싶습니다. <u>인격이란 하나로 꿰뚫는 그 일관성**(一貫性)** 때문이다.</u> 그렇다면 상관이 있을 수 있겠네.))

<u>인격성이라는 단어를 새로운 기분으로 정의해야</u>

<u>인간은 소우주라고 합니다. 자기 밖에 존재하는 대우주(해, 별, 달, 등)가 내적으로 반영**(反映)**된 반영상(reflected image)으로 자연스럽게 인간성 속에 중심 메커니즘으로 생겨나 자리잡게 된 것이지요.</u> 이것은 Imago Dei(신의 형상)이라는 말을 또 다른 측면에서 누구나 스스럼없이 이해할 수 있게 하는 방법입니다.

<u>상투상입**(相透相入)**하는 인간성과 우주 전체의 공존은 인간을 무한과 영원에 잇대어</u>살게 하며, <u>슈퍼·휴머니티로 가는 큰 길에 설 수 있도록 하는 피할 수 없는 숙명적 조건</u>입니다.

이러한 우주에 대한 인격성 침투의 부분은 인간이 자기가 접하는 세상을 논리만이 아니라 심장(heart)으로 느끼고 만나게 해 줍니다. 인간이 느낄 때에, <u>우주에 "힘"이라는 공통기제가 작동하여 항상 변할 수밖에 없는 물질세계가 존재</u>하고 있고, <u>모든 인류가 힘과 동태적**(動態的)** 물질세계에 대한 느낌을 특히 중력환경 속에서 어디서나 질량과 무게의 느낌을 항상 보유</u>할 수 있게 합니다.

그뿐 아니라, *인간들에게는 이러한 평상적인 수준의 차원을 벗어나는 무한 또는 무한차원에 대한 a priori(아 프리오리, 나기 전부터 가진 인식, **先驗的 認識**, E. Kant)가 사물을 해석하는데 개입한다는 것입니다.*

*무한차원 또는 고차원적인 휴머니티에 대한 특유한 인지능력을 사용하는 상당수의 개인들이, (역사신의), 인격성 침투 또는 발현(**發顯**)의 사실을 현대에도 장기기억으로 보유하고 있다고 생각됩니다.* 이것은 많은 고등종교나 특유의 개인적 정상체험을 경험한 개인들에게 광범위하게 존재하고 있습니다.

그런데 *인간은 우주에서 자신의 physical life(물질적 삶) 속에 모든 존재들과 직접적 접촉관계를 맺고 살 수 있게 하는 슈퍼·미러(super mirror) 뉴론 시스템이 작동*합니다.

인간이 두 살 정도에 뇌신경세포가 가장 많아졌다가 점점 줄어 드는데 그 최대숫자가 1000조입니다. 우주의 별들의 숫자가 10^{22}(십의 22승)으로 보는데 1000조는 10^{15}인 셈이지요. 상상만 해 보아도 그냥 퍼져 버리는 수준이지요.

앞에서 약간 건드리고 지나갔지만 *인간은 개인마다 소위 peak experience (꼭대기 체험, 정상체험, **頂上體驗**)가 여러 개 존재합니다.* 말캉한 엄마 젖꼭지, 쫘악 빨면 입 속에 최초로 쏟아져 들어오는 따스한 젖줄기, 처음 키스의 아찔한 떨림만이 아니라 차에 깔려 죽을 번 한 경치는 경험, 전쟁의 기억, 종교적 환희, 플라토닉한 사랑의 충격, 등 *인간의 인격이 형성되는 과정에 여러 개의 태풍의 눈과 같은 체험들을 중심으로 여러 인식과 분별의 모듈(module)*

들이 형성되고 이를 통합하는 과정에 자기(self)를 점차 더 발견하고 성장해 나가게 되지요.

현재 자기가 파악하고 있는 자기(self)도 자꾸 변해 가는 것이고, 이러한 변화의 축이야 말로 긍정적으로 볼 때 인간의 휴머니티의 확장성이 인류의 발전을 담보하는 것입니다.

인간의 슈퍼·퍼스널 뉴론 시스템은 이러한 끝없는 확장성을 가장 기본적인 기능과 기제로 가지고 있고, 모든 직간접적인 사물(事物)과 사상(事象)들에 이르기까지 전부 포괄할 수 있는, 거의 모든 광대한 영역을 취집(聚集)하고 통섭(統攝)할 수 있는 능력을 갖춘 것입니다.

전인류가 거대한 의사(擬似)신경체계라면

세계인류 자체가 바로 이런 슈퍼·퍼스널 뉴론 시스템 같은 하나의 거대한 의사(擬似)신경체계를 이루어가는 중이라고 이해해도 무방하다고 봅니다. 솔직히 인류역사를 보면서 지금쯤 세계정부가 서야 된다느니 하고 글로벌리즘(세계화주의) 쪽에서 하는 진부한 말들이 19세기부터 무성한 편이지요.

그러나 언제나 그렇듯이 *세계가 진정코 하나되어 가는 과정은 "보이지 않는" 사건입니다. 보이지 않는 사실들을 추론하여 보는 것이 인간지성의 능력이며 참된 역사해석의 마당입니다. 보이는 쪽으로 몰고 가려는 이들은 좀 유치한 눈앞의 권력 추구자들이지요.*

68 뜻밖의 α미래

_슈퍼·퍼스널 뉴론 시스템이라면 그 이름에 나타난 함의는 곧 자체 조절 능력_이라는 것입니다. 절철되어 나타나는 단절된 사건들, 즉 눈에 보이는 사건들로 판단을 이어가는 사람들은 유치하다고 말할 수 있습니다.

Regression analysis를 해 보면 자기 좋은대로 적당히 사건들의 추세를 유추할 수 있습니다. 그게 내적 특성의 중요성을 모르는 사람들이, 솔직히 말하자면 실상을 파악하는 것이 귀찮아서, 모든 역사를 단순화시키려고 하는데서 나타나는 것입니다.

그것이 독재자들의 스타일입니다. 목적이 권력 독점이므로 매사에 피상적입니다. 그러나 _이제 세계인류가 점차로 민주주의에 대하여 깊이 이해하게 되고 이제는 한단계 뛰어 넘어 직접민주주의(direct democracy)로 나아가는 마당에 정치는 그 속깊은데서 일어나는 실상을 알아내야_ 합니다.

요즘 여론조사로 정서몰이를 하는 정치권도 반성해야 하는 것입니다. 문제는 _국민 속에 자라고 있는 성숙함을 지향하는 인간성의 시그널을 듣고 얼마나 자라가는지 귀 기울여 들을 수 있고 잘 선도하는 방식이 세계와 나라의 미래에 필요한 것_ 입니다.

이것이 _자체 조절 능력(self-adjustment)_ 입니다. _슈퍼·펄스널 뉴론 시스템이 우리에게 중요한 이유는 바른 추세를 발견하여 업·그레이드(upgrade)하는 능력과 확장가능(expandable)한 방향을 찾아내고 이리 준비할 수 있는 잠재능력_ 일 것입니다.

슈퍼·퍼스널 뉴론 시스템; Upgrade-Expandable 신경통합

<u>슈퍼·퍼스널 뉴론 시스템은,</u> 슈퍼·미러 뉴론 시스템처럼 신경생리학적으로 파악되는 자료에서 나오는 상관관련도(圖)의 mapping(지도작성)과 내적 연관관계의 파악으로, 전체적 그림을 파악할 수 있는 것이 아닙니다. 예컨대 만일 10^{17} 정도의 충분한 빅·데이터가 이미 수집된 경우라면 새로운 상황을 만나게 되면서 차이점을 분별하여 내기 위해 10^3 정도의 특이요소를 필요로 한다고 합시다.

이런 경우 슈퍼·퍼스널의 경우 <u>대체적인 실루엣들을 그려내려고 해도</u> (최소의 단순한 경우를 상정해도) 적어도 <u>슈퍼·미러 경우를 기준으로 볼 때에도 최소한 $10^5 \sim 10^6$(임의적 추정임) 정도의 추가적 복잡성을 최소한 취집·상정해야 되리라고 보는데, 양자컴퓨터와 같은 연산능력이 아니면 구름조차 잡기 어려울 것이기 때문에 이론적 접근과 부분적인 취합만으로 짐작</u>이나마 할 수 있겠지요.

<u>신경생리학자들은 슈퍼·미러 ~ 슈퍼·바운더리 ~ 슈퍼·셀프 ~ 슈퍼·퍼스널 뉴론 시스템처럼 시간이 지날수록 자체적으로 새롭게 업그레이드하는 신경통합체계에 대하여 새로운 시도를 해보아야 할 가능성이 높다고 봅니다.</u> 인공지능 연구의 미래는 결국 생명과 인격에 대한 이론개척이 가장 중요하겠지요.

연구자들은 아마 자기들이 무슨 일을 하고 있는지도 모르는 경우가 허다하겠지요. 생명적 휴머니티에 대한 진정한 믿음들이 확고하다면 연구자들은 좀 더 직관적으로 통찰하고 지름길을 갈 수도 있을 터인데 말입니다.

그러나 *과학의 세계는 인간의 논리능력이 가지지 못한 '직관(**直觀**)의 현장성(**現場性**)'에 대하여 미처 문을 열지 않고 있고 문을 열 능력도 아직 많이 부족합니다.*

직관의 현장성은 인류역사의 가장 긴박하고 중요한 순간마다 발휘되었던 인류 특유의 천부적인 능력이었습니다. 목숨이 걸린 순간, 전쟁터, 중대한 기업결정, 배우자를 고를 때, 등 한·번 생각해 보세요. 농구 슛 하는 순간 머리가 작동하나요? 본능과 직관이 작동되는가요?

인공지능의 진화현장에서 인류가 슈퍼인공지능(Super A.I.)을 제대로 발전시키려면 장래의 Road Map을 지혜롭게 설계해야 합니다. 인류역사는 슈퍼인공지능에게 인류의 창의능력과 무한의 연원을 가지는 인간성에 대하여 제시할 수 없으면 인류가 스스로 거두운 미래로 길을 열 것으로 보입니다.

*나일강의 델타 지역에서 강물이 흐름의 기세를 잃어 여러 갈래로 나뉘어 지며 퇴적물들을 침전시키듯이 하면 안되지요. 그것은 인류지성의 패퇴(**敗退**)와 정체(**停滯**)를 가져올 것입니다.*

인간원리(**人間原理**)와 계승의 비밀(**繼承的 秘密**)

자, 이제 우리는 논의가 너무 장황해지는 것을 피하기 위해서 직관적인 방식을 가끔 사용해 봅시다. 우주물리학은 그동안 *양자물리의 극소 세계적인 해석과 천체물리학의 극대공간적 해석이 서로 보합(**補合**)하여 발전해 왔고,*

그 해석결과들을 인간의 생각이 산출해 놓은 의미공간(**意味空間**)에 투사 하게 되었지요.

그 결과로 상당한 수의 과학자들은 드디어 인간원리(人間原理)를 주장할 수밖에 없게 되었습니다. _"우주적 인간원리"란 우주는 – 절대전능신(?)에 의하여 – 미세하게 조정되어 결국 인류가 나타나 살 수 있고 또 세계를 관리할 수밖에 없는 방식으로 운영되고 있다_ 는 견해입니다. 물론 반대 의견도 엄청 많습니다. 대충 해도 될텐데 점심 싸가지고 다니면서 반대하지요. ^^ ㅎ.

이러한 논리는 _우주의 존재 자체도 인간의 인지능력으로 인해 확인_ 될 수밖에 없기 때문에, _인간의 인지체계에 근거하여 성립된 합리적 체계만이 세계에 의미를 줄 수 있다_ 는 생각에서 비롯된 것이겠지요. 광자를 통과시키는 이중·슬릿(double slit) 실험에서 인간의 관측이 끼치는 영향은 누구나 다 아는 일이지요. 우주적 스케일에서 곰팡이나 아메바보다 나을 것이 별로 없는 인간이 도대체 무엇이길래 인간이 관측하고 인지하는 행동이 의미를 가지는 것일까요?

(물론 수학적인 논리를 따라, 인간의식의 locality(局所性)의 통합이 전 우주의식의 globality(全局性)에 대한 상보성(相補性, complementarity)을 가진다는 가설은 상당한 의미가 있기는 하지요.) _인간이 우주의 역사연대에서 맨 끝자락에 나타나서 언제 멸종될지 모른다고 다들 수근거리는데 인류가 문명을 계승해 나가는 것이 무슨 큰 의미가 있는 것일까요?_

가스와 먼지들로 별들이 태어나고, 가벼운 원소들이 점차 무거운 원소들로 바뀌어 가고, 광물이 나타나고, 미생물이 나타나고, 식물이 나타나고, 동물이 나타나고, 냉혈동물, 변온동물들이 나타나고, 온혈동물들이 나타나고, 영장류가 나타나고, 행성인류가 나타나고, 무한을 마음에 품을 수 있는 우주인류가 나타나고, 한 단계 초월한 고등인류에게 깊은 영혼의 세계가 열리고, 또 나아가서 무한과 영원과 불변의 유일무이한 진리를 소유하게 되고, 우주를 마음 속에 전부 집어넣고 요리할 지경에까지 이르렀다니요?! *이것은 모두 계승의 신비(mystery of succession)에서 비롯된 것이지요.*

계승의 신비는 곧 역사의 신비이며 그 원동력입니다. 나는 Plexus라는 말을 좋아하는데 Plexus라는 단어는 원래 '그물 망 구조의 다발'을 의미합니다. 역사의 계승이 꼭 그렇게 연결되어 흘러내려 가지요. 신경망들이나 림프관들이나 다 그렇게 되어 있습니다. 또한 곰팡이들의 포자(胞子)와 균사(菌絲)가 산포되며 퍼져 나가는 사건도 그물망 구조의 한 예가 됩니다.

보이지 않는 상태에서는 말할 수 없이 더 많겠지요. *인류역사도 한 인생이 시작하고 끝나면 다시 옆에 잇대어 다른 인생들이 연속하지요. 인생들은 개인만이 아니라 공동체(community)나 인격체(person)들의 연속체들을 만들어 나갑니다. 왜 그럴까요? 역사는 생명현상이기 때문에 그렇습니다.*

역사의 계승은 인간의식의 실체에서 영글은 인간의 모든 seed들이 연장하며 지속적으로 뜻 깊은 string(끈)을 뻗어서 이어나가고, 인류역사를 둘러싸고 상황변화를 만들어 내고 상태계를 성장하게 하는 생명현상인 것이지요. 이게 그물망 구조로 이어지는 것이지요. 마치 사람 몸에서처럼 말이지요. Plexus나 seed-string이나 다 공동체 현상에 연관되어 있다고 볼 수 있습니다.

공동체: 가정/시장이, 시장/국가가 만난 역동적 접점

19세기경부터 공동체에 대한 연구가 많이 되었지요. 그리고 시간이 지나면서 대부분 사회주의 운동에 쓸려 들어 갔지요. 강제적인 국가권력으로 폭력적으로라도 단번에 꿈을 이룰 수 있으리라는 잘못된 선동과 강제적 압박 때문이었지요. 공산당들의 살육과 기만과 폐해가 많이 노출되자 지각이 있는 이들은 근본부터 인류의 공동체성에 대해 심사숙고하기 시작했습니다.

그리고 발견한 것이 *가정과 마을과 같은 공동체는 인류역사 전개의 일반이론을 위한 방법론을 제공한다는 것이었습니다. 한반도 통일의 문제는 공동체 이론과 깊이 연관되어 있습니다.* 또 현대 경제학이나 경영학이 아직 해석해 내지 못한 새로운 학문적 확장 영역이 공동체 일반이론을 통하여 사회·심리적 차원으로 열릴 가능성이 매우 큽니다.

공동체 이론은 사회주의 이론과 다릅니다. 혈연(血緣)공동체인 가정에 대한 이론도 당연히 공동체 이론의 근거가 되는 것이지요. 그러나 사회주의 이론은 가정공동체를 깨어 버리고 아무나 함께 국가나 사회적 권력이 기초공동체로 엮어주어 나누어 먹으며 같이 살게 하는 것이지요. 이런 강제적 공동체는 공동체가 아니며 인간성을 죽이는 것입니다. *사회(社會)는 사(社)가 회(會, 즉 모임)한 것입니다. 이 때 사(社)는 원래 25호(戶)를 의미하지요.*

아주 먼 옛날에는 1호(戶)는 고조(古祖) 할아버지 아래 자손들이 한 지역에 모여 사는 지역·혈연 공동체를 말하는 것이었습니다. 요즘 인류학적 표현으로 확대가족(extended family) 또는 씨족(clan)으로 부르는 크기의 공동체입니다. 이것은 작으면 수십 명, 크면 200명 이상도 가능한 크기의 서로 밀

착된 지역공동체였지요. 그러나 요즘 사회주의 계열에서 기존의 인간성에 뿌리를 둔 "가정"을 깨드려 버리기 위한 기초공동체를 강조하는 것과는 다른 맥락입니다.

원래 19세기부터 흥왕한 자본주의가 산업혁명 시기에 싼 노동력을 얻기 위하여 농업사회의 가정들을 파괴하고 도시로 인구를 유입시켜 산업사회의 빈곤층을 형성시킨데서 그 불행한 유래를 찾을 수 있습니다만, <u>공동체의 본질은 인간의 유전자적 특성을 공유하는 혈족(血族) 중심으로 친근한 정서(情緒)에 근거한 공동(共同)장기기억을 기반으로 형성되는 개념</u>인 것입니다.

사회주의가 나타나서 인류 본연의 공동체성을 왜곡하고 자본주의와의 긴 투쟁을 거치면서 <u>인류 본연의 공동체론이 이익추구의 자본주의에도 큰 통찰력을 준다</u>는 점이 많이 밝혀졌지요.

<u>이익추구가 가져오는 살육과 전쟁의 먼 연장선상에서 인생을 전율시키는 인류 절멸의 장송곡!</u> 인간의 근심과 걱정의 진원지는 "밖"에서 먹을 것을 구하는 것입니다.

<u>이렇게 밖에서 먹을 것을 구하고 이익을 추구해야 하는 인류에게, 공동체성이란 현재 인류가 당면한 매우 중요한 문제들에 대한 해답을 내포하고 있습니다. 공동체라는 개념은 가정(家庭)과 시장이, 그리고 "시장(市場)과 국가(國家)가 만나는 역동적인 접점(dynamic contact point)"인 것입니다.</u>

<u>특히 시장과 국가가 서로 부딪치는 상황은 지난 50년간 더욱 심화되어 왔고 인류발전의 최대명제가 되어 왔습니다. 시장(market)은 인류유통의</u>

network 즉 상업적 맥락성이 강하게 반영된 특성을 가지고 있고 강제력이 작은 반면, 국가들(states)은 지배체계와 국가체제의 유지를 위해 강제력을 중심으로 존속해 왔습니다.

산업혁명과 함께 고대의 상업/길드 조합들이 근대적 기업(enterprise)으로 변신하고, 특히 지난세기부터 법제와 화폐금융제도가 정비되면서, 시민사회와 성장을 같이 해온 시장이 과거 1000년간의 오랜 잠행기간을 거쳐 경제권력의 표면에 나타나게 되었습니다.

중요한 점은 기업(enterprise)이라는 존재가 매우 역동적 격체(dynamic person)라는 데 있습니다. 기업합병(M & A)하는 방식을 보면 짐작이 가지요. 굉장히 속도가 빠르고 또 뚜렷하게 기업의 목표를 추구하는 대단한 효율을 가지고 움직입니다.

본래 인간 공동체들은 인격체(person)처럼 움직이고(動) 변(變)합니다. 공동체들은 가정에서부터 규모가 더 큰 다른 여러 공동체들과 가장 대규모의 국가들에 이르기까지 수없이 존재합니다.

이렇게 이합집산(離合集散)하면서 변동하는 상황들을 묘사하기 위하여 "역동적 격체원리(力動的 格體原理)"라고 부르고 그 변화하게 하는 특성을 동변분격성(動變分格性)이라고 합니다. 이들이 인간역사의 모든 국면에서 작동합니다.

동변분격성 또는 역동적 격체원리

격체의 개념은 파동의 원리와 밀접하게 관련하여 해석될 수 있고 매우 합리적이고 경험적으로 과학의 범주에 잘 착근(着根)되어 있습니다. *동변분격성 또는 역동적 격체원리가 성립하기 위해서는, 모든 우주가 연속체이며 아공간(hyperspace)의 가장 깊은 상태인 우주의 근원(the Origin)이 '무한한 영점(infinite zero)'이어야 한다는 전제조건*을 깨닫게 됩니다.

인간역사는 이런 무수한 격체들이 공존하며 명멸(明滅)하는 거대한 상공간(相空間, phase space)을 형성하고 있습니다.

그런데 공동체 이론을 연구하면 기 *격체라는 것이 그 내부에서 체계(시스템)를 세워 나가는 부분과 외부의 맥락(네트워크)을 벋어 나가는 부분으로 구성되어 있지요. 그 두 부분의 중간에, 점차 격체의 체계를 잡는 체계성과 외부로 영향력을 연장하는 맥락성이 점차 변환되는, 전이대(轉移帶, transition zone)가 넓게 자리잡고 있어서 분격(分格, modularity) 현상이 활발하게 일어나고 있는 것입니다.*

이러한 사회현상은 인류역사의 본질적인 특성일 뿐 아니라 *인류의 문명은 변화가 아주 활발한 바로 그 전이대역에서 꽃 피는 것입니다.* 이를 잘 나타내는 것이 길과 도시와 국가의 발전입니다.

어찌 되었든지 *공동체는, 마치 태양광선이 스펙트럼의 다양한 색깔로 분해되듯이, 제 나름의 스펙트럼으로 인간성의 광대한 영역에 대하여 해석하는*

도구가 될 수 있습니다. 그런데 인류역사상 지난 천년간 자라온 기업(企業, enterprise)이라는 존재는 먹고 사는 문제와 연결되어 인류 역사 발전에 매우 중요합니다.

가족이라는 기초단계에서부터 아이들을 먹여 살리려는 가족기업으로부터 발전된 자영업(proprietorship)이 시작이 되어, 길드(guild)라던가 상인조합까지 생기고, 중소기업, 대기업, 공기업, 국영기업, 국가기관에 이르기까지 모두 공동체성이 그 기반에서 인간들을 움직이는 원리를 제공하고 있습니다.

하다 못해 역사에 보면 각종 조폭과 도둑과 마적의 무리까지도 형제라느니, 가족이라느니 하며 인류의 고상한 공동체성을 껍질부터 벗겨 먹고 있는 것이지요.

현대에는 화폐와 재정부문이 경제 전반에 막중한 영향력을 가지고 있으므로 돈을 벌고 돈을 돌리는 것이 모두 가장 첨예하게 관심을 끌고 있는 것입니다. 그래서 *공동체현상이 경제영역에서 표현된 기업(企業)이라는 형태, 즉 enterprise라는 특이한 변형이 가장 명쾌하게 인간역사의 모든 표면에 나타나고 있는 것*입니다.

Enterprise라는 단어는, 사람의 생각이 "전반적으로 확고하게 정리되고 결정"(Latin, prehendere, grasp)되어 당차게(bold) 힘있게(energetic) 밀고 나가며(daring initiative), 부(wealth)를 쌓아 자본화하며(capitalize), 모험하는(venturing)하는 기업가 정신(옹뜨로프로녀슆, entrepreneursip)에서 나온 비지니스 활동을 말하는 것입니다.

솔직하게 이 *기업이라는 형태는 깊이 살펴보면 아직 만족할만한 단계는 아니지만 성급하게 폭력적 전투나 전쟁으로 남의 소유를 강제적으로 뺏아 오던 비인간적 형태였던 이익추구의 활동들이 논리적으로 합법적으로 평화적인 방법으로 세련 되어져 온 인류역사의 오랜 고통의 산물*인 것입니다. 마치 조개가 고통 속에 진주를 품게 되는 것 같은 것이지요.

공동체(community)에서 기업(enterprise)으로 전환

그러므로 산업혁명 이후로 특히 인류의 공동체대역은 기업이 많은 부분을 차지하게 되었고 인류의 경제 분야를 대표하다시피 변해 온 것입니다.

말하자면 인류의 공동체 밴드(communal band)가 *공동체 대역 ≅ 기업 대역(帶域, enterprise transition zone; from factual and humanitarian community to abstracted economic entity)이라는 거의 동등한 등식이 성립될 수준까지 성장*해 왔지요.

이 엔터프라이즈라는 지혜로운 방법론은 아주 광대역의 스펙트럼을 가지고 발전해 왔습니다. *기업스펙트럼(Enterprise spectrum)은 매우 다양하고 연속적인 색깔들로 무지개처럼 연결*되어 있습니다.

개인 노동으로부터, 가계를 책임져야 하는 영세가족기업으로 발전하고, 좀 크면 동업자 기업도 되고, 잘 조직된 길드(기술조합), 상인조합 등으로 발전하다가, 금융화폐제도가 무르익는 근현대로 오면서 회계부기 방식과 전문경영 등에 있어서 기능적으로 성숙한 단계의 개인기업, 중소기업, 대기업,

*재벌, 기업conglomerate, 다국적기업들과 같이 효율적이고 기능적인 형태들*을 갖추어 오게 된 것이지요.

Enterprise는 *앞으로 우주시대에 등장하는 새롭고 더욱 진화된 형태의 기업은 거대함 정도도 떠나 그 적응 및 변형능력, 단순기능에서 극한복합능력들과 이를 control하는 경영에 이르기까지 현재의 intelligence로는 감당할 수 없을 만큼 발전할 것*이기 때문에 아마도 그 이름도 바뀌어야 하지 않을까 생각해 봅니다.

*인류가 우주에 진출하면서 결코 잃어서는 안되는 것이 장구한 세월동안 형성되어 온 인류DNA와 그 표현형으로서의 humanity이며 우주시대가 서서히 열리는 이 시점에 humani-cosm(인간우주)이라는 새로운 개념과 정체성으로 무장*하여야 할 것으로 생각됩니다.

말하자면 *인류역사가 올바로 가려면 인간우주(humanicosm)를 지향하는 우주적 인간성(cosmic humanity)이 모든 사유방식을 넓게 포용하고, 언어와 상징과 문자와 논리체계와 정서체계, 등 인간만의 모든 특성과 특질을 안정적으로 발전시키고 전개시켜 나가야 하는 것이지요.*

기업에 대해 언급하면서 잊으면 안되는 부분은, 강압적 권력과 폭력요소를 제거한 가계(household economy, 가족을 먹여 살리는 경제)와 공동체경제의 팽창주체로서, *불필요한 경제적 기회의 손실을 방지하고 생존목표를 향하여 에너지와 자원을 합리적으로 집중시키는 차원생략(次元省略, dimensional omission)이라는 기업의 방법론*은 수렵채취 경제 이후부터 인류가 본능적으로 오랫동안 발전시켜 온 매우 인간적인 방법론이라는 것입니다.

부정적인 잔재도 많지만 이윤을 추구하는 기업이라는 합리적 방식이 확립되지 않았다면 현재 인류가 누리는 Cyberworld나 Smart Economy, 또는 앞으로 다가올 Metaverse Ecosystem 같은 새로운 발전모델은 결코 인류 앞에 나타나지 않았을 것입니다.

근본적으로 *자본주의의 씨는 가족관계 자체입니다. 혈족의 정서적이고 인격적인 결속, 즉 인간사회의 씨끈(seed-string)은 혈족과 친족관계의 포자(胞子, spore)의 확산과 균사(菌絲, hypha)의 얽힘처럼 모든 간역(間域)을 점령하지요. 그 씨가 곧 순정(純正)한 인간성(humanity)인 것입니다. "씨와 길과 도시와 국가"*라는 말 속에 숨어 있는 뜻은 요즘 말로 *휴매니티와 네트워크와 허브와 시스템(humanity – network – hub – system)*이라는 말로 바꿀 수 있다고 봅니다. 이것이 인류가 발전해 온 내적 논리의 확장인 것입니다.

인류의 발전양식을 보면, 처음에는 인간성(humanity)의 씨(seed)를 맺고, 길을 트면서 확장(expansion)해 나가고, 길을 따라서 중요한 근거지(hub)인 도시들을 만들고, 이러한 노력의 결과들을 집중하며 *질서를 위해 개인의 자유(自由)를 수축(contraction or shrinkage)시키면서 국가와 같은 형태의 좀더 단순하게 제어가능(controllable)한 체계(system)를 만들어* 나가는 과정을 반복합니다. 좀 더 단순화하면 좋은 비유인지 모르겠지만 아메바처럼 확장과 수축을 통하여 성장하는 것으로 볼 수 있습니다.

진정코 *인류는 인간성(humanity)이 씨처럼 영그는 과정과 이것이 전파되*

어 나가는 과정을 거듭해 온 것입니다. 전제정(dictatorship)들을 무너뜨리는 민주정(democracy), 공동체를 협업으로 이끄는 두레와 길드와 기업, 지식체계를 가꾸어 내고 지식을 전파하는 교육과 학교체계와 연구개발, 좋은 의미에서 공동체를 지키는 보안시스템, 등 공동체적 양심과 사랑의 결실들이 지구상에 이만큼이라도 정착된 것은 인간성이 말할 수 없이 복잡하지만 본질적으로 고상하기 때문입니다.

즉 "*Imago Dei. 육신 속에 자리잡은 신성. 인간은 모두 신이라.*"고 한 것은 충분한 이유가 있습니다. *인류는 스스로를 지극히 존귀하게 여겨야 합니다.* 이것이 전능역사신이 인간들에게 주문(making order to *humanity* to infiltrate *into the Creation*)하는 것입니다.

역사의 좌표에 대하여 말하려고 하니까 역사좌표의 축은 어떻게 잡아야 할까 생각하게 되지요. 특히 *우주의 역사좌표를 먼저 잡은 후에 인간의 역사좌표가 규정*될 것이기 때문에 매우 복잡한 일이 될 것입니다. 말하자면 역사에 대하여 인간들은 오직 자기들의 역사만 생각해 왔었지요.

그러나 *인류가 환경문제에 눈을 뜨고 생명문제가 얼마나 중요한지* 알게 되고 *그 위에 인류의 생존과 문화와 공동체들의 운명이 달려 있다*고 깊이 인식하게 된 것은 그리 옛날 이야기가 아닙니다. 아마도 세계대전을 겪고 무절제한 인간성의 참혹함을 알게 된 후에 많은 각성이 있었던 것이 아닌가 합니다.

우주(無限)−생명(動力)−인간(創意)−국가(結節)//

역사좌표에는 몇 개의 층서가 있습니다. 층서란 지질학에서 쓰는 용어이기는 한데 여러 층으로 이루어진 지구 지표지질의 가장 밑에는 기반암(basalt)이 있습니다. 시간의 흐름에 따라 층을 이루며 쌓인 지질 층서와는 달리, '*우주역사의 좌표*'는 *모든 인류와 생명과 역사적 사건들의 대전제조건*으로서 지질학적 기반암과 같이 <u>모든 역사의 기반(**基盤**, base)</u>이 되고 있습니다.

<u>역사좌표의 층서(**層序**, Strata)는 우주(**無限**)- 생명(**動力**)- 인간(**創意**)-국가(**結節**2)로 일단 간추려 생각</u>해 볼 수 있습니다.

우주층(cosmos layer)의 암호는 무한(infinity)이며, 생명층(life layer)의 암호는 동력, 즉 에너지이며, 인간층(humanity layer)의 암호는 창의(creativity)이며, 인간계 결절중 제1결절인 가정(family)의 암호인 결절1은 현대인이 다 목말라 하는 사랑(love)이며, 다음에 인간계의 두번째 결절인 국가(state)의 암호는 결절2인 체계(system)입니다.

이제는 시대가 신속히 변천되어 가고 있습니다. 예컨대 태양계의 소행성이 단 수십개라도 지구로 동시에 돌진해 오면 지구생명과 인류의 역사는 끝이 나는 것이지요. 이것을 피부에 닿도록 느끼게 된 것이 몇십 년 되지 않았지요.

그러니까 <u>이제는 천문학의 단기적 실용성 중에 으뜸이 된 것은 예전처럼 농업을 위한 역법(calendar)이나 항해술(navigation)을 위한 관측보다 현실적인 소행성의 지구충돌 예측에 절대적인 비중</u>이 가고 있는 것입니다.

그러나 이 모든 것을 통합적으로 생각할 수 있는 지성과 인간성의 광역화(reconnaissance)가 속히 필요해지는 시기입니다.

우주역사의 첫머리에 대해서는 아직 논의가 많이 남아 있습니다. 제임스 웹 망원경, 등의 새로운 관측결과들을 보면 빅뱅 직전과 직후의 가정(assumption)들이 상당히 부정확할 수 있다는 견해들이 지지(支持) 받고 있습니다. 시간이 있고 없고의 차이, <u>원자보다 더 작은 크기의 극미의 초기우주에서 시작되었느냐, 또는 10차원의 초기 상태에서 4차원과 6차원의 우주가 서로 갈라졌느냐, 또는 빅뱅이 다른 다중우주와 통하는 웜홀의 존재를 허용하느냐는 등,</u> 너무 너무 다양한 논의가 가능하기 때문에 아마도 한 세기는 논의해야 우주탄생이론의 겨우 큰 줄거리라도 잡을 수 있지 않을까 생각하는 것이지요.

아마도 여기에 실험과학의 약점도 보이는 것 같습니다. <u>왜 차원에 대한 생각을 넓게 풀어 던져서 무한차원에서의 차원의 강등(degradation)이나 감소(reduction)를 생각하지 않을까요?</u> 어쨌든지 무한은 누구나 겁나 하는 개념이니 언젠가 해결자가 나타나겠지요.

인간이 보기에는 <u>무한한 우주에서 생명이란 이상한 역설적 존재</u>입니다. 여기에는 질서가 우주 모든 곳에서 언제나 무너져 내리고 있다는 개념인 앤트로피(entropy)라는 열역학(熱力學, thermodynamics)의 제2법칙이 있습니다. 그런데 <u>생명이란 무질서의 도수가 점차 증가해야 하는 우주환경에서 거꾸로 제한적인 질서를 세워 나가면서 자체의 시스템적인 질서를 연장해 나가는 독립된 현상</u>을 말하지요.

아마 생물들의 그러한 노력 중에 신진대사(新陳代謝, metabolism) 같은 활동이, 무질서를 심화시키는 부패나 죽음과 같은 환경 속에서 앤트로피 현상에 역행해서, 생명을 이어 나가고 증식하고 확대재생산하는 일들을 하는 기초가 되는 것입니다.

84 뜻밖의 α미래

인간이란 이 생명현상 중에 하나입니다. *생명현상의 역사에도 그 기원이 있고 붙어 먹고 살고 존재할 수 있는 좌표가 있습니다.* 좌표를 구성하는 여러 차원들도 집약(集約)해서 표현할 수 있지요. 그래서 인간의 역사를 말하려면 생명현상의 큰 테두리를 전부 다루고 들어가야 합니다.

인간현상은 생명중에서 솟아난 독특한 의식(consciousness)의 현상입니다. 인식(認識)은 모든 생명체가 가장 원시적인 형태라도 다 갖추고 있는 것입니다. 인식에서 의식이 어떻게 솟아 나오는가는 많은 연구와 논란이 있지요. 그러나 이 *의식현상에서도 zero-infinity의 전영역을 다룰 수 있는 것은 인간의식만의 성취*라고 볼 수 있습니다.

경계(또는 한계)를 지속확장하는 시스템이 인간의식에 내재

인간이 왜 침팬치나 고릴라 등의 영장류중에서도 특별한가요? 그들도 상당한 의식수준에서 삶을 영위하고, 감성도 인간과 교류가 많은 가축류들에서는 놀라운 수준까지 도달하고 있는데요. *인간의 의식현상에서 이 zero와 infinity의 경계의식(boundary consciousness)이 자꾸 변하고 있습니다.* 마치 *경계를 지속적으로 확장(extension)해 나가는 시스템이 인간의식에 내재(內在)*되어 있는 것 같습니다.

인간은 생명현상 중에 다음의 높은 차원으로 넘어가는 특이한 존재라고 말하고 있는 것이지요. 인류가 우주에 나가고 싶어 안달하는 것은 그 뿌리가 다르기 때문입니다. 외계인의 자손이기 때문이라고요? 아이고, 그 이야기는 그 정도 하시고요. 인류는 외계인 정도보다는 더 고등한 마음 속의 고상한 부

담을 가지고 사는 존재랍니다.

우주의 모든 존재는 파동입니다: Planck 조건이라는 10^-33초의 지극히 극미(**極微**, infinitesimal)한 세계에서 물질과 반물질이 끊임없이 쌍생성(**雙生成**)하고 쌍소멸(**雙消滅**)하는 과정을 통하여 진공상태는 유지하지만 양자요동(quantum perturbation)은 지속적으로 존재한다고 봅니다. 10^-33 cm의 거리에서는 양자적 효과가 아인슈타인 장방정식의 이론을 압도한다고 봅니다.

인간은 아직 파동이 무엇인지 잘 모릅니다. 슈뢰딩거의 파동방정식이 있지만 이는 확률적 표현으로 보아야 합니다. 그렇습니다. 미정의 상태로는 규정할 수 있지만 확정된 상태로 표현하는 것은 시공간상의 전체적인 상태를 파악하지 못한 것으로 보는 것이겠지요. 아마 우주로 나가려면 이런 사고방식에 익숙해져야 하는 것일까요?

그러나 **_인류는 20세기 후반부터는 대부분의 지식인들이 이 굳건해 보이는 우주가 실상은 파동이라고 믿고 있습니다. 즉 모든 일들은 항상 파도처럼 출렁이고 변화하고 태양계도 불안정하고 인간세계도 항상 변화의 대상이라고 생각_**하는 듯합니다.

인류가 주의해야 할 것은 이 같이 새로운 차원들을 포섭하고 비약하여 넘어가려는 인류의식의 불안한 에너지 과잉상태가 앞으로 200년간 불안정한 상태를 지속시킬 것으로 예측된다는 것입니다.

그러나 **_인류가 지혜롭다면 이러한 의식잉여(**意識剩餘**) 또는 의식과잉(**過_**

剩)의 에너지를 잘 유지하면서 사회안정 상태를 적절하게 유지해 나가는 방법을 터득하게 될 것이라는 것입니다. 이것이 앞으로 인류역사에 지도적 위치에 서게 될 사람들에게 주어진 역사적 임무일 것입니다. 책임세대가 될 1525@2023은 진지하게 받아들이고 지혜로워져야 합니다.

의식잉여(意識剩餘) 에너지를 유지하며 사회안정을 적정·유지

자, 그러면 이제 우주역사의 좌표와 차원들에 대하여 살펴보십시다. 우주에 대하여 말할 수 있는 사람은 아무도 없지요. 우주 말고 비교적 아주 작은 규모인 학제(學際) 중의 하나인 발생생물학(developmental biology)을 봅시다. 원래 30년전, 사상적인 추구를 통해 뇌의 발생에 대해 파고 들면서 발생생물학 책들을 건드리게 되었지요. 특히 뇌신경의 초기 배열, 등에 대하여 그리고 인후(咽喉, throat)발생과의 관련에 대하여 흥미가 생겨 그랬었지요.

어쨌든지, 발생생물학이 20세기 마지막 30년간 겪은 변화는 엄청났지요. 1970년대에는 재조합DNA 기술 때문에, 80~90년대에는 생물정보 및 유전체 기술이 적용되면서 진화론, 생태론, 배아(胚芽)학 등, 분자적 기제를 사용하여 형태발생에 대한 세부까지 들여다보게 되었다고 하 요.

21세기 들어서는 그 전문성과 발전 상황을 따라 가기가 어렵습니다. 특히 의학과 약학에 깊은 소양이 없고 많은 시간을 투자하지 않으면 더더욱 어렵지요. 그러니 방대한 학문들이 모두 얽여 있는 우주의 역사를 전문으로 다루기란 어려운 일이겠지요.

우주요? 아득하지요. 일단, 인류는 최근에야 전체 우주의 지도를 실험적으로 다양한 방식으로 제작을 시도한다는 사실이 알려지고 있습니다. 또 태양계 역법(曆法)의 문제는 어떤가요?

그러니까 우주의 기원에 대한 연구와 최근까지 이루어진 우주론의 발전상을 지켜보면서 적어도 앞으로 인류에게 실용적으로 필요한 부분 정도는 다루어 주어야 인류의 미래에 대한 생각을 소규모로나마 정리해 볼 수 있겠습니다. <u>우주에 대하여 사고방식을 정리하려면 격체(person or personal modularity)라는 개념을 끌어다 써 보려고 합니다.</u>

격체는 방대한 우주 전체를 부분적으로 다루어야 할 때 유용한 개념일 것입니다. 격체라는 개념 속에는 아마도 "서구의 몰락"을 썼던 슐레징거의 방법론에서 차용한 방식도 좀 있을 겁니다. 문명들의 "얼"에 대하여 설명했었지요. 특히 <u>인류의 역사와 한국의 역사를 광대한 우주의 역사와 연결시켜 설명하기 위한 방편</u>이지요.

다음 장에서는 미래역사의 좌표를 통틀어 큰 시각에서 다루어 보려고 합니다.

4 *인류와 한국의 미래역사좌표*

4 *인류와 한국의 미래역사좌표*

이 장에서는 우주론이나 여러 학제들 간의 깊은 합치하는 부분들을 다루고 있고 통합적인 사상을 추구하고 있는 노력으로 어떤 곳에서는 새로운 관점들을 제시하고 있기 때문에 큰 흐름만 감지하고 넘어가도 됩니다.

물리학적으로 이 장을 *Andrei Linde의 우주론을 중심*으로 한 '영구적 혼돈(/공허)의 급팽창 다중우주(eternal chaotic inflationary multiverse)이론'과 '끈이론 풍경(string theory landscape)의 관점'(2014, Edge Foundation)이 *약간 수정하면 상당히 복잡한 미래의 변화된 이론들을 수용할 능력이 있지 않나* 하는 생각에서 시작해 보려고 합니다. 그의 이론은 *우주적 인간이론을 가능하게 하는 구조*를 가지고 있습니다.

개인적 생각으로는 *극미(**極微**)한 끈(string)이나 또 다른 기본소자(**素子**)라도 그 양단(**兩端**)의 안정성(stability)이 다를 수 있다는 생각을 품은 것이 A. Linde와 근본적인 차이*가 될 것입니다. 그리고 본서의 입장은 그 *어떠한 형태의 우주적 기본소자들이라도 적어도 한 접점은 모든 양자적 요동이 단절되거나 진정되는 절대연속체에 접속되어 있다*는 생각이지요.

현상우주(現象宇宙)의 역사의 첫 시원(始原)

*실무한(**實無限**)*이라고 불리는 절대포괄연속상태로부터 시원적(***始原的***,

90 뜻밖의 α미래

primordial) 격변때문에 초급격(**超急激**, ultra rapid)한 차원격감(**次元激減**, sudden dimensional degradation)이 일어나고 우리가 살고 있는 그리고 인식할 수 있는 현상우주가 탄생했다고 생각합니다.

"관념적 우주론들이 펼쳐내는 landscape(**風景**)"는 우리가 알 수 없는 것이고, *현상우주의 발현은 결국 무한차원의 우주가 대부분 3차원으로 급속하게 안정화된다*고 봅니다.

말하자면 현재 우리의 *관념 속에 존재할 수 있는 다중우주가 우리 현상우주의 시공간이 생겨나기 전에 증발해 버리는 것으로 보아야 합니다. 이것은 안정된 현상우주에 이르기까지 생기는 격렬한 차원붕괴 과정에서 일어나는 일*로 보아야겠지요.

((절대적인 우주의 *무한차원 연속체에 '열리는 구간(opening)'이 생겨서, 차원안정성이 각기 다른 기본소자들(끈, 멤브레인 또는 기타)이 쌍소멸을 벗어나고 남은 잉여물질들로 물질공간이 열릴 수 있다고 봅니다.*))

*무한차원으로부터 빅뱅으로 전우주(global cosmos)의 차원이 격감*하면서, *양자요동이 산출하는 물질잉여의 '미세하게 우세'한 진공('**微細優勢**的 **眞空**)이 현상우주의 역사의 시원(**始原**)*이 되겠지요.

*인간성의 변이가 천년단위 변화의 기틀*이라고 보는데, 이는 격체(체계+맥락)를 통한 문명발현이 이루어지는 체계와 맥락 사이의 *전이대역(transition zone)에서 친인간(pro-humanity) 환경이 발생하는 근거*를 제공하는 것입니다.

우주역사좌표(the Coordinate of Cosmic History)

<u>무한차원의 우주는 '숨어 있는 우주의 본체'입니다. 공간으로 인식되는 3차원과 시간이 함께 나타나고 동조(同調)하는 현상우주는 '나타난 우주'입니다.</u> 적어도 인간에게, 또는 인격체들에게 말입니다.

<u>우주기원도 그렇지만 현상우주는 현재 알려진 것만 해도 다수의 경계조건(boundary conditions)을 가진 좌표를 갖추고 있습니다; Planck조건(**量子搖動**), Kelvin온도(zero요동), 우주팽창/성간물질수축, 광속불변(**極限熱度**/무한요동), 시공간개념(모든 시간정보는 광속의 해석에 의존한다) 등이지요.</u>

블랙홀/우주경계/사건지평선(모든 사상(事象)은 홀로그램의 투사)은 이미 많이 논의되고 있고, 초고차원(超高次元) 공간, 등 더 나아가서 가장 타당성이 크다고 생각되는 거대우주버블(urano-bubble)우주론은 아직 인류지성계에 접근중이라고 봅니다.

이런 여러 생각을 종합하여 <u>우주역사의 좌표축은 최소3축</u>을 가지도록 표현할 수 있다는 생각이 듭니다. 그 <u>최소차원적 표현은 첫째, 경계(boundary, **境界, 實存間域**), 둘째, 에너지(**光充塡密度**), 셋째, 복잡계격체(**複雜系的格體**)</u>라고 요약할 수 있겠습니다. 다른 두 차원 외의 여타의 차원요소들을 복잡계 격체로 통합시킨 것입니다.

그 이유는 뒤에 설명할 기회가 있겠지만 <u>숨겨서 말려 들어간 차원들이 전적</u>

<u>으로 차단된 것이 아니라 현상으로 나타나는 파동(Wave)의 형태에 마치 소수(prime number)의 체계처럼 불규칙하게 영향을 준다</u>고 생각하기 때문입니다. 이 불안정한 파동들이 세계상의 모든 사건과 사상(事象)들을 산발적(散發的)으로 발생시키는 주범인 것으로 보입니다.

이것이 검증 가능하냐고요? 아마도 인류가 진정한 본색(本色)을 찾아서 전국 면적으로 진화하지 않는 한 검증불가일 것입니다. 맥스웰의 악마(Maxwell's demon)처럼 엔트로피(무질서)를 증가시키는 데만 관심을 쏟는 것이 아니라, 그와 반대로 인생의 실존적 기쁨은 모든 진동과 파동을 조합하여 화성(和聲)을 이루는 선택적/통합적 지혜에 있는 것이겠지요.

<u>인간성의 변이(變移)가 가져오는 천년단위 변화의 기틀</u>

인간성의 변이(變異, morphosis of humanity)는 어떤 방식으로 나타나고 <u>앞으로 천년단위의 인간 역사에 변화를 가져올 기틀(crux)</u>은 무엇이겠습니까? 인간성 변이는 유사이전(有史以前)의 고대로부터 지금까지 사회적 영역(societal domain)에서 대부분 이루어졌습니다.

앞으로도 <u>사회가 거대해지고 메타버스와 같은 사이버(cyber) 상황이나 태양계적 상황에서, 초거대망계(超巨大網系)가 이루어졌을 때 인간성의 더 깊고 광범위한 변이가 발생</u>하게 되겠지요.

이러한 역사적 변화 속에서 생명고·사회의 안정을 지속하기 위하여 인류사회는 예측기법과 대응방식을 개발하고 스스로 절박한 심정으로 질적변화를 성취하여야 하겠지요.

<u>인류는 무수하게 많은 복잡계격체(**複格體**, Complex 'Persona' or complex personal modularity; CPM)들을 관리하는 격조 있는 방법론으로 지배력을 상향(governability up-grade) 시킬 필요</u>가 있습니다.

(복격체를 영역(英譯)하기 위하여 엄청난 함의가 있는 person을 쓰기는 좀 부적절하고 인간 인격이 가진 가면(假面)의 의미가 더 강한 person+'a'=persona를 사용하였습니다.)

이렇게 <u>지배력을 증대시키기 위해서는; 지성의 차원합성 능력, 초고차원적 의미를 쉽게 규정하기 위한 차원저감의 능력, 무한차원의 생략 및 격하를 통해서 일반 정상인들이 '인격적'으로 대응할 수 있는 방식을 윤활하게 사용할 수 있어야 합니다.</u>

(차원저감의 능력은 비근한 예로 수학에서의 고차원적인 각종 방정식들의 도출, 초인공지능의 길들임, 절대역사신과 우주와 생명기제들에 대한 순응방식의 개발 등을 들 수 있겠지요.)

(우리가 인격적 대응이라고 부르는 태도나 반응 속에는 대단히 복잡한 격체적 반응이 함축되어 있고 차원을 격감시키는 심정적 대응이 있는 것이지요.)

이제 우리의 우주가 가진 복격체(complex persona, or CPM)는 무한한 수효가 있겠지만 여기서는 주요한 결절(結節)격체인 우주격체(Cosmic CPM),

94 뜻밖의 **α**미래

생명격체(Life CPM) 인간격체(Human CPM)에 대하여만 간추려 생각해 보고저 합니다.

우주격체(Cosmic CPM)의 본질 해독(本質 解讀)

우주격체의 본질을 해독하는 일은 아직은 불가능한 일입니다. 그러나 시늉은 해 봅시다. 양자적 견해들로 들어가면 대부분의 해석이 실재론(實在論, realism)과 국소론(局所論, localism)의 카테고리에서 이루어지지만, 그 대척적(對斥的) 극한이론인 본체론(本體論, ontology)과 전국론(全局論, globalism)은 거의 노출되지 않습니다. 이것은 실험가능성과 관련이 있지요.

전국적 본체론(全局的 本體論, global ontology)은 우주적 격체론을 가능하게 하는 논리체계이며 본질적으로 격체론은 경험적인 추론에서 생겨나는 것입니다.

그러므로 격체론은 big data 정도를 훨씬 능가하는 방대한 체계의 복잡계적 정보(complex information) 용량이 우주적 규모로 장기간 축적되어야 체계적인 추론이 확인할 수 있게 된다고 봅니다. 인류가 요즈음 시작하고 있는 분야이지요.

우주격체는 우주의 구분(區分) 또는 나뉨(division/severance)현상에서 생겨납니다. 원래 우주의 본체는 무한차원의 무한한 얽힘으로 되어 있는데

_서 시작되었다고 보아야_겠지요.

양자얽힘(quantum entanglement)은 물리현상으로 파악된 것이 주로 이중얽힘(double entanglement)를 중심으로 이론과 실험 모두 연구되고 있고, 삼중얽힘(tripple entanglement)도 부분적으로 연구된 것이지만, _무한얽힘(infinite entanglement)까지 사고(思考)의 경계를 밀어 올리기에는 현재로서는 과학자들의 믿음과 상상의 힘이 거의 따라가기 어렵다_고 생각합니다.

Entanglement(얽힘)라는 단어도 그리 탐탁치 않은 것이, 인간들이 왜 자기가 다 파악하지 못했다고 해서 (마구잡이로) 얽힘 상태라고 규정하는지 좀 맹랑한 발상이 아닐까요? 우주가 법칙대로 움직인다고 그 법칙을 찾기 위해 일생을 노력하면서도 아직 파악하지 못한 우주(cosmos)의 본질이 매우 질서(order) 있는 것이라는 겸손한 생각을 해 볼 수 없는 것일까요?

_사실 함부로 된 얽힘이 아니라 본질적으로 무한차원에서 질서있는 연속성이 우주본체의 상태이어야 하지요. 무한차원이 연속성을 녹여 가지고 있는 상태는, 공명(resonance)상태에서 몸체와 파동의 관계가 연관된 암시_적 비유(?)랄까 비견(?)이랄까 하는 것이 성립되는 것이지요.

유한한 인생 쪽에서 절대역사신을 인지할 수 있는 가상적(假象的) 무한차원에서는, 모든 하위의 질서를 포괄(包括)하고 포월(包越)할 수 있는 포용성이 모든 사상(事象)을 다 녹여 연속적 무한실존이 되어 있는 것이지요.

그 포용성이 인간의 성품(性稟)에 나타난 무한을 향한 지향성인 것이지요.

인간이 탁월하게 다른 것, 즉 신의 형상(the image of God)을 하고 있다는 표현이 나온 것은 바로 이러한 무한한 포괄연속성의 국소성(locality)이 나타난 것이기 때문이지요.

이런 생각을 같이 해 보십시다. Entanglement(얽힘)는 우선 실뭉치를 연상케 하지요. 즉 1차원 쿨건의 3차원적 얽힘이지요. _Gordian knot(고르디안 도시의 매듭 또는 뭉치)라고 있었는데 그 매듭을 풀면 세계의 왕이 된다고 했다던가? 알렉산더가 직접 가보니 어렵겠거든!_ 그걸 어찌 풀 수 있나? 에라 모르겠다, 한 칼에 잘라서 매듭이 풀렸다고 신나하면서 이제 나는 세계의 왕이 될 것이다! 뭐 그랬다던가?!

얽히고 꼬인 상태로 밖에 볼 수 없는 인간의식

그러므로 _얽힘이라고 하는 단어에는 매듭(knot)과 그 매듭으로 말미암은 왜곡이나 꼬임(distortion)이 끼어 들게 되지요._ 매듭이론이 수학에서 가장 어려운 부분중 하나라는 건 다들 알고 있지요?

사실 _일차원의 형상으로 매달려 있던 말린 돛(sail)이 좌악 펼쳐지면서 2차원의 면을 만들고 3차원의 바람이 그 뒤에 거세게 불면 항행(sail)을 하게 되는 이런 역전(逆轉)_ 되는 현상이 생각나면 더 신나지 않나요? 펼쳤다가 얽히게 되면 얼마나 답답할까요? 이 것이 우리 세계의 실제 모양이 아닐까요?

어찌 되었든지 펼침과 얽힘에는 _매듭(knot)과 꼬임(distortion)_ 이 끼어들게 되어있고, 다시 파상(波狀, wave mode)적으로 _contraction(收縮)_ 과

*expansion(擴張)*이 생기게 되지요. 매듭과 꼬임의 현상 속에는 *관통(penetration)과 교차(crossing)가 일어나고 있는 사실*은 어떻게 생각하십니까? 일차원이 이차원을 찌르고 지나가고, 이차원이 삼차원을 자르고 지나가고 삼차원이 사차원을 단절한다!? 그게 뭘까?

깊은 논리를 살피면 *Absconditum(hiding)/Phaino(shining)*가 빛과 어둠을 나누게 되고, Unicrux와 Uninexus를 대척방향으로 나누게 하고, 안과 밖을 갈라내고, 응축(凝縮)과 이산(離散)을 일어나게 하고, 수용(收容)하고 차단(遮斷)하고, 인력(引力)과 척력(斥力)의 나뉨 현상이 생기고, 이들은 *모두 차원격감에서 오는 꼬임현상*일 것입니다. 이 부분은 엄청나게 많은 논란이 필요한 분야들이지요.

아마도 장기적으로 보아 장래에 위상수학(位相數學, topology)은 Topology of Space에서 Topology of Inclusion(차원간 結付)으로, 물리학은 Physics of Extension에서 Physics of Resonance(내적 특성)로 바뀌어 나가야 될 것입니다. 그 실체는 인간의 현 문명단계에서는 학문적 용어로 아직 규정하기 힘들겠지요.

우주는 생명을 낳아 놓기 위한 절대역사신의 위대한 배려인 것을 인식해야 합니다. 그러므로 우주격체는 생명격체를 품고 이를 배태하고 산출하기 위한 거대한 계획입니다.

생명격체는 인간격체를 품고 이를 배태하고 성장시키기 위한 심오한 계획이지요. 점차 상황의 변화는 급속하여지고 조급한 인류는 아직은 상황을 통합

/이해하는데 전혀 따라갈 수 없는 산만(散漫)한 인지력과 판단력 밖에 없다고 보입니다.

우주는 엔트로피 법칙에 응(應)하여 팽창하며 움직이고, 생명은 네겐트로피(逆엔트로피) 법칙으로 우주 엔트로피와 반대의 기제(mechanism)로 응집하면서 생장하고 있습니다.

*인간은 네겐트로피의 생명배태(**生命胚胎**)기제에 잘 순응하며 생활하지만, 궁극적으로 우주를 순응(subdue)*시키고, 광물계, 생물계, 특히 동물계를 지배(have dominion over)하는 지성(intelligence)과 내적특성을 갖게 됩니다. 지금까지는 지성과 지성적 도구들이 역할을 잘 한 편입니다.

생명격체의 역(逆)엔트로피(negentropy)

우주격체에 대하여 말하였으니 우주격체와는 반대 방향의 진화를 가져오는 생명격체에 대하여 생각해 봅니다. 생명격체는 인간격체가 자리잡고 살 수 있는 큰 기반입니다. *생격격체의 대부분은 인간들에게 생태계(Ecological System)를 제공*하지요.

생태계는 인류에게 긍정적이기도 하고 부정적이기도 합니다. 그러나 *생명격체는 만일 인류가 깊이 또 넓게 우주에 진출한다면 지금 정도보다도 더 엄청난 함의(**含意**)가 나타날 것*입니다.

<u>생명격체에 대한 사상은 많이 정리되어 있습니다.</u> 지구를 그리스 신화에서 나오는 대지의 여신 가이아(Gaia)라고 인격체로 설정하는 방식도 있고, 태양계(Solar system)도 앞으로 이러한 격체적 지위를 가질 것이라고 볼 수 있습니다.

은하계(Galaxy)도 그 중앙에 초초거대 블랙홀이 발전기 역할을 하고 있다고 볼 수도 있다고 하는데, 그것이 진짜로 은하계의 전체적 에너지 발생을 책임지고 있는지(galactic energy provider) 궁금하지요.

<u>은하단들의 흐름과 충돌과 확산이 가져오는 재배열과 안정성(stability) 확보 과정과 우주적 시간대에서 생명들이 태어나는 조건의 형성도 궁금한 것이지요.</u> 오래 지나지 않아 인간과 생명의 의미와 그 역할을 성큼 한 걸음 가깝게 해석하기 위하여 균형 잡힌 이론이 정리되겠지요.

하와이 천문대에 종사하는 천문학자들은 우리들이 속한 거대한 천체의 거대 결집상태(home superclusters of galaxies for humanity)를 하와이 말로 Laniakea(immense heaven, 거창한 하늘)이라고 부르기로 했다지요!

<u>진공상태나 이에 대비되는 성간충전상태(**星間充塡狀態**, 팽창우주속의 물질의 결집)의 모든 논리와 정보들은 '생명체의 무한한 pattern'(복잡성)에 대한 심도 있는 이해로 바뀌어야 합니다.</u>

<u>광의적으로 생명격체는 우주격체에 대한 일차적 공명(resonance)현상이며 그 적용되는 폭이 넓고 느슨한 것입니다. 인간격체는 우주격체에 대한 2차적이고 비교적 밀집(**密集**)한 공명(resonance)현상으로 볼 수 있습니다.</u>

100 뜻밖의 α미래

이 공명이라는 용어도 새로운 당역적인 의미를 지니게 될 것입니다.

인간격체는 의식의 으지(意識的 意志, 주로 집중력)와 아공간적 존재들이 면밀하게 상호작용해야 하는 구조 때문에 매우 협소하고 내밀하고 상세한 현상으로 나타나게 되겠지요.

생명격체(生命格體)와 인간격체(人間格體)는 entropy의 대척개념인 negentropy(逆 또는 反 앤트로피)현상으로 판단됩니다. 이는 차원저감으로 나타나는 *3차원적 안정성에 주어지는 우주격체의 보상이나 선물로 보아야 합니다.*

인간이 우주를 3차원이라고 생각하는 데는 좀 무리가 있지 않은가 생각이 듭니다. *태양과 같은 핵융합 주계열성(主系列星)들도 그 중심부근은 3차원적인 안정성에서 벗어나 있는 것 아닙니까?* 블랙홀은 어떻습니까? 만일 태양의 6조배 크기를 가졌다고 파악되는 항성으로 분류되는 천체의 중심도 과연 3차원적인 안정성을 가진 것일까요?

최근 들어와서 양자터널링(quantum tunneling) 현상에 대한 여러가지 가설들이 학자들의 뇌피셜을 진동시키고 있습니다. 솔직히 말씀드려서, 점프하는 터널링거리(tunneling distance)가, 역으로, 양자요동이 일어나는 Planck공간에서 발생한 반물질들이 해당공간에 접속된 *거울같은 반영(反影)공간(mirror space reflected)*으로 즉시에 전이(轉移)된다고 보면 무리가 있는 것인가요?

quantum entanglement(양자얽힘) 현상 자체를 특정질점에서의 플랑크 공간에서 '말려들어간 불특정 다수의 차원들이 일으키는 (거울면을 오가게 하는) 무작위적인 미끄러짐'이라고 이해하면 무리가 있겠습니까? 이것은 차원이라는 문제가 모든 격체적 해석에 있어서 많은 생각의 갈래를 만들어 낼 수 있다는 이야기가 될 수 있습니다.

<u>인간중심·생명중심의 사상은 물리화학/열역학적,정치경제/사회심리적으로 생체가치에 대한 통합적 관점으로 발전할 것입니다.</u> 인간의 생체조건인 37도C/1기압/PH7.4 조건은 아마도 인간격체를 중심한 문명의 일반설계 기준으로 격상될 것입니다.

이것은 의복과 주거 등 몸에 밀착되는 환경 속에서 성취하여야 하는 우주환경에서의 실용과학에서는 거의 절대 영도와 같은 중요성을 가질 것입니다. 개미 같은 <u>*인간은 자신들의 우주적 중요성을 깨닫고 그렇게 살아내야 합니다.*</u>

그리고 인류경제와 생명격체의 통합을 위한 이야기를 남기고 가려 합니다. <u>*ATP(Adenosine Tri Phosphate, 三燐化아데노신)와 같이 에너지 체계에 생성/효용/리듬에 다각적으로 관련되어 미래 범용화폐로 쓰일 수 있는 에너지·생명화폐*</u>가 거의 반드시 인간경제계를 본질적으로 전환시킬 것입니다.

말하자면 <u>*장기적으로 볼 때, 생체ATP가 공동체적 ATP로 다시 법적통화 ATP로 전환되어 나갈 것*</u>으로 보는 것이지요. (BioATP to Communal ATP and to Legal ATP currency)

생명격체에 대하여 좀 생각해 브면 인간격체가 변화해 나갈 사로운 길도 열려 있다고 봅니다. *Krebs Cycle라고 불리는 효율이 극대화된 환상대사계(**效率極大 環狀代射系**)는* 알려진바대로 비둘기 흉근에 19배 효율로 대양을 횡단하는 지구력과 생체효율을 가능케 하지요.

이 글에서는 극단적 방법은 기피하지만 *이러한 효율적 기제를 일반화시켜 창명(**創命**, crevolution)이라는 인류의 내적 특성변화를 유도할 수 있는 정치경제적 방법론도 구상해 볼 수 있다*고 생각하고 있습니다.

이와 같이 인간격체어 대한 생각은 인류문명의 본질적인 변환을 가져올 것을 기대해도 좋습니다. 그러나 *인류문명이 체계정비적인 중심축을 인간의 격체적 특성에 확고하게 자리잡아 놓지 않으면 생명인간의 시대가 등장하지 못할 수도 있습니다. 그것은 오직 모든 어려움을 물리치고 인간성(humanity)의 본질을 굳건히 지켜나가는데 있다*고 믿습니다.

인간격체와 Worth.dom(무름큼)

*인간성(humanity)은 절대역사신의 유일무이(**唯一無二**), 영원무한(**永遠無限**), 전지전능(**全知全能**)함을 물러서(redeemed, 대가를 주고 얻어서) 나온 성품(**性稟**)입니다.* O.T.는 이것을 절대역사신께서 인류인간(人類人間, Adam)에게 숨을 불어넣었다고 기록했습니다.

*절대역사신이 인간에게 숨을 불어넣는 행위*가 그냥 쉽게 이루어진 것일까요?

아닙니다. 간략하게 써 있지만 실은 *애 낳는 고통보다 더 아프고 더 절실하고 더 크낙한 무한한 정성(**精誠**)으로 큰 숨을 불어넣으신 것*입니다.

인간 격체는 공명현상으로 시작되었고 또 성숙해 나갑니다. 인간에게 있어서 특히 *내적특성(intrinsic character)을 좌우하고 외부와의 연계를 본질적으로 조화시키는 공명특성(resonance property)은 가장 중요한 핵심가치를 발생*시킵니다.

공명이란 서로 울린다는 뜻이지요. 왜 울릴까요? 서로 공명되는 주파수를 가지기 때문이겠지요. 그래서 공명되는 사이에 반향(反響)하고 반영되는 현상이 나타납니다.

*인간의 마음은 서로 비춘다*는 말이 있지요(잠언). 보통 마음을 읽는다고 하지요. 눈치 수준 말고요. 힌두사상에는 인드라 망이라는 개념도 있습니다. 그런데 *온세계가 서로 비춘다*는 생각은 해 본 적이 없는 건가요? 모든 *자연법칙이 존재하는 것이 서로 비치는 현상이 아닌가요?*

인간에게는 하나님의 숨이 들어 갔으므로 하나되게 하는 숨이 서로 공명하게 하는 원인이 됩니다. 요즘 인간의 덕성(德性)은 단기적 이익과 직접 관련이 없다고 생각해서 좀 무시하는 경향이 있는데 한번 *서로 협화(**協和**)하여 공동체를 이루려고 해 보십시요. 덕성 없이는 되는 일이 없습니다.* 속여서 그럴듯하게 화합하면 금세 깨지지요. 그게 전쟁입니다. 너무 이상주의자라고요?

덕성은 공동체를 이루는 보석과 같은 성품입니다. 그러므로 *공명(resonance)과 반영(reflection)으로 서로 확인하고 교제*하지만, 그 *관계*

를 묶어주고(binding) 풀어주는(loosening) 것은 덕성(virtue)입니다.

가족이나 공동체나 사회가 *숨겨지고(concealing) 나타내지는(revealing) 사건은 그 속에 이루어져 가는 영성(靈性, spirituality) 때문*입니다. 그 영성이 인격체의 성품입니다.

영성이라는 말을 쉽게 현실적으로 이해하면 그것은 대가를 바라지 않는 순수한 자발성(自發性)으로 나타나 보여집니다.

인격(人格, person)은 엄밀하게 말하면 개인이나 공동체의 잔향(殘響, residue of communal resonance), 즉 주변에서 느끼도록 끼쳐진 소리나 남은 향기를 말하며, *격(格)은 구조적인 틀을 말하는데 서로 반영하여 (inter-reflecting) 만들어 나가는 형태소(形態素)*라고 규정할 수 있다고 봅니다.

성품이라는 용어에 붙는 *품(裏)이라는 개념은 질(質)적인 것인데 서로가 같이 느끼는(feeling-together, cosensing) 진정한 가치 또는 존재가치(眞價 또는 存價, worth)*를 말한다고 볼 수 있습니다.

Worth(眞價)와 Worthdom(무름큼)이 서로 다른 것은 Wise와 Wisdom이 서로 다른 것과 비견됩니다. 이 단어를 위해 많이 고민했는데 현대의 인류에게 가장 필요한 *가치의 일반이론을 제대로 설명하기 위해서는, 우주의 합리적 정합성(合理的 整合性)과 인간의 복잡계적인 특성 및 그 위상수학적인 가치변환방식이 원용*되어야 하기 때문입니다.

인간성이 가져오는 천년 단위 기틀의 변화는 바로 이 격체관리에 있는 것입니다. 아마도 우주 진출에 있어서도 과학기술의 발전보다 더 중요한 것이 이 격체관리 및 경영에 대한 사상적이고 학문적인 발전일 것입니다.

그 핵심은 가치관리에 있고 여러가지 형태로 꼬여버린 가치순환(價値循環, circulation of worth and value)현상들을 *가치기준에 대하여 단순 명료하게 투명성을 보장해 줄 필요*가 있다고 봅니다.

만일 만국공법(萬國公法)과 같이 이런 상황을 정리해 줄 필요가 생긴다면 *세계인류는 우주로 본격 진출하기 전에 또는 진출 상황 속에서 만민공법(**萬民公法**)을 신속하게 정비해야* 할 것입니다. 이것이 우리 나라의 1525@2023, 즉 책임세대들이 관심을 갖고 해결해야 할 목전에 있는 다음 수십 년간에 걸친 세계적인 과제 중 하나로 생각됩니다.

앞으로는 *wisdom(지혜)이 아니라 worthdom (무름큼,* ***本價, 存價****)이 더 중요해질 것입니다.* 이 말은 상황을 값없이 또는 값싸게 비껴가던가, *눈앞의 어려움을 피하여 상황을 타개하는데 주안점이 있는 지혜(wisdom)보다*, 중력이나 양자 얽힘이나 사회적 구속이나 법적 규제, 등 모든 *현상적 매듭(phenomenal knots)에 얽매여 있는 데서 자유롭게 풀어주기 위해 요구되는 모든 값어치를 치르는 무름큼(worthdom,* ***本價代拂*** *또는 참값치름)이 진정코 중요하다*는 것이겠지요.

((*무름큼은 "되-'무르'는만-'큼'"처럼 값어치를 '무르고 치르는 그 만큼' 정량적(quantitatively)으로 정확한 측정(measure)이 가능한 "큼"이라는 접*

_미아_를 쓰고 있습니다.))

인생들은 가치체계의 흐름에 허구와 의혹과 거짓을 걸어 놓기 때문에 항상 가치가 왜곡되고 정확한 양적 측정을 할 수 없습니다. 정확한 측정, 그게 가능하냐고요? 화폐가 생긴 것을 보면 아마도 100년 안에 인생들은 새로운 고안을 해낼 것으로 봅니다. 이건 진지한 소리입니다. 이러한 _새로운 가치순환체계, 가치측정체계, 또는 가치통용체계를 만드는 것이 인류의 삶을 얼마나 바꾸어 놓을 것인가요?_ 궁금합니다.

가치공리와 만민공법

인간에게는 자기자신을 잘 수양함에 따라서 _미세한 정상적인 느낌_ 을 되찾을 수 있습니다. _진정한 가치를 이해하고 몸으로 느끼고 그 세미한 느낌의 차이도 감지할 수 있는 것이 진정한 인간_ 입니다. 친밀한 가족 사이에나 뜨거운 연인(戀人) 사이, 오랜 일체감으로 잘 다져진 공동체에서 이런 느낌이 확인되지 않습니까?

우리가 변화시키고 싶은 삶의 조건 중에 가장 높은 장벽은 정치경제적인 상황입니다. 지난 수세기간 전쟁과 살육 등, 격렬한 방식으로 이를 시도한 많은 사건이 있었으나 이제 더 이상 어떻게 인류를 파멸시킬지도 모르는 과거 방식을 따르겠습니까?

그러므로 _가장 중요한 변화는 가치의 일반적인 논리를 모든 교육(**敎育**) 속으로 또한 법제도(**法制度**)속으로 스며 들게 하는 것입니다._

*지구가 하나의 도시로 변해 가는 마당에, 또 공통의 스마트 시스템으로 나가는 지금, 생명과 인간을 위한 가치공리(**價値公理**)가 마음마다 자리잡게 하고 이로 인해 지켜야 할 만민공법(**萬民公法**)이 새겨지게 해야 하겠지요.*

인류의 미래적 법체계는 만민공법에 근거하여야 하고, 만민공법은 또 가치체계 위에 세워야 할 것입니다. 인간의 주관적 세계와 심리적 부분을 생략한 현재의 시장가치체계만 가지고는 정치경제학이나 인문학이 철저한 과학적 근거를 가진다고 말하기 어렵겠지요. 이것은 누가 무어라 해도 단정적으로 말할 수 있는 부분입니다.

인간우주(Humanicosm)의 역사과정(Process of the History)

우리는 우주를 인간의 관점에서 주로 보게 됩니다. 그래서 *인간이 생각하는 우주는 인간우주(humani-cosm)*라고 부를 수 있습니다. 인간이 생각하는 우주는 *모든 면에서 인간성으로 조명된 우주*입니다. 인간성으로 조명된 우주에 대하여 세가지 측면에서 말해 보려고 합니다.

첫째로, *인간은 언제나 모든 일의 근원을 살핍니다. 이것은 근원을 알아야 인과론을 성립시킬 수 있기 때문이고 인과론에 의하여 미래예측*을 할 수 있기 때문입니다.

둘째로, *인간은 생명 문제에 집착합니다. 생존을 인간의 가장 중요한 목적*이라고 여기고 있기 때문입니다. 그래서 생명과 우주를 연계해서 생각합니다. 셋째는 *인간이라는 방식으로 사는 것에 모든 가치*를 둡니다. 과연 인간은 어떤 존재이기에 자기중심적인 사고방식으로 조건화되어 있는 것일까요? 고민해 볼만 한 주제입니다.

첫번째 주제에 대하여 <u>우주와 인간의 근원에 대하여 살핀다면 인간은 모든 존재가 발출(發出, procession)한다는 생각을 품고 있습니다.</u> 역사적으로 보면, 제일원인(第一原因)을 고려하기도 하고, 단계적으로 하등급(下等級)의 세계로 유출(流出)이 이루어진다고 보기도 하고, 그림자와 실체의 관계로 비추어 보기도 하며, 여러가지 유형(pattern)으로 사유(思惟)해 왔습니다.

지난 반세기를 지나 오면서 실증적 과학을 뒷받침하는 CERN, 제임스 웹 천체망원경과 같은 실험설비들의 규모가 지수함수적으로 확장됨에 따라, <u>모든 인간의 상상력과 추리력을 뛰어넘는 포괄적 해석능력이, 물질세계가 가진 지극한 오묘함을 통하여, 심원(深遠)한 해법을 제시할 것으로 생각</u>하고 있습니다.

이것은 단순하게 근시안적인 전세대의 유물론을 지시하는 것은 아니고 양자역학이라든가 다양한 우주론과 같이 <u>한 단계 더 나아간 통합적 과학의 길이 열린다</u>고 보는 것입니다.

조금 어렵게 들리실지 몰라도, <u>발출의 사상(thought of procession)은</u> 단계적 유출론과는 다르면서 <u>일원론적인 근본을 굳게 지키고</u> 있습니다. <u>일원론의 기반이 지속적으로 유지되는 것은 인간의 사유에서 매우 중요한데, 미지의 것에 대한 기피증상을 극복하고 정정당당한 인간성을 보존</u>하게 합니다. 이 부분도 설명하려면 한참 걸리겠군요.

우주발출론(宇宙發出論)과 생명과 인격의 발출

발출은 천칠백년도 훨씬 더 이전에 풍미했던 Plotinus의 neo-platonism이 가장 대표적으로 생각되지만, 20세기 중반이후 21세기 들어오면서 빅뱅이론과 인플레이션 이론과 같이 발출론의 특수한 형태가 나타나고 있습니다.

*해석에 따라서는 '무(無)로부터의 우주기원(creatio ex nihilo)'과 다양하게 확산될 가능성이 큰 인간원리(anthropic principle)가 새로운 발출설을 지지해 줄 수 있다*는 전망을 보게 합니다. 왜냐하면 이것은 *수렴(收斂, convergence)적 사고방식이 가지는 강점*이 있기 때문이지요.

*우주 발출론에서 가장 중요한 점은 통일된 안목에서 생명과 인격의 발출을 사유할 수 있다는 점*일 것입니다. 즉 생명론(life theory, anima-logy)과 인간원리가 발출론으로부터 간결하게 정리될 수 있다는 점입니다. 물론 역(逆)엔트로피 과정을 통해서이긴 하지만 말이지요.

우주가 인간의 존재양식으로 해석되는 상황은 실은 우주를 생기(生氣)나 생명에 대한 관점에서 바라보았을 때 가능해지는 것입니다. 생명의 발출을 생기(anima)라고 합니다. *우주를 생명적 관점에서 파악한 것을 anima-cosm 이라고 불러봅시다. 즉 생명우주 또는 생기우주가 되겠지요.*

Animacosm(生體-, 生氣-, 生理-, 生靈- 生命宇宙)

*인간이 영(靈)에 대하여 생각한 단초(端初)는 하늘의 바람과 몸에서 이루어지는 숨 또는 숨쉬기와 관련되어 자신을 파악하기 때문*입니다.

말하자면 대기(大氣)와 관련된 것이지요. 솔직히 지표에 얇게 붙어 있는 공기층이나 지구의 대기는 인간의 사유상공간(思惟相空間, thought phase space of humanity)이나 의미공간(意味空間, semantic space)에서 우주공간이 차지하는 절대적 지위를 가질 수 없지요.

그런데 지구상에서 물질적 몸을 가지고 사유하는 존재는 어쩔 수 없이 대기를 공간(특히 역동적 공간이나 新陳代謝적인 動力學的 生命空間)으로 받아들여서 모든 체계를 단순간략화하게 되는 것이지요.

그러므로 샤머니즘의 여러가지 갈래인 미숙한 심령론들을 낳게 되기도 하고, 직접감응(直接感應)적인 생기론 정령주의, 귀신론, 강신술(降神術), 신지학(神智學) 등으로 발전하기도 했습니다.

나아가서는 성리학의 관련 갈래 사상들 등, 서경덕(徐敬德)의 선천/후천 기(氣)철학이나 최한기(崔漢綺)의 복합적 실학의 형태를 비롯한 다기다양한 동양적 본체론들을 빚어 놓기도 하고, 힌두의 챠크라(Chakra)사상이나 유대교의 카발라(Kabbalah)사상으로 정리되기도 하였습니다.

그리고 그중의 한 갈래에서, *더 깊이 인간의 인격을, 무한의 시선으로 통찰하여 끌어안으면서, 무한한 우주의 모든 부분까지 전체로 통털어서 절대역사신의 무한한 바람·숨(wind·breath)으로 인격화시키는 사상적 쾌거*가 일어나게 된 것입니다.

인격적 우주론의 등장

무한한 바람·숨의 인격화는 인격적 우주론의 기틀입니다. 이것이 가장 잘 나타난 사상적 사건이 바로 편재성(遍在性)을 지닌 *인격적 성령론의 등장*입니다. 대충 훑어 보았던 구약성경 창세기 1장2절의 *우주의 큰 바람(Ruah-Elohim)은 유일신 엘로힘의 한(큰)숨(Ruah-Elohim*, 즉 Global(?) Breath) 입니다. *큰 숨*인 것입니다.

다중차원(multidimension)을 품고
그 전체성을 균형있게 나타내면서, *어머니처럼 모든 것을 감싸고 사랑으로 스며들지만, 모든 상황에 맞춤으로 질서를 가져오는 절대역사신의 말씀 (dabar, word)을 깊은 속에 내장(內藏)*하고 있는 것입니다.

그는 *우주생성에 있어서 아버지(父性)의 씨(seed)인 말씀을 품고, 빅뱅 이전의 캄캄하고 공허(空虛, bohu)한 흑암(chosech)과 깊은 혼돈(混沌, tohu)인 심연(tehom)이 만나는 경계수면(mayim)에서, 자궁(meim =womb, 子宮; 수면을 의미하는 mayim과 유사함)의 진동과 같은 '무한한 요동을 일으켜(merachephet, 원래는 독수리 날개짓이나 밀물결 같은 파동/요동현상)' 물질의 세계를 낳아 놓은 것*입니다.

우리는 *숨쉴 때 들숨과 날숨을 쉬는데 들숨은 큰한숨을 들이켜 전체를 이루*

고, 날숨(Ruah; 여성적/국소적/애낳는 숨)은 내쉬면서 세미한 모든 사물(事物)을 살게 하고 사랑으로 낳아 놓는것이겠지요.

모든 우주, 곧 천지사방에서 불어와서 죽은 마른 뼈의 산을 이루고 있는 공동체를 살려내는 큰 바람, 큰 생기(에스겔37장)의 등장은 미숙손 령론과 비교할 수 없는 인격적 성령론을 위대한 서사시(敍事詩, epic)로 펼쳐가며 보여주고 있는 것입니다.

이제 우리는 인간우주에 대한 생각으로 들어갑니다. 처음 우주의 발출을 생각해보고 생명우주에 대하여 생각해 보고 *인간우주(humanity-cosmos=humanicosm), 즉 사람이 인지하고 그 안에서 삶을 영위하는 humanicosm*을 들여다보시지요.

Humanicosm은 처음에는 씨앗에서 시작되었겠지요. 씨를 뿌리고(seed diffusion), 씨에서 나온 존재들이 맥락으로 엮이고(nexusity), 필요한 체계를 형성하기 위하여 인간들이 공동체적으로 체제를 만들어 나갑니다. (systemization of humanity) 인간우주는 인간 또는 인격이 우주를 채워 나가는 과정이 나타나는 것입니다.

그 *사회형성이나 역사발전의 과정은 어디서나 비슷한 방식을 취하는데 처음에는 서로 모이고(Concentration), 관계가 다져지고(Compaction), 권력관계로 압축되고(Contraction), 그리고 대부분 인간성을 위축시키면서 (Shrinkage of humanity) 다음 단계로 발전*합니다.

이런 *공동체 공고화(鞏固化, solidification by communal contraction)*

4 인류와 한국의 미래역사좌표 113

__현상__이 대부분 일어납니다. 개중에는 초기 그리스 시민사회나 갈리아 인들의 일년왕제(一年王制)같이 위축현상이 크지 않은 경우도 있었습니다. 그러나 __토지에 대한 수요가 폭증하는 경우 많은 경우에 대규모 투쟁과 물리적 충돌로 해결해야 하기 때문에 공동체들은 폭력적/파괴적 권력을 더욱 강화__하게 되는 것입니다.

꼭 이런 지엽적인 이유때문이라기 보다 큰 흐름으로 보아 __인류사회의 성장(growth)은 수축(contraction)과 확장(extension and expansion of humanity)을 지속하면서 몸집을 불려 왔습니다. 이것은 우주시대에도 마찬가지일 것입니다.__ 그러나 인류사회의 내외적인 복잡도가 증가하면서 충격을 방지하기 위한 여러가지 장치가 나타나서 __인류는 자연 그대로의 우주(universe)를 질서있는 우주(cosmos)로 바꾸어__ 왔습니다.

이것은 사실은 복잡계 과학(science of complexity)의 견지에서 볼 때, __인류의 유일한 "이상한 끌개(strange attractor)"가 우주적인 규모로 참된 인간성을 채워 나가기 위한 것__이기 때문입니다. (The cosmos pursues the objective of achieving the perfect Person of Universal Divine Humanity, by its strange attractor.)

인류의 유일한 목표에 해당하는, 즉 위에서 말한 이상한 끌개가 우주에 완전한 인간성을 우주에 채워나가기 위한 것이란 말은 그리 이상한 말은 아닙니다.

한 번 대문호 __톨스토이의 말을 곱씹어 보십시다. "세상에 있는 행복한 가정들은 대체로 비슷한 형태로 행복하다. 그러나 불행한 가정들은 각양각색으로 불행하다."__ 혹시 좀 가난하더라도 행복한 가정공동체의 모습은, 사람들

이 모여사는 모든 아름다운 방식들의 총화(總和)로서만 만들어 질 수 있다는 것이겠지요.
O
그리고 한마디 덧붙여도 될까요? 인생의 모든 덕성(德性, virtues)의 정점(頂點)은 마치 모든 방향의 산자락에서 큰 봉우리를 향하여 수 없이 많은 사람들이 기어오르는 것과 같아서 선하고 아름다운 성품들이 다 함께 모여 이루는 가장 높은 참된 거룩함(聖)인 것입니다.

포월·연결사회(抱越·連結社會); 생명적·인격적·창의적 평화기반

지금까지 절대적인 포괄연속체로서의 절대적인 존재자인 역사신에 대하여 몇 번 언급하였습니다. 그런데 *인간으로서는 공동체적으로 또는 격체적으로 살기 위하여* 덕성이 요구된다고 생각되며, 이러한 *어울림이 일어나기 위한 조건은 포월(抱越)*이라는 단어가 상당히 쓸모가 있다고 느껴지는군요. *아울러 품고 나아가는* 사회의 모습입니다. *품고 초월한다*는 뜻을 내포할 수 있다고 생각합니다.

어찌 보면 아메바가 먹이를 먹고 소화하는 모습과 비슷한데, 공등체로서는 *자기와 안 어울리는 다른 존재를 포획(捕獲)하는 방법*일 수 있습니다. 그러나 평화적인 것이지요. 이러한 평화적 상황은 상당히 평가해 줄만 하지요. *개인주의가 명확한 상태에서는 논쟁을 통하여, 이해관계가 중요한 상태에서는 분배를 통하여, 또는 내적 경쟁을 통하여 이루어지는, 공동체 전체가 인정하는 방법론 안에서, 서로 연결된 포월사회 내부에서 이루어 지게 되는 일*인 것이지요.

*이를 포월(**抱越**)연결사회라고 부를 수 있으며 이러한 격체를 초(**越**)인격이라고 할 수 있는 것은 이러한 격체적 존재야 말로 지속적인 생명적·인격적·창의적 평화사회를 만드는 기반이 될 수 있다*고 보기 때문입니다.

그러나 공동체나 격체가 자라가는데는 또 다른 방식도 존재합니다. *드물기는 하지만 획기적인 변화나 성장이 필요할 때, 격체는 명백한 타자를 포괄(**抱括**)하면서 자기마저 파괴하게 되지요. 그리고 통합적인 고차원의 새로운 내적 특성을 갖추지요. 말하자면 포괄통합의 방식*입니다. 이는 차원이 다른 높은 열도(熱度)로 주조(鑄造)하는데 비유할 수 있습니다. 둘 다 녹여서 과거와 완전히 다른 한덩어리로 만든다!!

말하자면 자기를 탈피하고 자신을 파괴하고, 제 몸을 희생하여 없애고 그런 후에 우리 안에서 지향하고 자라 온 진정한 자기의 본모습을 나타내지 않겠습니까? 그대들은 이것을 무엇이라고 부르겠습니까? 번데기가 변하여 화려하고 영원한 나비가 되어 날갯짓을 하는 것 말입니다.

날아올라야 하기 때문에, 자기 몸속에서 생명의 열도를 내는 따뜻한 몸을 이루기 위하여, 넓은 바다를 단숨에 건너야 하기 때문에, 자기의 본령(本領)이 우주로 나가는 것이기에, 차원이 다른 위대한 삶으로 뛰어오르려고 자기도 모르게 작은 자기를 버리는 것은 과연 무엇일까요?

우리들은 깊이 생각해 보아야 합니다. *앞으로 오는 α시대에는, 주도적으로 인류 역사 속에서 이루어야 할 이런 변화의 순간이 올 수도 있다고 봅니다.*

그것이 무엇인지 어떤 형태인지 아무도 모릅니다. 모두에게 참된 자유를 보장하면서 포괄하는 <u>속 깊은 **환골탈태(換骨奪胎)**의 시기가 기다리고 있을지 모르지요.</u>

<u>*인류역사좌표는 특별해야 하지 않겠습니까?*</u>

지구는 특별한가? 생명은 특별한가? 인간은 특별한가? 우리의 복합평면좌표인 공간과 의식은 특별한가? 인간역사좌표로 들어가려니 질문도 많군요.

<u>*생명은 DNA로 정체를 파악해야*</u>할 것인데, 예컨대 지구의 생경체들은 물질 대사에 관련된 유전자가 약 20~25%, 전사(**傳寫**, mRNA합성) 및 번역(단백질 합성)에 약 20%, 세포 사이 또는 세포 안에서의 정보전달용이 약 20%로 모두 전체의 65% 정도에 해당된다고 봅니다.

그러면 <u>인간을 특화하는 유전자는 어떤 부분일까 물어보게 되지요. 인간의 유전자는 생체방어를 위한 면역계와 인간의 뇌/중추신경계에 작동하는 유전자가 유별나게 발달</u>되어 있다그 합니다. 이것이 무엇을 의미하는지 깊이 고려해 보아야 하는 대목입니다.

인간의 유전자는 일단 지구중력/태양/산소 환경에서 형성되어 왔다고 봅시다. 그런데 인간 세포 수가 백조 개라고 하면 인간 체내에 백조 개 이상의 세균이 공생하고 있답니다. 그러나 어떤 연구자들은 인간 유전정보의 90%까지가 아마도 세균으로부터 온 것일 거라고 추정합니다.

우리로서는 상상이 잘 안되는 수치이지요. 수십억 년동안 일어난 일이기는 하지만 말이지요. <u>인체내 인간유전자 수는 2만3천개 정도로 다 알려져 있는데 인간의 몸을 식민지화 한 장내 미생물군들의 유전자 수는 1백만개 정도로 본다는 말입니다. 우리의 40배가 넘는 것이지요.</u>

인간에 영향을 주는 것이 세균이나 태양 방사선이 크다고 하더라도 이 모든 것보다 더 영향이 큰 것은 <u>인간이 스스로 유전자의 발현을 on-off할 수 있는 능력</u>이라고 봅니다. 이러한 생각은 <u>전문과학자들 사이에서도 이미 보편화된 상식</u>이지요. 그러므로 신체적 위험이나 사회적 집중력을 통해 인류가 스스로 유전적 추세를 형성해 나갈 수 있는 부분에 대해서는 반드시 더욱 심각하게 파악해 보아야 합니다.

그리고 앞으로 인류가 지금까지 소위 "영적(spiritual)"이라고 하면 펄쩍 뛰며 이를 종교적인 편향이라고 합리적 증거주의를 들먹이며 부정적이던 이들에게 <u>지극히 고차원적이며 복잡하기 짝이 없는 Superhumanity(Divine Humanity)에 대한 존경심을 가지고 인류의 미래를 설계하라고 권고하여야</u> 합니다.

아직까지 인류가 성숙한 자기확인과 충분한 계발단계에 이르지 않았지만 <u>인류는 유전자를 의식적으로 on-off 할 수 있는 유전자스위치를 최초로 장착하고 태어난 species(類)</u>로 자신을 파악해야 합니다.

그러니까 침팬지가 극히 부분적으로 진화의 길을 열 수 있고 또 <u>Super AI가 자기를 기능적으로 고쳐 나갈 수 있듯이, 인류는 그것보다 비교가 안될 정도로 훨씬 고등하고 고상한 자기성찰과 역사변환의 능력이 몸과 마음에 탑</u>

재되어 있고, 우주의 가장 중심인 *가장 깊은 아공간에 영존(永存)하는 절대 역사신과 접촉하고 있고 그 분으로부터 무한하고 위대한 변화를 내려 받을 수 있는 존재*인 것입니다. 이것은 인류가 물질적 존재 이상의 내적 연결을 갖추고 있는 실존이라는 말인데요.

이제 *인간이 발동시킨 최초의 우전자 스위치는 인간의 양성(兩性)관계로, 종족보존의 본능을 개창(開創)한 것으로 보아야* 합니다. 에덴에서 쫓겨 난 후의 일이지요. 유인원에게서 차용한 방식일 수도 있지요. 아담과 하와가 두 *아들을 낳으면서 무한과 영원 및 씨앗과 계승에 대한 명쾌한 실천적 관념을 가지게 되었다*고 보아야 하겠지요.

아들들은 장남은 노동과 고통에 대한 보상관계(Cain side)에 대하여, 차남은 생명과 방임의 사상(Abel side)에 대하여, 그리고 천제(天祭)를 드리는 장면에서 우리는 되무름(代贖)의 가치흐름(血祭)이 선택된 것을 볼 수 있습니다.

동생을 죽인 Cain은 자연스럽게 일어나야 하는 방대한 가치흐름(價流, flow of worth)을 대외차단용 성곽을 건설(물화와 기술, 예술 및 문화 독점정신)하여 자기 세계를 고립시켜 만들고, 남을 침탈할 때는 나가서 뺏는 다! 그런데 이제는 세계가 모두 타락하여 선한 사람도 자기를 지키기 위하여 담장을 쌓아야 한다? 모든 세기어 제국정신은 독점사상으로 권력을 독차지하기 위하여 정치와 경제를 휘어잡습니다. 세계전체가 지난 수천 년간 이 병이 골수에 들었습니다.

더 재미 있는 이야기나 합시다. *아담은 언제부터 생겼는가?* 아담(Adam)은

원래 우리가 초봄에 밭흙을 개질할 때 쓰는 황토를 atama(붉은 흙)이라고 하는데 그걸로 만든 거라고 하지요. Atama가 붉은 황토라면 오히려 중(重)원소 계열을 포함한 붉은 우주먼지를 원료로 만든 것인가?

하플로 그룹을 거슬러서 남성 Y-염색체 탐색해 보면 과연 해답이 시원스레 나올 것인가? 그러나 *창세기의 인간창조론을 떠나더라도 그 속에 터질듯이 담겨 있는 암시(暗示, implication)는 잘 갈무리해 놓고 생각해 볼 필요가 있다*고 봅니다. 인간이 무한을 지향하는 대뇌피질의 팽창과 그 활용빈도의 대폭적 증가는 부인할 수 없는 것입니다.

*무한차원까지 지향하는 인간유전자 스위치가, 다원적·통합적(多元的·統合的) 구조로 현인류(homo sapience sapience)의 통전적(統全的, wholistic) 계통계승(系統繼承)의 전통을, 우주역사 중에 진짜 얼마 안되는 최종 수천년간에 생성*해낸 것이지요.

특히 그 마무리가 20세기 후반에 들어와서부터 더 뚜렷이 배태되었는데, 이것이 "사람이란 무엇인가"를 되묻는 이유인 것이지요. *인간은 Superhumanity인가? Divine Humanity, Imago Dei는 어떤 암시를 주고 있는 것인가? 또 우리에게 익숙한 신선(神仙)이란 무엇을 말하는가?*

그런데 *인류역사에 불가사의(不可思議)*한 점들이 있습니다. 이는 *인류가 멸망으로, 멸망으로, 또는 인류역사가 그 멸망의 회오리의 언저리에서 항상 맴돌게 하면서도 그 회오리를 벗어나면 한차례 성장하게 하는 현상들*이지요. 대체로 11세기경부터, 크게 보아서 약 천년 전부터 일어나기 시작했다고 보아도 무방할 것입니다. 세가지 현상인데 이는 휴매니티의 세겹힘줄이라고 부르는게 좋을지 모르겠네요.

휴매니티의 삼겹힘줄(Three Sinew of Humanity)

<u>휴매니티의 삼겹힘줄(Three Sinew of Humanity)이라고 부릅시다. 줄여서 3SHum이라고 했으면 좋겠습니다.</u> 3Shum을 트리슘으로 읽으세요. <u>이 세가지는 모두 비관적인 일로 시작되었습니다. 그 세가지는 화폐/전쟁/인공지능입니다.</u>

그 <u>첫번째 화폐는 사람들을 노예화</u>하지요. 실제로 돈은 인류의 주인 노릇을 톡톡히 하고 있습니다 국가는 전쟁 때문에 돈의 노예가 되고 국민은 먹고 살고 세금내려고 돈의 노예가 됩니다. 예전에는 왕들마다 은행의 돈을 빌려 전쟁하고 영국의 영란은행은 실상 국가의 은행이라고 보기 어렵습니다. 전쟁자금 회수가 안되니까 조폐권을 왕한테서 가져 갔다던가?

<u>두번째 힘줄인 전쟁의 개념은 살인</u>에서 옵니다. 인간을 죽이는 것이지요. 그리고 <u>세번째 힘줄인 인공지능의 진화는 인간의 일거수 일투족을 노예화 하는 과정</u>이라고 보여 집니다.

그런데 한편 눈을 돌려 다시 생각하면 비관적 전망들이 희망적 미래로 변화해 보이기도 합니다. 언제나 이런 역설적인 관계가 모든 역사적 사실에 부착되어 나타납니다. 위에서 말한 <u>세가지 삼겹힘줄은 심층적으로 궁극적인 조망을 해보면 잠재해 있는 심리적 두려움과 혼돈의 가능성을 배제할 수 있음</u>을 깨달을 수 있습니다.

*인류문명의 모든 가치를 자잘하게 단자화(**單子化**)하는 화폐제도, 인간의 개략적 반응들을 엄정화(**嚴正化**)하는 전쟁현장, 또 모든 사건의 해결을 신속구체화(**迅速具體化**)하는 인공지능기술*은 어떻게 보면 인류의 미래를 잘 다듬어 규격화하고 확고한 미래를 가져오기 위한 것일 수도 있다고 생각됩니다.

*3SHum-I, 즉 휴매니티 삼겹힘줄의 첫번째 힘줄인 화폐는 지난 1000년간 시민사회가 성립되어 가면서 모든 사람의 손에 사용가능하게 되었지요. 이 화폐는 공동체들의 단위를 복잡하게 서로 연결시키면서 전체적으로는 거대하게 부풀리는 효과*를 가져왔고, 자본주의와 사회주의가 사회심리적인 축을 따라 자라나도록 촉매의 역할을 해왔습니다.

부와 빈곤에 대한 문제이기는 하지만, *무형적인 가치에 대한 상상력의 산물로서 부의 단위(**單位**)로서 단자화(**單子化**)*되었습니다. *화폐의 단자화 현상은 법과 제도가 정착하고 인간의 탐욕이 비교적 미세조정되는 긍정적 효과를 가져왔다*고 볼 수도 있습니다. 아마 지금도 그 덩치 때문에 물리적·사회적 충돌이 불가피한 토지나 기타의 거대재화를 미세조정하도록 하는 방법이 찾아지리라고 기대할 수 있다고 봅니다.

*특히 토지의 미세단자화(**微細單子化**)과정은 앞으로 서로간의 쟁투를 좀 더 평화롭게 할 중요한 기여를 할 수 있지 않을까 생각됩니다.* 토지문제는 인간들이 가장 살인을 많이 하는 궁극적인 존재론적인 문제와 얽혀 있습니다. 토지에는 지대(地代, rent)라는 개념이 형성되어 있어서 아마도 그 방향으로 어떤 타개책이 나오지 않을까 생각해 봅니다.

3SHum-II, 즉 휴매니티의 삼겹힘줄의 둘째 힘줄은 전쟁으로 보아야 할 것입니다: 인류가 전쟁이라는 단어를 혐오하는 도수는 아마 모든 단어 중에 죽음 다음이 아닐까요? 죽음과 같은 수준일 듯한데요. 그런데 전쟁은 인류에게 엄정성(嚴正性, strictness)을 마련해 주었습니다.

생사를 걸고 살아라! 그게 엄정한 정신을 갖추게 했으며 기계/화학 등 과학기술도 전쟁의 발달에 힘입었으며 *2차대전, 3차대전을 거치면서 테크놀로지가 일반적으로 엄격규정화(嚴格規定化) 되었습니다*. 그런데 *전쟁이야 말로 우주개발 테크놀로지를 낳아 놓은 통로*가 되었던 것입니다. 우주개발은 피할 수 없는 추세이며 인류의 운명이 달려 있습니다.

3SHum-III, 즉 휴매니티의 삼겹힘줄의 세번째 힘줄은 슈퍼인공지능(Super A.I.)입니다. 이건 너무 중요해서 오히려 간략히 다루겠습니다. *인류 및 인류격체의 각종 결절(結節)들, 즉 국가나 기업이나 가정들까지 앞으로 신속(迅速)하고 구체적(具體的)인 발화(發火)와 시스템적 전개에 불가결*한 힘줄인 것이지요.

대부분의 인류격체는 반드시 생명의 산출물을 냅니다.

강압적인 통합에 의한 비인간적 전제적 제국(非人間的 專制的 帝國) 말고, 대부분의 인류격체는 반드시 생명의 산출물을 내게 되어 있습니다:

민족(혈맥)·언어·국가; 고구마, 감자와 같이 *의식의 뿌리에서*,
다양한 종교·사상·문화·과학; *의식의 줄기, 가지에서*,

각종 공동체·기관·조직·기업; *의식의 잎새, 꽃, 열매에서* 나오는 것이지요.

그런데 인공지능 또는 초(超)인공지능과 함께, 인지능력 보조기술(認知能力 補助機術)의 급속한 발전과 더불어 사회전반적 불안과 상대적 연결상태의 강화·증폭 때문에 인간들에게 생기는 특수한 현상이 감지됩니다.

아직 공론화되지는 않는 듯한데, 말하자면, 인류의식의 진폭 확대와 주파수 증가로 일어나는 의식에너지 잉여상태(energy surplus of consciousness)를 말합니다.

대체적으로 장기간에 걸쳐 뇌신경DNA가 점증·변화할 수도 있고 또 분명히 단순 퇴화되는 부분도 반드시 생길 것입니다. 그리고 밖에서 오는 외인적 의식변화(外因 意識深化)가 크게 눈에 띌 것입니다. 인류는 비약적인 미래를 수용할 준비가 요청됩니다. Otherwise, we will collapse.

3SHum의 지향성은 바꾸기가 힘들 겁니다. 휴매니티는 자기의 목표와 규모를 확장하고 내용물을 세련시키는 사건들을 계속 일으킬 것이니까요.

예컨대 블록체인이나 전자화폐와 같은 새로운 화폐형식은 인간의 소요(所要, needs)와 그 조정방식에서 새 길이 나올 것이고, 또는 EMP무기 같은 인체 살상의 잔혹을 기피하는 전쟁개선책도 한 걸음 더 나아가서 모든 파괴력을 흡수하는 방식이나 기술로 발전할 길이 보이며, 슈퍼인공지능과 같은 막강한 테크놀로지도 intelligence라는 개념의 가장 원초적인 데서 그 영역을 제한할 수 있는 방식이 출현하리라는 생각이 듭니다.

124 뜻밖의 α미래

인류의 의식은 잡초와 같은 특성이 있지요. 막고 또 막아도 잡초처럼 인류 의식 속에서 솟아 나와서 결국 생태계를 점령할 테니까요. 오히려 적극적으로 우주진출을 계획하고 인류의 길을 포장하느니만 못합니다. 그러면서 인류는 자기의 정체가 어떤 것인지 깨달아 갈 것이니까요.

이렇게 3SHum에서 빚어질 인간현상을 예측하기 위해서는 생명발현에 대한 이해에서 시작해야 합니다. *인류에게 앞으로 나타날 의식혁명은 생명력의 발현으로 생각해야* 되기 때문이지요.

참으로 아름다운 생명발현(Revelation of Life)

생명의 발현은 생명환경, 즉 생명기반환경에서 이루어집니다. 생명의 기반이 되는 환경은 우주계, 은하계, 태양계 등 각양 성간(星間)단위와 환경특화에 따른 발현을 기대하게 합니다. *생명의 발현은 생명정보와 생명에너지와 생명원형질이 결합*하여 나타나지요.

예컨대 특정한 세계에서 *그 세계의 특정물질체계에 기반하여 생명정보가 형성되며, 생명정보로 인해 생명원형질(生命原形質)은 적절한 생명사이클을 생성하며, 생명이 에너지를 사용하면서 생존하고 활동할 수 있게 하겠지요.*

현재 인류는 *외계에서 생명의 존재를 찾고 있는데 이는 정확히* 말하자면 탄소기반의 생명체인 *인류가 자기와 정보교환과 교류가 가능한 범위내에서 생명체를 찾는다는 뜻입니다.*

지구의 생성초기에는 탄소와 산소기반의 생명체는 번성할 수 없었고, 특히 지구 표면을 뒤덮은 엄청난 녹조류(綠藻類)가 산소로 지구의 대기구성을 바꾸지 않았다면 지구의 식생과 동물계는 나타날 수 없었다는 말이 되지요. 그러므로 <u>생명현상은 생명의 기반이 되는 환경 위에 떠있는 상태로 존재</u>하는 것입니다.

생명발현환경만 갖추었다고 생명이 생기는 것은 아닙니다. 특히 <u>생명체는 치밀하고 정교하며, 물질적인 생리(生理)는 참으로 아름다운 체계이지요. 특히 생명의 유지와 안정성을 유지하는 생리항상성(生理恒常性, homeostasis of physicality)은 참으로 아름다운 것입니다.</u> 이러한 확률이 지극히 작은 생명의 발현이 이루어졌다는 것은 놀라운 일입니다.

<u>생명현상의 다양한 발현축(發顯軸)들의 발견을 기대</u>

<u>생명현상은 인간현상보다 방대한 기반과 변화를 내포합니다.</u> 그리고 생명현상은 변화에 매우 민감한 측면이 있지만 자기 주변에 생태계라는 오래된 보호체계를 발생시켜 보호받습니다. 이는 일견(一見) 공생적인 방호체계이지요. 그러나 <u>생명질서체계에 대한 엔트로피(=무질서)의 공격은 무자비합니다.</u>

우리는 지구상황에 지나치게 의존적입니다. 지구에서는 인간이 생명으로 생존하기 위하여 지구의 중력생명현상에 전적으로 의존합니다. 우리는 온혈생명조건(물+열)이 생존에 절대적입니다. 또한 사회적으로 공동체생명조건인 협력과 평화(協+和)가 가장 바람직 하지요. 우리는 생물학적 생명을 생명이

라고 규정합니다. 사회적 생명은 문학적인 표현으로 치부하지요.

생물학적으로만 보아도 우리는 생명현상의 다양한 발현축(發顯軸)들의 발견을 기대하는 것이 옳습니다. 말도 안 되는 이야기라고 하겠지만, 만일 극단적인 예로 공간 자체 즉 진공도 생명현상이 될 수도 있고, 공간 자체에 붙어 사는(부생, 附生)하는 생명체까지도 기대할 수 있다면 지나친 망상이라고 생각하시겠습니까? 아마 이런 가능성까지 생각한다면 진짜 대단한 의식잉여 상태이겠지요.

지금 우리의 생명정보는 탄소 단백질 주형암호(鑄型 暗號)인 DNA입니다. 메테인(기체), 불소 및 실리카 주형암호가 생명정보로 되어 있는 별다른 생체들에게 우리는 어떤 대응방식을 가지고 접촉할 수 있을까요?

*인간현상은 실상은 의식현상*입니다. 1400 gram에 달하는 뇌의 무게를 목 위에 얹고 다니는 의식하는 실존입니다. *단순히 인식(recognition)하는 실존이라고 하지 않는 이유는 인간이야말로 인식하되 의지를 가지고 지향성과 목적을 가지고 인식하는 존재*이기 때문입니다. 그래서 인간현상을 말하면서 의식현상을 중점적으로 이야기해봅시다.

인간의 의식(意識)현상은 실은 ㅁ•음을 의미합니다. 오우·티이(O.T.)는 마음을 L-B-B 어간(語幹)을 가진 르바브(le-ba-b)로 읽습니다. 이 *마음이 모든 인식(認識)을 총망라하고 자기 지향성을 관리하기 때문에 바로 의식*이라고 볼 수 있습니다. Lebab의 마음은 heart를 가리킵니다. 요즘은 인생들이 heart beat를 많이 잃었기 때문에 마음을 mind라고 부르기를 더 편해하고 drum beat 가 요란하게 받쳐주지 않으면 heart가 beat하지 않는가 봅니다.

마음/의식의 영역을 종결(termination) 시킬수도 있는 방향

어쨌든지 인간현상은 의식현상입니다. 마음과 의식을 굳이 구별하자면 <u>의식은 네 주관과 내 주관의 사이(間), 즉 간(間)주관의 영역에서</u> 우리 각자가 초롱 초롱 집중하는 <u>집중력을 체계화 한 작업의 결과</u>가 의식인 것이고, <u>마음은 이러한 의식의 무한확장판</u>정도라고 보면 크게 틀리지 않습니다.

그런데 인간의 이 의식현상에 대하여 큰 변화가 다가오고 있습니다. 이것은 어떤 의미에서 <u>인간의 마음과 의식이 가진 거의 절대적이던 관리능력이 격감하게 된다</u>는 말입니다. 단순한 영역축소가 아니라 governance가 심히 약화된다는 이야기지요. 이제는 <u>마음과 의식의 영역을 거의 종결 시킬수도 있는 방향으로 사태가 진전될 수 있다</u>는 말이 되지요. 이에는 여러가지 원인들이 있겠습니다.

첫째, 주로 간주관의 사회적 주(主)영역에서 일어나던 것이 <u>오감(五感)의 영역에서 인간 뇌신경계의 자율적 의식보정(意識補整)능력을 교란(攪亂)하게 된다</u>는 말이지요. 이것은 오래 전에 시청각 기기들이 교육을 돕던 것과는 정반대로 <u>인간의 의식작용에 침투하여 집중력 배분에 관여</u>하게 된다는 말입니다. 이는 의식능력을 강화시키기 보다는 <u>의식작용을 약화시키는 방향</u>으로 일어나고 있습니다.

둘째, <u>문명 전반에 걸쳐 복잡성(complexity)이 있는 인간 고유의 일들을 의</u>

식보조(*意識補助*) 테크놀러지가 상당부분 대신하게 되면서 모든 사물과 사건에 대한 해석을 mind에 의존하던 인간이 자기의 의식과 관련된 권리를 포기하는 방향으로 무의식 중에 움직이고 있다는 것입니다. Mind만이 아니라 heart까지도 많이 침투되어 가는 추세라고 보아야 합니다.

셋째는 *마음과 의식의 종결위험에 대한 가장 깊은 이야기는 인간이 가진 스트레스와 고통에 대한 신비를 넘어서서(exceeding stress-pain mystery) 공략*하는 일들이 일어나고 있고 또 더 깊이 일어날 수 있다는 것입니다.

*마음과 의식은 종결되면 안됩니다. 우주시대의 과제들을 대하면서 더욱 성실하게 관리되어야 합니다. 우리가 다 느끼다시피 인간의 끝없는 투지(闘志)와 초한능력(超限能力)은 마음과 의식에서 비롯되기 때문*입니다.

의식에 대하여 세가지로 말해 보려고 합니다. 첫째는 *의식의 외연(外延)*, 둘째는 *의식의 내삽(內揷)*, 셋째는 *의식의 잉여(剩餘)*에 대한 이야기입니다.

인간이 *과거의 문명들로부터 물려받은 의식의 일반적 방식은 두가지*입니다. 곧 *의식의 외연과 내삽*이지요. 부-으로 뻗어 나가고 안으로 들어가 파내는 것입니다.

<u>*의식외연(意識外延, extrapolation of consciousness)*</u>

첫째 의식의 외연(extrapolation of consciousness)에 관한 이야기입니다. 인간의 마음(heart, not mind)은 보통은 우리가 뇌-내장의 느낌과 관련해서 신난다, 쨍-하다, 짜~하다, 뒤집어진다, 뭐 그런 의식 상태를 통해서 파악을 하는데 이를 유대인들은 <u>르바브(LeBaB)라고 몸 안의 의식의 틀이 몸밖의 현황과 외연적 확장으로 연계되어 있는, 다분히 유물론적인 체계로 이해</u>했다고 보아야겠지요.

이런 태도가 시공간적 우주이해를 가능하게 하고, 과학과 기술이 실체성 위에 자리잡게 하고 및 법제와 경제의 실물적 기초를 가져오게 한 것으로 보입니다. 그러나 유랑민(Hebrew)이라는 이름을 가진 유대문명(Hebraism)이, 그리스의 인간주의(humanism) 및 로마의 현실적 관리방식과 만나고 다시 뒤따라온 게르만족의 철두철미한 합리주의와 만나 실증능력으로 무장하기까지는 많은 시간을 기다려야 했던 것이지요.

이제 <u>앞으로 인류가 우주로 발전해 나가면서 자연법칙과 상황관리방식을 조합한 만유공법(萬有公法)을 만들고, 이를 근거로 만민공법(萬民公法)과, 앞으로 어떻게 변할지 좀 불확실한 면이 있는 국가단위들이나 연방단위들이나 세계단위들을 위하여 만국공법(萬國公法)을 규정하고 제정하여 나가는, 매우 합리적이고 실험적인 일들이 일어나겠지요.</u>

<u>의식내삽(**意識內挿**, interpolation of consciousness)</u>

둘째, 의식내삽(interpolation of consciousness); <u>안으로 향하는 사유, 초월의식(시계열우주 초극, pre빅뱅), 연속체우주(X웜홀로 통한다는 다중우</u>

130 뜻밖의 **α**미래

*주? 이론적으로만 명멸하고 존재접점이 없는 관념상의 우주들), Divine Humanity(**格體**우주), 자기보다 더 위의 것을 붙잡으려는 초월의지가 이 의식의 내삽에서 나옵니다.* 인간이 자기의 존재 전체를 던져야만 가능한 실험조건이 문제이지요.

겨우 한걸음마를 내디딘 최근의 양자역학의 시도들이 이러한 연구조건을 극복하고 무한한 내삽적 의식세계에서 더 앞으로 나갈 수 있을까? 양자정보에 대한 새로운 기술들이야 양자컴퓨터이론 등 주변부의 실용적 요소들이지만 설레설레…

인간의 *사유위상공간(**思惟位相空間**)에서 외연적 상상(**想像**)과 내삽적 상상이 결합*하는 수가 많습니다. 과거에는 이런 혼화(混化)적인 사유가 인간의 사상을 왜곡하는 폐단이 상당히 있었지요. 지금도 나아지지 않았습니다. 그러나 *우리가 사는 현재의 우주는 사실 그런 혼화와 교란의 방식으로, 즉 각종 논리와 수학적 정합성을 버리고 Chemi(stry)의 방식을 통해, 예상치 못한 돌파구가 생기는, 의외의 영역인* 것이 참 흥미로운 일이지요.

이것이 어떻게 보면 복잡한 몸과, 그 몸에서 나온 복잡한 마음으로 인간세상이 움직이고 변화하고 있다는 만고(萬古)의 진리는 영원한 인류원리(the principle of eternal humanity)라고 불려야 마땅하지 않을까요?

*대안(**代案**)들이 수없이 많이 명멸하고 요동하는 '인간의식경계에 형성되는 사건의 지평선'(event horizon at the cognitive boundary of humanity)에서 나오는 새로운 창조적 발출들이, 지성적 능력으로 선택의*

폭이 잘 정리된 인류문명발아(**文明發芽**)의 논리적 지평선(theoretical horizon at the human civilization)에서보다 지수함수적으로 엄청나게 커질 수 있다는 것이겠지요.

의식잉여(**意識剩餘**, surplus of consciousness)

의식외연과 의식내삽에 대하여 이야기했으니, 셋째로, 의식잉여(surplus of consciousness)에 대하여 말해 봅시다. 이게 3SHum의 세번째 힘줄인데 3SHum은 휴매니티를 강화시키는 세가지 튼튼한 힘줄을 말하는 것이라고 했지요? 어쨌든지 Trishum에서 비롯된 뚜렷한 합목적적 지향성을 위해 의식과잉현상, 다시 말하면 일종의 심각한 뇌활동 염증(**炎症**)이 일어난 것으로 본다는 것이지요. 이 의식과잉, 즉 의식잉여를 앞으로 어떻게 잘 관리하느냐에 따라서 인류의 앞길에 막중한 영향을 발휘할 것입니다.

이 의식잉여 현상은 인류의 세가지 특이한 의식활동과 관련이 있는데; 그 세가지는 초한욕구(**超限慾求**), 비상욕구(**飛翔慾求**), 온혈욕구(**溫血慾求**)와 긴밀하게 연결이 되어 있는 겁니다.

초한(**超限**)욕구는 transfinite desire를 말하는 것이겠는데, 이게 무엇이냐 하면, 뻔히 안될 줄 알면서도 무한을 쫓아가서 반드시 포획하려는 초한의지의 인류, 그래서 자꾸 시도하고 시도하다가 덜커덕 잡히는 게 있으면, 또 환호작약(**歡呼雀躍**), 즉 신나서 미쳐 날뛰면서 잘난 척도 하고 젠 척도 하는 인류의 뻘짓을 말하는 것이고,

비상(飛翔)욕구는 중력의 영향을 벗어나 볼 수 없을까 하고 밤낮 없이 연구하는 인간은 *중력을 자기를 얽어매는 지구(the Earth)의 유배특성(流配特性, Exile condition)으로 생각하는* 것일까? 여기서 벗어나야만 하겠다. 나는 원래 저 광활한 우주에 속한 귀한 몸인데… 하는 *탈출욕구!*

*온혈(溫血)욕구는 따뜻한 피를 가졌다는 느낌이 주는 정체 모를 안정감*과 관련이 있는 것이 틀림없다고 생각되는데… *"나는 진화가 영(靈)쪽으로 가고 있음을 믿는다. 나는 영이 인간 안에서 인격(人格)으로 완성됨을 믿는다."* (T. De Chardin)

(T. De Chardin, 이 존경할만한 할아버지는 자기 나름의 선량한 카톨릭 사제이지만 북경원인의 연구를 하다가 해골에 비양심적 조작을 가했다는 소문까지 있는 열렬한 진화론자이며, 유명한 고생물학자인 신부(神父) 신학자이며 지난 세기에 시대를 풍기한 사상가로서 오메가 포인트(Ω-point)에 대한 이론을 주장하였습니다. 오메가 포인트는 진화의 대단위 결절점을 말하며 큰 진화의 단위가 이루어지는 것을 의미합니다.)

띵! 띵! 골 속에 몽땅 퍼담아야!!

의식잉여는 비유적으로 보는 관점에서는 모든 정보를 일단 *골 속에 다 퍼담아야* 안심이 되는 *인간 뇌의 지식추구적인 편향을 의미하는데, 선악과(善惡果=the tree of knowledge)를 먹은데서 계승되어온 영향*인지, 언제나 초월하려는 욕구를 가지고 더 큰 터울로 나아가는 초인적 자세를 가지고 끝

내 비상하려는 욕구에 충만해서, 의식과잉상태를 견지하려고 합니다. 코스모 사피엔스로 나가는 길은 의식잉여의 적절한 조절과 관리를 통해 성취에 한 걸음 더 가까이 다가갈 수 있을 것입니다.

코스믹 호모 사피엔스? 코스모 사피엔스!

코스모 사피엔스는 호모 사피엔스가 우주에 진출해 있는 상황을 상정해 본 것입니다. 코스모 사피엔스로 이름 지은 것은 그때는 인류가 호모(homo, 인간)가 아니라 공동의 본질인 사피엔스(sapience)로 불리기를 원할 것이기 때문이지요.

앞으로 약 200년 후에는 코스모 사피엔스는 초연결(超連結) 사피엔스(智慧)로 불리기에 합당할만큼 개체의 정보취급과 복합지능(complex intelligence)과 통신기능에 있어서 현재 능력의 10^6배 이상 뛰어날 것입니다.

개체간 상호연결은 통신기능만 아니라 생생한 생체통신, 초장거리 아공간 통신(양자통신), 긴급실시간 공동통신 등 우리의 상상을 뛰어넘는 초연결사회의 이점을 모두 누릴 수 있겠지요.

요즘 많이 사용하는 집단지성이라는 단어는 초연결사회보다 물질적 연결은 조금 약한 면이 있지요. 물리적 발전이 매우 중요한 것이, 몸을 가진 인류의 미래는 물질적 차원의 사건을 어떻게 극복해 나가느냐에 그 대부분의 성패가 달려 있기 때문입니다.

134 뜻밖의 α미래

이러한 정보통신은 정보의 통신이 될뿐 아니라 정(情)이 통(通)하는 세세한 정통(情通, 오해 맙시다, 육체적인 일과는 상관 없는 점잖은 단어니까)이 이루어지는 것이므로 슈퍼 펄소늘 뉴런 시스템 같은 고차적인 자 원을 통해서만 이루어질 수 있겠지요. 그러므로 *코스모 사피엔스의 미래를 그린다면 우리는 더 진취적이고 더 정길하게 초인공지능을 다룰 수 있어야* 합니다.

슈퍼 펄소널 뉴런 시스템이 인간의 문명체계 속게 정착(定着)

슈퍼 펄소널 뉴런 시스템이 인간의 문명체계 속에 정착(定着)하려면, 우리 삶과 문화 속에 세가지 가 이루어져야 할 것입니다. *첫째는 물리적·생리적 실체성(physical and physiological reality)이 정밀하게 보장*이 되어야 할 것입니다. *둘째는 가상(VR)현실에 진입하는 다양한 요인들이 정리되고 그 개념들이 확장되고 잘 생활 속에 정형화시켜서 관리가능하게* 해야 할 것입니다. *셋째는 인간의 의식이 확장되는 일을 위하여 해야 할 작업들*이 상상하지 못할 정도로 많을 것입니다.

슈퍼 펄소널 뉴런 시스템이 인간의 체계 속에 정착(定着)하려면, 그 첫번째인 물리적/ 생리적 실치성(Physical/ physiological reality) 문제로 들어가면서, *인간의 자연생라현상을 감축하는 것이 아니라 오히려 정밀화하고 더 강화시켜야* 합니다.

인체에 컴퓨터를 연결한다던가 하는 물리적/생체적 *흠결을 내지 않고 외골격(Epi)-인공보조체계를 세련되도록 확장*시키고 인간의 *의식적 결정이 물리적 체계에 무선연결로 on-off switch control을 할 수 있도록* 하여야 하

겠으며, *슈퍼 펄소널 뉴런 시스템을 사용하기 위한 휴먼정체성(human identity)의 집중적 훈련이 이루어져야* 하겠지요.

*슈퍼 펄소널 뉴런 시스템이 인간의 체계 속에 정착(**定着**)하려면*, 둘째로, *가상현실(VR)에 진입하는 일은 지난 반세기간에 서서히 진행되어 온 것*인데 여러 방면으로 복잡한 대응책이 필요합니다. VR(virtual reality)중 *지금 단계에서는 약초현실(vr; vege·reality)*이라고 불리는 대마초와 같은 자연의 약제(藥劑)들과 인공적 약제들이 심도 있게 인간생활에 침투하고 활용되는 일이 가장 심각하게 일어날텐데, 이를 *우주시대에 맞도록 활용분야별로 그 사용밀도와 적용방식을 세련화되어 나가야* 합니다.

인간유전자가 현재도 CRISPR 테크놀러지, intron배열변경 등으로 단계적인 개선이 이루어 질텐데, 어떻게 해야 *휴매니티의 본질과 그 발원(**發源**)의 기초를 보호하면서 진전*시킬지… 이는 단순한 몇 분야의 매니지먼트가 아니라 *인간과학(the science of humanity)이라는 복합적인 인간이해를 통해 가버넌스(governance, **協治**)해 나가야 할일*이지요.

요즘 *성급하게 인간과 뇌·컴퓨터를 하드웨어 방식으로 연계시키는 사건은 너무 단견적이고 200년후 우주시대에 뒤를 돌아본다면 참말로 야만인(barbarian) 수준의 파괴적 반달리즘(vandalism)*이 되는 것이지요.

그게 전부 남보다 돈버는 경쟁에서 이기려는 철학적 실패에서 나오는 것이니 이걸 후에 누가 책임지려고 할까요? 이제 나아가서는 *VR/AR/Metaverse 등 새로운 사회적/정치경제적 관계가 상상력을 기반으로 인간사회의 별도 섹터를 발생 시킬텐데 어떤 아바타VR가 단순한 virtual reality로서가 아

<u>닌 법적이고 사회적인 제약을 받는 실제 상황으로 간주될 것</u>이기 때문입니다.

<u>슈퍼 펄소널 뉴런 시스템이 인간의 체계 속에 정착(定着)하려면, 셋째로 의식확장의 작업이 필요합니다.</u> 인간정신성의 흠결과 미성숙은 예전부터 모든 인류가 너무나 답답하면서 인정하고 있는 일입니다. 성숙이란 무엇입니까? 모두들 재미있게 관람했던 매트릭스같은 영화를 만드는 정도의 그럴듯한 돈벌이로 무엇이 이루어 지는가요. 얼마나 인류의 정체성과 지성과 신념을 파괴하고 왜곡하는 것입니까?

의식을 확장시키는 작업은 험하고 고통스럽고 먼 길입니다. 가장 <u>기본적인 신체리듬의식을 고취하여 삶의 안정을 가져오는 정서고정(情緒固定)능력을 키우고 VR/AR/metaverse의 도움을 받더라도 의식을 심대(深大)하게 확장시키는 고상하고 효과적인 방법들을 발전시켜야</u>합니다. 인체가 모듈화 되어 있고 사람의 인식이 모듈화되어 있듯이 의식도 모듈화 되어있습니다. 정신적인 상부구조에서는 이를 격체로 부릅니다. 의사(擬似)인격적이기 때문입니다.

동화나 만화에서 나오듯이 내장도 밸을 부리거나 신나할 때가 있고 심장이나 허파도 침울하거나 활기를 띨 때가 있는 것이지요. <u>모듈과 하부의 구획에 따라 인체세포나 인식의 특화기능이나 의식의 투사(投射)능력이 모두 다르지만 모듈간의 상호협력관계로 전반적인 능력이 확대되곤 합니다.</u> 인간이 의식을 강화하고 확대하지 않는다면 진정한 휴매니티는 성숙하지 못할 것입니다.

*인간의 자성(**自省**)하는 부분이 가진 보배로움*

*인류는 본래 자의식을 가지고 반추하고 반성하는 슈퍼뉴론체계를 가지고 있지요. 이 부분이 의식확장에 가장 중요한 기반이 됩니다. 자성(**自省**)하는 부분이 가진 보배로움은 아무도 진가를 충분히 알아채지 못합니다.* 의식의 대척영역으로 간주되고 있는 상상력(추상능력확장 포함)으로 의식의 확장이 크게 이루어지는 것이고 또 다양한 새로운 발상을 가져올 것입니다.

요즘 chatGPT(최신고급 인공지능)가 나와서 인간이 사흘 걸릴 작업을 big data를 써 가면서 3초만에 해답을 제시해서 사람들을 감탄시키고 있습니다. 그러나 *인간이 chatGPT보다 더 막강한 슈퍼인공지능을 사용하고 첨예한 보조인식기구들을 활용하고 전향적으로 인간의식을 확장해 나가는데는 휴매니티의 균형과 안정성을 어떻게 유지시키고 이를 슈퍼휴매니티의 경지에 올려놓을 수 있는가가 중요한 요소가 되는 것입니다.*

양자정보는 초연결사회에 필수

*양자정보는 초연결사회에 필수*입니다. 그런데 이같이 *초연결 양자정보사회로 비상하는 목표를 이루기 위해 정비하는 중에도 뿌리처럼 숨어 있는 가장 중요한 인류의 문제는 결국 의식잉여의 조정문제*가 될 것입니다. 왜냐 하면 *의식잉여가 의식확장을 위한 중간과정 중의 하나*이기 때문입니다.

의식잉여의 적정조절 문제

<u>의식잉여의 적정조절 문제는 진정한 가치현상과 그 여러 법칙들을 이해하고 궁극적 가치자본주의에 이르러야 하는 인류역사의 진화과정과 관련</u>됩니다. 예컨대 활인술(活人術)과 같이 자연스러운 선율과 율려를 따라서 선인법(仙人法) 또는 천인법(僊춤출 선字, 옮기다는 뜻으로 전용도 가능)으로 <u>생활 속에서의 신체와 의식의 자율조절법이 정착되는 것도 조절방법 가운데 하나</u>일 것입니다.

<u>사회 전체적으로는 예컨대 인간이 잉여의식을 조절하는데는 언어세계의 재정비가 필요</u>하다고 봅니다. 예컨대, 지혜(智慧)에 대한 이해가 좀 더 깊은 방향으로 변화될 필요가 있다고 보는데 지혜 즉 wisdom이라는 것은 wis가 북구라파·져먼 계열(Nordic-germanic sourse)의 언어로서 깊이 들어가 보면 강력한 대립과 침해의 방법론과 승부와 관련된 정신이 깃들어 있지요. 오히려 우리는 <u>상생과 협화의 창조적 정신이 잠재의식 속에 강조되는 worthdom 이라는 개념을 만들어서 wisdom보다 더 많이 활용되어야 하지 않는가 생각하게 되지요.</u>

-dom이라는 접미어는 어떤 상태를 지칭하는 기능이 있는데, <u>우리나라는 홍익(弘益)이라는 단어가 오래 이어서 계승해 온 좋은 뜻이 있어서, 모두를 풍성하게 하는 어떤 조건적 상태/영역/인격(conditional state/domain/personal), 등 한국어로는 지혜/통찰/퍼봄(펼쳐봄)을 혼용하여 나타내야만 하는 심정적 의미론을 강조하여야 하지 않겠는가</u> 생각하게 하지요.

<u>의식의 잉여를 조절하는 방법은 이같이 의식의 과잉 스트레스를 낮추고, 의

*식과 언어의 관계, 언어와 합리성의 조화, 조어력(造語力)의 활성화 및 순화(淳和), 사고방식의 포괄능력과 연속적 구조, 언어 구문론의 적응성 다변화, 등 여러가지 인간 내면의 재정비와 관련한 잇슈들*이 있습니다.

이러한 새길들은 오래전부터 주어져서 우리들의 의식 속에 상당한 틀도 갖추고 있고 단계적으로 성숙해 나갈 기반도 자리잡혀 있는 것이지요. *단지 모두 다 조금씩 왜곡되고 이산(離散)되어 각기 따로 방치(放置)된 상태로 있기 때문에 전체적으로 재정비되고 구조적으로 의미론을 재구성하는 노력이 필요하다*고 봅니다. 아마도 100년 정도 지나면 그 길로 나가서 터널 끝의 새 빛이 비치겠지요.

구약 창세기에 보면 선악과는 건드렸는데 생명나무는 손을 대지 않았지요. 그 생명나무 열매때문에 인간이 에덴동산에 더 있지 못하게 쫓아낸 것이지요. 그런데 요즘은 인간이 자기 맞춤인 장기를 몸안에서 키워낼 수 있다, 그러니까 영원히 살 수도 있다. 그런 이야기도 흘러나온다고요.

*선악과의 지성축(知性軸, axis of intelligence)과 생명나무의 영생축(永生軸, axis of eternal life)이 어떻게 보면 인간성의 양대축(兩大軸)이며, 세번째 축은 사랑의 축인데, 이 의식의 잉여를 조절하는 방법은 바로 이 사랑의 축에서 자기와 상대방을 그리고 모두를 포괄하여 애정하고 서로 이어나가는 과정 속에서 주로 이루어져 간다*고 봅니다. 이 풀리지 않는 케스쳔 마크를 풀어 나가는 것이 곧 미래의 역사라는 것이지요.

이런 것들이 우주의 역사가 흘러가는 좌표를 말하는데 막연히 인간이 신과 같이 된다. 또는 아니다 인간은 신의 영역으로 들어 갈 수가 없다. 등과 같은 저

140 뜻밖의 α미래

차원적인 논의가 아니라 *인간의 속에 이미 들어온 신성(**神性**)이 앞으로 인간을 어떻게 변화시키고 인도해 갈 것인가*를 구체적으로 살펴보는 것이 중요할 것입니다.

그런 *겸손한 차원에서 한국역사의 좌표를 두드려 봅시다.*

<u>한국역사의 좌표와 주된 차원축(**次元軸**)</u>

*1언어의 정서, 2문자의 논리, 3축적된 **反彈力** 에너지, 4공명기질(resonance, character, **共鳴氣質**), 이 네가지 우성특질(**優性特質**)은 한민족이 가장 뚜렷하게 소유하고 있으며, 특히 지난 200년간 축적된 발전적 특질로서 고차원적인 자산*입니다.

문자논리를 하나로 묶어 문리언서(**文理言緖**)라 줄여서 문언(**文言**)이라고 하고, 또 반탄잠재력(**反彈潛在力**)은 잠탄(**潛彈**)이라고 하며, 공명기질(**共鳴氣質**)은 공명(**共鳴**)이라고 하여 *문언/잠탄/공명의 이 세가지는 우리의 중요한 양과 질의 발달축(**發達軸**)차원으로 한층 더 강화하고 발전시켜야 합니다. 다른나라에는 상당히 부족한 부분들인데 우리에게는 주된 미래차원축* 역할을 하고 있습니다.

원래의 시작은 천손의 사상과 선인 사상에 기초를 둔 삼족오(三足烏=鳳凰새)와 하늘 소도(蘇塗=天地疏通)에 대한 사상이 그 원시적 사고구조(思考構

造)의 기초에 있어서, *하늘제사(**天祭**)를 드리는 제사장의 위치에 있던 종가집 겨레 한(**韓**, 하나)족으로서, 강맹하고 자유를 사랑하던 동이족의 다른 갈래들(선비, 흉노, 여진, 등)과는 구별되는, 진정한 평화와 어진 천품을 더 존중하는 단군자손들*인 것입니다.

깊이 살피면 전세계 고대역사 중에 가장 먼저 일어난 문명들로 생각되는, 이집트나 수메르나 찌나나 모두 한결 같이 하늘의 아들(天子)이라는 자기권력을 최고로 세우려는 조급한 인간위주의 탐욕사상으로 백성을 압제하였습니다. *하늘의 뜻을 기다리는 오랜 기다림과 고난의 역정은 무시하고, 타자의 고통도 도외시(**度外視**)하고, 함부로 천제단을 쌓고 백성 위에 군림하던 자들은, 역사도 자기들 멋대로 고치고 방자하기 짝이 없었습니다.*

*우리의 미래는 세계평화를 이루는 고리국가(chain country, 고려, 구려, 구리는 고리의 뜻도 있다고 생각합시다)인 것이지요. 천손 단군 자손의 종가(**宗家**)로서 홍익과 어진나라의 꿈을 이 종말의 시대에도 또렷이 그려 볼 수 있는 괜찮은 마음밭을 아직 잃지 않은 민족인* 것입니다.

2000년간 25년마다 숱한 국난을 당하고도 다시 먹고 살자고 꾸역꾸역 새마을이 어쩌고 흥얼거리면서 밭으로 기어 나오는 멍충이 멋쟁이들입니다. 우리는 무기를 잘 만들어도 별로 안 죽여요. 팔아는 먹겠지만요. 최고효율의 인륜적(人倫的)무기들을 만들어 평화를 이룰 것입니다. 다 하늘의 은혜이지요.

어진나라(*仁國*, integritium)와 홍익(*弘益*)

삼일선언은 한 세기도 더 전에 1919.3.1. 한 작은 혹성인 지구상에서도 변방의 잊힌 은자(隱者)의 나라에서 메아리도 없이(echoless) 울려 퍼진 우주적인 초신성(超新星)의 폭발이었습니다.

*자주독립과 어진나라와 홍익(弘益; 두루도움)의 정신은 아직도 한국인들에게 무의식중에 힘있게 살아 있는 삼일운동의 배경정신*이었으며 당시의 33인 민족대표들이 합의 서명한 민 중의 그랜드·마그나·카르타였습니다.

이는 *서양에서는 이미 폭력과 탐욕으로 왜곡되어 버려진 원래의 기독교경세사상과 유구하게 이어 온 한국민족정신의 일치점이 발견되어 점화(點火)된 것이었습니다.* 비폭력 평화추구를 희원했던 인류의 원대하고 간절했던 소원이며, 모두 하나됨과 남 돕는 중심사상이 *생명력으로 펄떡이는 우주의 본원가치*가 나타난 것이었습니다.

환한(*環韓*)바다; 기독교 시대는 종교후기시대가 키이·워드

아마도 기독교의 시대는 한반도에서의 다른 종교들처럼 앞으로 1000년이상 생명력을 공급할 것으로 예상합니다. 왜냐하면 기독교는 한민족이 아직까지 그 원래의 깊이를 다 천착(穿搾), 즉 파헤쳐 뚫어 내지를 못했기 때문입니다. 그리고 *기독교가 가진 사상의 확장성은 놀랍도록 웅후하고 심원하다고 봅니다. 그것은 실체적 절대성을 역사적 사건의 유일회성 (唯一回性, the sole-uniqueness)위에 세웠기 때문입니다.*

한반도는 바다에 둘러싸여 있지요. 그래서 환한바다가 우리의 눈을 항상 밝혀줍니다. 한국민족은 고대에 해양민족이었지요. 특히 아홉 동이(東夷) 족속 중에 도이(島夷), 우이(隅夷)가 항해술에 뛰어 났고, 고구려의 수군이 최강의 전투력을 보유했으며, 백제의 해외경영이 22담로에 이르는 등, 더 말할 여지가 없습니다. 그런데 *우리 환한 바다를 환(環) + 한(韓) 바다로 부릅시다. 한민족을 둘러싼 빛나는 환한 바다라는 뜻이지요.*

우리나라의 옛날 이름은 아사달이지요. 인도에서는 아직도 "아사"가 빛난다는 뜻입니다. 빛나는 들판을 뜻하는 아사달(Asadal; Divine Enlightenment)은 신성의 비추임으로도 해석됩니다. *우리 민족은 신세계/신문명의 길잡이가 되어야 하며, 해양민족/산악민족/대륙민족의 굳건한 기상을 여전히 잃지 않고 있는 전천후 민족입니다.*

에게 바다(Aegean Sea)는 그리스인들이 지중해로 벋어 나가는 길목이었습니다. (Greeks stretching to Mediterranean Sea) 환한 바다는 바로 에게 해가 가진 공명상자의 기능을 가지고 있습니다. *에게 바다가 지중해로 나가는 길목이었듯이 환한 바다는 태평양으로 나가는 길목인 것입니다. 그리고 한국은 그 중심에 있습니다.* 환황해/환동해/환남해의 세 바다를 안고 있는 형국인 것입니다.

해양국가들은 유동사회입니다. 유동사회의 인구는 몇천킬로는 우습게 이동하고 이사합니다. 한국은 독특하게 해양국가로서 유동사회의 특질이 생긴 것이 아니라, 한국전쟁으로 인해 생긴 피난민이 유동사회의 흐름을 생기게 했다는 것이지요. 그래서 사실 우리는 오즈음 세계에 넘쳐나는 난민촌과 피난민의 장거리 이동에 대하여 그 변화의 촉발을 눈여겨 보아야 합니다. 이미 문제들이 심각합니다.

어쨌든지 <u>본서는 전세계의 바다를 대영제국(**大英帝國**, the Great Briton)이 제패했을 때 그들이 지구의 바다를 그랑·엡실론(Gran €)으로 보았다고 생각합니다. 원래 엡실론(€)은 작은 것을 뜻하는데 그랑 엡실론, 즉 거대한 엡실론으로 보고 큰 바다를 작은 장난감처럼 가지고 놀았다는 뜻이지요.</u>

영국은 위대한 역사를 일으킨 나라입니다. 또 신대륙 미국에서 일어나는 새 바람들에 잘 대처하고 난영미(蘭英美, D-UK-US)의 흐름이 세계의 주류가 되도록 노력했습니다. 아마도 그 배경에 큰 흐름을 잡아가는 별도의 세력이 있었으리라고 많이들 생각하기도 하지만 <u>Dutch-UK-USA의 흐름은 대체하기 어려운 대세적 측면이 있습니다.</u>

이런 난영미의 대세(**大勢**)를 새로운 틀로 세계사에 나타나고 정착하게 한 것은, 첫째로 신대륙의 거대물량적 인구/경제규모와, 둘째로 영국식 민주주의를 아메리카 정치에 도입한 것이며,

셋째로 <u>본서가 아메리코즘(Americosm)이라고 부르는 아직은 세계적 지성들도 잘 의식하지 못하고 있는 미국내에서 나타나고 있는 새로운 트랜드입니다. 아메리코 베스푸치가 단순히 미대륙을 신대륙이라고 확인을 해 준 사실이 미국에 남겨준 이익은 무형적이지만 사실은 엄청난 것이었습니다. 아메리코즘은 America와 cosmos의 합성어</u>입니다. 아직 더 큰 안목이 생기지 않아서 세계적으로 이런 깨달음을 가지지 못하고 있지만, <u>아메리코즘은</u>

*이미 지난 세기부터 전세계에 카키색 군대를 보내고 푸른 달러를 보내고 청바지(jeans)를 보내어 모든 나라들에 깔리게 했던 것*을 기억하여야 합니다.

이것은 결코 당연히 일어난 것이 아닙니다. *화폐경영, 기술경영, 트랜드 경영의 세가지 요인이 아메리코즘을 가능케 했던 것입니다. 이 세가지 경영능력은 미국이라는 독특한 역사적 상황에서 생긴 것입니다.*

이 세번째 요인인 *아메리코즘은 미국의 세계제패(世界制覇)를 가능하게 했던 체질(體質)의 역사적 변화와 연계됩니다.* 미합중국이 영미전통의 신생사회로서 또 점차 다민족 사회로의 이행으로 인하여 택할 수밖에 없었던 간결성/효율성/통합성의 체질이 생략주의(省略主義, omissionism)라는 전략적 요인을 발아(發芽)하게 했지요. 그러나 크게 볼 때, 이 *아메리코즘의 역사적 의미는 인류가 우주진출하기 바로 전에 백년에서 이백년의 어간(於間)에 나타났다는 것입니다.*

엘론 머스크의 스카이·링크나 스페이스-X 같은 예들이 바로 전형적으로 단도직입적인 아메리코즘의 특질을 잘 나타낸 사례이지요. *미국은 우주진출을 위해 역사적으로 매우 긴요한 중심 위치에 서 있습니다.* 앞으로 거기에 많은 에너지와 자원을 집중해야 하는 상황입니다. 그렇다고 해도 요즘 반도체/자동차/밧데리 사건은 참 너무 비상식적입니다.

어쨌든지 아메리코즘의 강점은 목전의 필요에 따른 전략을 잘 실천한다는 것입니다. 그런데 이제 우주로 진출하기 위해서는 달라져야 할 부분들이 없지 않겠지요. 이것은 지구에서의 행성(行星)적 안정을 기본적으로 도모해야

하고 대규모 우주사업이 가지는 실패의 확률을 낮추어야 할 뿐 아니라 *경제적 이익과 가치에 대한 균형 있는 도략(韜略, consilia)*이 나와야 한다는 것이지요.

그래서 나오는 이야기가 그랑·컴팩(Gran·Compac; revitalizing west wing of Gran (Continental) Slant and Caribian-Amazonian-Patagonian wing)과 그랑·시그마(Gran·Compac along Oceania-Antiantartica)의 새로운 안목도 필요하지 않은가 생각해 보지요. 새로운 시대의 해양세력 트랜드에 대해서는 맨 마지막 9장에서 지도와 함께 뒤에서 다루도록 하겠습니다.

Solarche; 솔라르케·베네치아와 솔라르케·제노아

세계인류가 태양계로 진출하면서 생각도 못했던 사건들이 많이 일어나겠지요. *우리 태양계시대를 Solarche라고 부릅시다. Soiar Arche(태양계 기원)을 뜻하는 것이지요. 두 단어를 합친 것입니다.* 그리고 한국에 대한 이야기도 좀 해 봅시다.

앞으로 우주로 진출하면서 한민족은 지구를 깃점으로 하여 마치 예전의 아드리아틱·베네치아와 흑해·제노아가 걸었던 길과 비슷한 길을 걷기 쉽습니다. *강력하고 지혜로우며 자원을 아끼는 한국민족의 특성이, 천년전 나타나서 지중해를 석권(席捲)한 새로운 시민사회의 상인세력이 노를 젓는 갈리선(船) 함대를 편성하여 나갔던 이탈리아 작은 도시국가들 같이 발빠르게 솔라르케(Solarche by opening ocean circumference 즉 環海열기)를*

개척하며 인류의 앞길에 서광을 던질 것입니다.

인류의 총인구가 100억에서 200억이 된다면 1억정도의 인구 규모인 한국으로서는 예전에 유럽 북해 연안에 형성되었던 도시국가들의 연합인 한자(Hanza) 동맹과 같은 세력에 편입될 수도 있겠지요. 아마 미래세계는 예전에 도시국가의 동맹들과 같은 이권(利權)연합들이 생겨날 수도 있습니다.

다시 말하지만 솔라르케는 Solar + Arche = 태양의 신기원이므로 인류의 우주신기원과 은하계신기원과 태양계신기원을 열어 나가는 것을 의미합니다. 만일 <u>한국이 베니스와 제노아처럼 홀로 설 수 있는 능력이 생긴다면 우주시대에 솔라르케·베네치아든지 솔라르케·제노아와 같은 형태를 취할 수도 있겠지요. 이것은 모두 해당 국가의 인프라(state infrastructure)의 복잡성과 규모에 잘 맞는 형태를 취할 것</u>입니다.

<u>솔라르케·베네치아(Solarche Venezia)를 생각해 본다면, 그 관심사는 자원기술(Resources Tech)과 행성개발(Terraforming)과 태양계적 인간성(Solar Humanity)에 집중될 것</u>입니다. <u>태양계 진출을 위한 핵심능력은 정보/경영능력+ 우주항행(유목능력) + 생산기지건설(농경능력) + 조선능력(기술력) + 군사력(전투력) + 인구증산력 등이 될 것입니다.</u>

솔라르케보다 더 멀리 외계로 진출하게 된다면 (if endeavoring to outer Solarche), 아드리아틱 바다와 베네치아에 비견할만 한 솔라르케·베네치아, 그리고 흑해와 제노아에 비견할만 한 솔라르케·제노아가 될 것이라고 상상해 보아도 되지 않을까요?

148 뜻밖의 α미래

예를 들어 *솔라르케 제노아는 과거 역사에서 에게 해(Mar Egeo)를 지나서 흑해(Mar Nero)에서의 제노아 행태와 비슷해질 수 있겠지요. 점차 흑해 연안으로 퍼져 나가면서 동로마제국과 연계하여 그 영향력과 함께 기어가듯이(creeping) 상행위를 유사 정복 행위를 자행*했으니까요.

거기에는 이익관계와 인구관계로 여러가지 갈래의 전략들이 나올 수 있습니다. 그러나 가장 조심해야 할 점은 네델란드의 인도네시아 정복이나, 벨기에의 콩고 식민지 경영, 영국의 노예매매와 같이 *인간성을 잃을 정도로 스스로 감당할 수 없는 길로 들어 가지 않는 것이 중요합니다.* 인간성(Humanity) 이야말로 인류에게는 가장 보배와 같은 것이기 때문이지요.

삼일운동정신과 reset이 불가능한 고귀한 인간성

그러나 *미래에 대한 이런 상상력을 동원하는 것보다 더 중요한 것이 우리 내면에서 백년 이상 익어 온 (아마도 실학정신이 일어나고 천주교가 들어오면서 부터가 아닌가 생각하는데) "어진 나라에 대한 꿈"입니다.*

고상한 말을 하면서 한편으로는 끽~도 하고 푸~도 하고 쿵쿵도 하는게 인간입니다. 퇴계 선생이 서자를 노예로 쓰려고 양산(量産)하여 삼백명이 넘었다던가… 그렇게 보면 세종대왕의 엄격한 노예제도 확립과 이순신 장군의 노예를 다루던 솜씨를 모두 다루어야 하겠지요.

유관순 할머니의 고문이나 이회영 할아버지의 최후나 안중근 할아버지의 단지(斷指)를 생각하면 왜놈들에 대한 미칠듯한 증오 때문에 어쩔줄 몰라 하던 젊을 때도 있었습니다. 그러나 *이 모든 사건들을 딛고 일어설 수 있는 한국의 힘은 바로 우리가 쏟아 내어 놓을 수 있는 하늘의 언어에 있다고!!!* 인생이 성숙해 갈수록 더욱 간절한 염원과 확고한 명령으로 우리 속에 태양이 불타오르듯 터져 나오는 하늘의 언어!

어진나라(integrium)를 이루어 인류를 인간 본연의 제 길로 인도할 수 있다면, 우리 민족의 일만년의 고난과 지난 100년의 저주스러운 역사적 고통들을 단칼에 자르듯 -싹- 기억에서 삭제하고 진정한 인간성의 역사를 끝없이 추락하여 가는 나락에서 건져낼 수 있을 것을…

수용(Accommodation)과 관용(Tolerance)의 심층적 가치결합

지금까지 우주역사좌표, 인류역사좌표, 한민족 역사좌표를 다루었습니다. 각 단계에 주된 축들도 생각해 보았습니다. 다음 장으로 넘어 가기 전에 다음과 같은 말을 좀 남기고 넘어 가야겠습니다.

뇌에 관한 책 중에 석학(碩學) 스펠만 교수가 쓴 "(뇌는) 하늘보다 넓다(Wider than Sky)"라는 책이 있습니다. 진정코 뇌는 그가 말한 것처럼 하늘보다 넓지는 않지만 하늘(창의세계)로 통하는 문입니다. 그리고 *인간이 느끼는 가치는 하늘(創意性)의 영역으로부터 사람(共同體性)의 영역으로, 또 다시 땅(存在論的 根據, 토지, 기회비용 또는 자원도 포함)의 영역으로, 단계적으로 흘러내리며 정착하여 사람들의 문화적이고 경제적인 가치를 규정합니다.* 그래서 인간의 가치관은 세가지가 혼재되어 있지요. 혼화(混化)라고 말하는 게 더 나은가 모르겠습니다.

150 뜻밖의 α미래

이 *가치의 흘러내림(streaming, flumen(Latin), 가류(價流))*은 인간의 삶의 본질이며 따라서 지가(地價)구조와 문화현상은 거시적으로 미시적으로 모두 흘러내림에 연계되어 있습니다. 땅값과 문화가 연관된다는 견해에 회의적인 입장이 있을 수도 있지요.

그러나 *지가구조(地價構造)가 정치적 행태와 경제행위와 밀접하게 연동(連動)하는 것처럼, 문화의 양태가 지가구조에 직접적 영향을 받고 깊은 관련을 가진다는 점은 반드시 주목하여야 합니다. 가치의 흘러내림과 가치의 결합현상과 가치의 변환현상에 대하여 우리는 미래 인류를 위하여 진지하게 연구해 볼 필요가 있습니다.*

창의가치의 창출과정에는 인식단계에서 주어진 여러 모양의 자극적 재료들이 에너지를 공급하기는 합니다. 그리고 그 *전체적 창의적 지향성은* 한 개인이나 어떤 공동체에게 있어서 "그 당사자를 위하여 가장 개연성을 인정받는 장기기억의 요소(즉, 사회적 레벨에서는 인간적인 역사해석의 틀)들에 대하여 *어떻게 인간성(Humanity)을 회복시키는 방향으로 회귀적 선택을 하느냐*"에 달려 있는 것이지요.

현대인들이 가상현실(Virtal Reality)이나 증강현실(Augmented Reality)을 통하여 요즈음 받고 있고 앞으로 또 더 심대한 영향을 받게 될 메타버스(Metaverse), 등 압도적이고 자극적인 방법을 통한 인지적 영향들을, 지혜롭게 완화할 필요가 있다고 생각하며, 그보다 더한 흥미와 집중력을 창의가치를 창출하는 문화적 자극으로 대체 하여야만, 고대 로마인들이 장기적으로 빠졌던 잔인성과 퇴폐성의 게임에서 놓여 날 수 있으리라고 보는 것이지요.

한민족에게 문화창현의 핵심은 몸 중심이라는데 있고 한민족은 선인(仙人/僊人)이나 산사람, 또는 신선(神仙, 인생의 혼, 즉 복잡한 精神활동을 벗어난 사람)에 그 근본적인 사상의 원류가 있습니다.

그래서 풍류(風流, cosmism 宇宙合一 or 合宇宙)지요. 최치원 선생처럼 바람 따라 흐르는 *풍류(風流)는 지금도 우리 속에 살아 있고 자연과 합일한 몸의 상태를 추구하는 것으로 우리의 특성으로 그 뿌리가 매우 깊습니다.* 풍류는 자연보호 이상의 심원한 사상이지요.

춤을 추어 보시라구요. 노래를 불러 보라구요. 그러면 이 뜻을 금세 어렴풋하게나마 알아챌 수 있을 것입니다. 그러나 우리의 *풍류적 기질에서* 서구문화의 열매인 *과학적 합리성이 결여된다면,* 우리 민족은 지금까지 *지난 100년간 우리의 역사적 고통으로부터 아무 것도 배운 것이 없는 것*입니다.

풍류는 산중에 가서 쬐메한 뙤밭을 일구며 욕심 없이 초라하게 사는 것이 아니고 우주에 가득한 창조의 기운을 능히 들이 마시고 내뱉으며 진선미·성(眞善美·聖)의 멋진 세계를 이루어 나갈 수 있어야 하는 것이겠지요.

그 속에 *슈퍼·인공지능을 surpass할 길*이 열립니다. 요즘 래퍼(rapper)하는 젊은이들이 가끔 궁금증에 점치러 다니는 무당의 길이 아닙니다. 무교(shamanism)의 길이 아닙니다.

샤마니즘이라는 단어 자체가, 한 프랑스 상인이 시베리아의 한 마을에서 굿하는 현장에서 무당이 샤만이라는 말을 얻어 들은데서 나온 것이지요. 만주족인

청나라 강희제(康熙帝)가 자기네 여진족 역사를 크게 불려 쓰려고 신문 한 쪽에 난 그 단어를 슬쩍 빌려 간 것이므로, 그 근거도 많이 부족하다는 학자들의 의견이 있지요. 그건 너무 local하고 쪼잔하고 조금 저급한 겁니다.

그 수준을 한참 넘어서는 우주즉 통합(cosmic integral)의 *지성(intellect)과 신성(sanctity)의 길을 열어야* 합니다. 왜냐하면 *인류의 방대한 인간현상은 너무 깊고 우주를 덮는 것이기 때문에 저급하게 보이는 샤마니즘조차도 그렇게 지엽적인 시각에서 다루면 안되는 것*이지요.

고등수학의 발견을 도입하여 말하자면, 인간의 문명은 *자기를 평가하기 위해서 자기 밖의 기준점을 단 하나만이라도 가져야 합니다.* 그래야만 최소한이나마 자기를 평가하고 발전의 축을 얻을 수 있습니다. 적어도 아메바처럼 음직여 나가고 먹이를 얻고 어두운데 숨고 또는 잎새처럼 태양빛을 받기 위해 가지를 자라게 하고 빈 공간을 찾을 수 있는 것입니다.

이것이 인간현상입니다. 정령주의나 생기론이 모두 이런 현상의 한 부분인 것이지요. 부분적으로만 해답을 찾으려면 너무 피상적이 됩니다. 마치 배곯은 사람이 한끼 한끼 얻어먹고 다니는 것 같아서 인류는 그런 상황에 절대로 결코 만족하지 못하지요. 이런 것은 더듬이 같은 기능을 사용하는 것이기 때문에 달팽이 정도인 것이지, 고상한 인간을 진정한 인간의 드높은 위치에 두지 못한답니다.

일반적으로 이러한 *부분적 기준을 외준(外準, 외적 기준, external datum)이라*고 이름한다면, 이를 넘어서는 *진정코 장구한 발전과 진화의 축을 얻고 싶다면 모든 존재들의 완전한 기준점이 될 수 있는 완준(完準,* whole datum or *perfect datum*)을 얻어야 합니다.

이러한 완전한 우주적 기준의 느낌을 몸이 가질 수 있을까요? 그 완벽한 기준을 얻기 위해 인생의 마음은 성장해 온 것입니다. 왜냐하면 마음은 지도(map) 같은 것이기 때문이지요. 이것이 *한민족이 가장 잘 발달시켜온 몸과 마음의 사상입니다.* 이는 더 온전한 이름이 필요합니다.

이는 인류의 Descent(下降)-Ascent(上昇)를 넘어서는 영원한 *Transcent*(超克)의 길을 지시(指示)하는 것이므로, 한국 또한 한민족의 심혼(心魂)은 이 길을 가야 하고 이 길을 열어야 하는 것입니다. 끊임없는 *Transcentism*(超克主義)이 우리의 후배들이 지난 백년 이상의 고통을 통해 앞으로 100년을 지나가며 얻을 역사의 해답일 것입니다.

인류 역사의 중심에서 항상 빛나고 있는 진정하고 영원한 휴매니티를 향한 여정이 우리 소원이 된 것이지요. 우리는 한 사람 한 사람 빛나는 별입니다. 몸은 가지런하게 가지지 않으면 혼(魂)으로 인해 복잡(複雜)해지고 정서로 인하여 혼탁(混濁)해지며 생각으로 인해 혼잡(混雜)해집니다. 수렴(收斂)적 사고방식이 가능하도록 혼탁(混濁)을 단절하고 긍정적 관계를 강화하며 각자가 마음의 자유를 얻어 재즈의 자유연주(自由演奏)처럼 서로 역동적 합치(力動的 合致)가 지속되도록 할 수 있으면 어떨까요? 이게 해답이 아닐까요? *물론 약간은 점잖은(gentle) 재즈가 되어야겠지요???^^*

역사의 좌표와 차원의 비밀은 그냥 관념적인 것이 아닙니다. 실천적 비밀들이 많습니다. *아름다운 색계(色界)를 통해서 오든지* 두릿두릿 형형하게 *제3의*

154 뜻밖의 α미래

눈을 통해서 오든지 모두 넘어야 할 산입니다.

많은 단계를 넘어 _모든 지성이 받쳐주는 논리적 만족감도 아무리 훤하게 먼 데까지 보이는 듯하더라도 그 끝은 다 답답한 겁니다. 역사의 좌표와 차원에는 많은 실천적 비밀이 숨겨져 있습니다._ 경륜이 충분히 쌓이면 느낌이 형성되는 것이고 큰 공부는 그래서 오래 걸리는 것이고 대기만성(大器晩成)이라는 말이 공연히 생긴게 아닙니다.

천년 단위 변화의 기틀에 관심이 있다면 그만한 투자를 해야 합니다. 그 생생한 현장에서, 끝없이 넓은 광장, 바람 부는 광활한 광야에서 세계가 변해가고, _새로운 체계와 맥락들이 어떤 계기와 기회에 꿈틀거리면서 전이대역(**轉移帶域**, transition zone)에서 줄기들을 형성해서 자기 영역을 넓혀 가는지를 느낄 수 있어야_ 하겠지요. 그러다 보면 인류역사의, 민족의 사의, 또는 대한민국 역사의 새로운 전이대역을 창조할 수 있지 않겠습니까?

5 *다음 200년은 대변환기*

5 *다음 200년은 대변환기*

<<바로 오는 대변환기 200년, 그 최초 50년 α시대, 이후 1000년간 문명은 정육면체 역사발전>>

인류는 지금 전에 없었던 미증유(未曾有)의 변화를 경험하고 있습니다. 그 <u>변화의 근본 원인은 인간성의 초기 변화(initial change, or build-up of initiality)에 있습니다. 현재 진행되고 있는 미·중갈등, 우·러전쟁의 결과와, 우주항공기술과 인공지능기술 및 양자기술의 비약가능성과, bio-nano 신기술의 현실적용 속도, 등 몇가지 요소에 의하여 21세기 이후 200년 정도의 미래문명적 초기성의 내용이 결정될 가능성이 크지요.</u>

이 5장(章)에서 우리는 200년간의 초기 변화를 생각해 보았고 그 이후의 700 ~ 800년간의 인간들은 지금까지 많이 혼란되어 있는 '주관과 객관의 조정'(adjustment between subjectivity and objectivity)이 이루어지면서, <u>앞으로 약 1000년간 인류는 '태양계를 벗어 날 수 있는' 본격적인 우주적 특질을 갖추게 될 것입니다.</u>

<u>이 시기에 인류의 두터워진 평균적 지도층(opinion leaders)들은 천년 단위의 사고를 할 수 있도록 각양각색의 상황 속에서 훈련된 사람들이 나올 것입니다.</u> 왜냐하면 인간이 천년 수명을 누릴 수 있는 의료적 가능성들이 도처에서 발견될 것이기 때문이지요.

이 <u>천년 단위의 생각이 가장 빈번해진 이유는 유대교의 O.T.에서 노아(Noah)</u>

이전의 세대들이 모두 1000살 가까이 살았다는 기록이 있고, 기독교에서도 천년왕국이라는 개념이 있어서 미래의 소망을 주었기도 하고, 왕국이나 제국들 중에 아주 드물지만 해석에 따라서는 1000년을 지탱했다고 보는 나라들이 나타나기도 했던 데 있습니다.

그런데 *기독교의 미래관에 부분적으로 심겨져 있는 천년왕국론은 아마 가장 넓은 파급력을 가지고 인류역사와 인류지성에 영향을 끼쳤다고 볼 수 있겠죠. 천년왕국의 골자는 인간들이 키워온 이상세계의 꿈이 결집된 것이지요.*

천년왕국의 논리는 크게 세가지로 나뉩니다. 2000년 전에 오신 구세주께서 언제 오시느냐에 달린 갈래 생각입니다. '천년왕국이 이루어지기 전(前)에 온다. 그래서 나쁜 것들 싹 다 청소하고 이상세계를 만든다.' 이게 첫번째 전(前)천년설이라는 것이고, 고난을 많이 받는 기독교인들이 주로 품고 견디는 생각이지요.

또 '구세주는 천년왕국이 이루어진 후(後)에 온다. 그래서 인간역사는 그 전에 인간들의 노력으로 이상향이 이루어 질것이다.' 뭐 이런 생각은 두번째 후(後)천년설이라고 불리는 것이지요.

세번째 생각은 무(無)천년설로 '천년은 없는 것이다. 지금이 곧 천년왕국이라고 믿는 게 좋다.' 이건 현실에서 교권을 지키려는 신·구교 교회당국자들의 견해로 보면 대충 맞습니다.

결국 *전천년, 후천년, 무천년의 세가지 천년왕국설이 그 본질은 신자들에게*

158 뜻밖의 α미래

"항상 깨어 있으라"그 부탁하신 예수 그리스도의 말씀을 지키는데 놓여 있는 것입니다: 어찌 보면 무천년설이 가장 합리적인 생각이라고 볼 수 있지요.

천년왕국 대망(千年王國 待望)과 자본주의 및 사회주의의 대두

그 외에도 좀 더 정교한 갈래생각들이 있지만, 중요한 점은 **천년왕국 대망론(千年王國 待望論)이 거의 구백년전에 일어나서 약 삼백년간 계속된 십자군운동에 큰 영향을 주어서, 십자군 실패 후에 유럽에 자본주의의 맹아(萌芽)가 싹 트게 했다는 것과,**

거의 비슷한 시간대에 중세봉건제도가 무너지면서 걸식(乞食)수도사들에 의해서 새시대에는 무산자(無產者)가 다스린다는 아이디어가 고생하던 전 유럽의 농민층에 퍼져서 후일 사회주의가 싹트는 역할을 했다는 것입니다. 이것은 과거 천년간 인류에게 일어난 일입니다.

그런데 천년왕국에 대한 생각들이 우리의 미래를 위해서는 또 다른 생각으로 인도하는데 아마도 **천년왕국이나 앞으로 천년의 기간은 인류가 우주로 진출하는 준비단계 또는 훈련단계로서 인류가 비상(飛翔)하는 기간**이 되지 않을까 하는 생각이지요.

무엇, 반드시 천년이어야 하겠는가? 네, 이제 밝혀지겠지만, **인류는 앞으로 천년간 우주적 류적 존재(cosmic species, 宇宙的 類的 存在)로 변화하리라는 예측이 점차 힘을 얻을 것입니다.**

천년단위의 역사가 수명이 백년 이상으로 연장된 인간들에 의해서 개인적으로 해석되어 삶의 판단에 적용된다는 것은 사회적인 합의가 과거와는 그 질을 달리하게 되는 것으로 보이며 *역사적 판단기준들이 장기적인 관점에서 정리되고 역사적 공동체험들이 예측이나 예단(豫斷)의 도구로서 제공된다는 것입니다. 이는 또한 세세한 증험(證驗)의 방법론도 제공*할 것입니다.

현재 세계는 앞으로 200년간 대변곡시대(大變曲時代)라고 불릴 큰 변화를 겪을 것입니다. 변화를 감당 못하여 사라지는 민족과 국가들도 많을 것이고, 우리라고 예외는 아니지요. 한국은 그 대변곡의 전반 100년간 남보다 먼저 큰 변화를 스스로 끌어내는 시대를 경험하여야 할 것입니다.

대변곡시대가 오리라는 근거는 시대변화의 임계현상이 많이 나타나고 새로운 시대의 기반들이 착실하게 나타나고 정착되고 있기 때문입니다. 21세기부터 30세기 까지를 제3순세기(第三旬世期, the third millennium or trillenium)라고 부르는데 세번째 1,000년이라는 뜻이지요. 순(旬)이 10을 말하기 때문에 10 X 100이면 1,000년을 뜻하는 것이지요.

왜 200년이냐? 이 생각도 한번 해 보아야 되겠지요? 원래 역사적으로 한 시대단위는 약 50년이라고 보아 무방합니다. 실제로 역사기록도 읽고 현실 경험과 비교하면서 반추해 보면 약 20 ~ 30년이 한 단위로 볼 수 있지요. 정신차리고 살면 30년 가고 대를 물려주면서 훈련을 잘하면 50년 가고 하는데 그래도 한 왕조가 대충 200년 정도의 기간에 흥망을 경험합니다.

그러므로 *세계역사상 200년(왕조) – 1000년(제국) – 10000년(문명)의 시대단위를 잡아 보는 것이 비록 정확하다고 근거를 대기는 어려우나 일단 우*

160 뜻밖의 α미래

주시대의 임의적인 시대단위로서 카운트해 볼 수 있다고 봅니다.

앞으로의 시대는 인류의 삶과 일상에 주도적 영향을 미칠 슈퍼인공지능 좌표와 차원의 한계성에 따라서 그 특성이 영향을 받을 것입니다. 말하자면 인공지능의 설계기준과 인간성에 대한 사상이 근본적 틀을 만들 것이라는 것이지요.

그러면 우리는 천년의 첫 50 ~ 100년간 사회적 구조의 틀을 결정하는 과학과 기술을 중심으로 획기적인 변화를 가져오고 그 다음 두번째 100년간에 걸친 변화에 이어서 어드 로 눈을 돌려 인류의 다음 700 ~ 800년간의 체질변화를 성취할 수 있을까요? 한국은 또 어떤 변화에 눈떠야 할까요?

스카이넷과 같은 고차원적이며 전지구를 덮는 스마트·인터넷, 우주탐사개발에 있어서의 국제공조/결별/블록화, 암호기술이나 블록체인(blockchain) 기법의 파급, 연속체 경제의 세계화 및 모세관적 재편성, 기초생활 및 원료자원의 부족에 대한 대응방법, 세계정치의 표면적 다변화와 이면적(**裏面的**) 일원권력구조적 변화, 면역/기술경쟁/경제전/기아/전쟁 등 불안요인의 전세계적 파급, 이러한 변화들은 우선 쉽게 보통 사람들의 눈에도 포착되는 요소들입니다.

그 기간동안 우리는 이태극, 또는 양극의 변화보다 더 격렬한 삼태극의 변화를 겪을 것입니다. 지속적인 변화 특히 다기다양한 근원에서 나오는 변화를 내포한 시대에는 이태극에 더하여 끊임 없이 새로운 요인을 제공하는 또 하나의 제 삼의 극이 언제나 추가로 나타날 것입니다. 그 신생극(**新生極**)은 복잡성 과학에서 다룰 수밖에 없는 심오한 변화를 내포하고 있습니다.

이러한 *삼태극 상황에 접근하는 법은 신생극의 새로운 발생축에 가장 중심인 부분의 가장 가까운 부근으로 진출하는 것이며 모든 구성요소들과 친숙성을 유지하고 연계성이 침해 받지 않도록 하여야 합니다. 또 가치관리에 있어서 가치의 왜곡을 막아야 하며 국민과 국가 전체의 정직성을 지속적으로 참신하게 유지할 수 있어야 합니다.*

그 삼태극이 우리가 될 가능성도 아주 낮다고 볼 수 없습니다.

정직성 문제에 있어서는 부정직으로 말미암아 잘 나가다가 추락하는 국가들을 눈여겨 보고 미리 깨달아야 합니다. 말하자면 대대적인 국민계몽과 순화정책이 동반되어야 한다는 것입니다. 정직성은 사용/교환가치와 시장가격 사이의 차이를 최소화시키고 경제의 치유를 쉽게 발견하고 빠르게 치유할 수 있도록 도와준다는 사실을 깨달아야 합니다.

삼본의 가치체계(三本 價値體系)에 대하여는 본서에서 여러 번 설명하고 있지만, *창의가치, 공동체가치, 토지가치의 세가지 기본적인 경제가치를 자유롭게 접근하고 창출하고 사회적 합의에 의하여 정직하고 근실하게 축적할 수 있도록 해 주어야 하기 때문이지요.*
그러므로 어떤 *나라가 안정되고 자유롭고 두루 홍익하게 하는 시대를 이루고 싶다면,*

*우선, 누구나 땅을 쉽게 사용할 수 있도록 하여야 하는데, 이는 지권(**地權**)과 안보권(**安保權**)을 보장해 주는 것이며,*
*둘째, 누구나 자기 말을 부드럽고 편하게 할 수 있도록 해주어야 하는데, 이는 인권(**人權**)과 자기발현권(**自己發顯權**)의 기초가 되는 것이며,*

셋째, 누구나 남을 이롭게 하는 새로운 생각을 평화롭게 할 수 있도록 하여야 하는데 이는 가장 중요하고 고상한 인간성을 성취할 수 있는 창의평화권(創意平和權)을 다들 합력하여 공동체 안에 확립시키기 위한 것입니다.

*다시 한번 말하지만 인류는 대변환기를 맞고 있습니다. 다음 200년간이 인류에게 묻는 큰 질문들이 있습니다. 인간성의 변화에 대한 질문*입니다. 인간이 인간으로 남겠는가? 이것을 예측하려면 좌표변환과 차원선택의 비밀의 큰 줄거리를 이해해야 합니다.

휴매니티의 본질, 무한과의 접속

휴매니티의 본질은 유한한 인간이 감히 넘볼 수 없는 무한(the infinite, infinity)이라는 영역이 인간에게 접속(contact)되면서부터 나타나기 시작합니다. 이 contact(接續)는 인생이 자기를 비우고 포기할 때 이루어집니다. 국소적(local)인 자아·실존의 정체성을 포기하고 전국적(global)인 역사의 본체이신 절대자를 인정할 때 contact가 이루어지는 것이지요.

역사의 본체이신 절대자는 절대·포괄·연속적인 존재이므로 물질계의 어떤 실존중 아무라도 보거나 인식할 수 없는 존재이지요. 휴매니티는 감성(情)의 흔들림을 거부하며 지성(知)의 논리적 독단에서 뛰쳐나오고 인간개체의 의지(意)적 고착성(意志的 固着性)을 던져 버리는 데서 바로 설 수 있게 되는 것이지요.

본체론(**本體論**)과 실존주의(**實存主義**)가 열린좌표, 열린차원을 가진다는 근거는 바로 이 지정의(知情意)의 굴레가 벗겨진 텅 빈 휴매니티(零点 人間主義), 즉 인간주의의 새로운 시작(zero)을 보장하기 때문이며 이 zero라는 공허(**空虛**)함이야 말로 인간성이 절대성과 접속할 수 있는 유일한 단자(**端子, 실마리**)이기 때문이지요.

종(從)적으로 절대성과의 접속, 그리고 횡(橫)적으로 타자와의 접속이 가져다주는 연속성은 바로 우리가 인격성이라고 부르는 인간의 생략할 수 없는 본체론과 실존주의의 좌표와 차원을 열어 주는 불가결한 열쇠라는 점은 진정 중요한 깨달음이라는 것입니다. "인간은 영원히 홀로 설 수 없다." 오직 공생적 격체(共生的 格體)를 가지는 인격(人格)일 뿐이지요.

인간에게는 전포괄자이신 절대역사신을 온전히 믿는 믿음으로 말미암아 차원생략이 일어납니다. 차원의 생략은 현재보다 더 고차원의 세계를 초청하고 수용할 수 있는 여력과 여유를 줌으로써 그러한 차원생략의 방향으로 날아오르는 좌표비상(座標飛翔)이 이루어지게 되지요.

좌표비상은 아예 자기를 뛰어넘어 버리는 좌표초월을 가져오는 것이며, 좌표초월(座標超越)을 통하여 씨와 그 씨 안의 계승적 정보 에쎈스를 전달하는 Fioneutics(歷史繼承解釋)로 지식체계가 변하게 됩니다.

모든 일을 계승적으로 해석한다는 말은 곧 인과율(**因果律**, cause and effect)과 다름 아닌 것이며, 역사계승의 성취를 항상 바라보는

Fioneutics(계승역사해석)는, 다른 방식으로 표현한다면, 야공간의 절대포괄연속자의 인격적 본질이 현상물질계에서 그리고 인격적 인간 속에 나타나고 이루어진다 는 것입니다.

본체론과 실존주의와 인격주의

이러한 _좌표초월(座標超越)의_ 세계가 열려 있는 것이 인간성의 비밀이고 영원과 잇대어 있는 모든 국소적 인간(every human locality)에 숨겨져 있는 신적 유보(_神的 留保, divine conservation_)인 것입니다.

휴매니티의 본질은 열린 좌표와 열린 차원에 있는 것이며 이를 가장 잘 갖추고 있는 사상체계는 (앞으로 더 깊이 말할 기회가 있으면 좋겠으나) _본체론과 실존주의와 인격주의라고 보아야 합니다._

실상 이 _본체론 사상은 최근 비극소적 방법론이라는 홀로그라피 이론을 원용하며 우주론 쪽에서 강력한 대안을 제시하고 있는데 매우 주목되는 사상적 포괄성을 지니고 있지요._

짧게 말하자면 _본체론과 실존주의는 근원적 상태와 중간과정과 현재의 상황에 대하여 적절한 인과율 안에서 잘 배치된 사유구조를 가지고 있기 때문입니다._

그리고 다시 한번 강조하건대 호도·사피엔스인 인간이 슈퍼·인공지능을 경영/협치/공명(manage/govern/resonate)할 수 있는 여력(餘力)은 이런 좌표비상(座標飛翔)의 능력에서 나오는 것입니다.

*인간의 생각 속에 가장 합리적인 좌표생략(**座標省略**)과 이로 인한 좌표비상이 일어나지 않으면 인간은 맹신과 미신(**迷信**), 맹목과 미혹(**迷惑**)에 빠지게 되는 것입니다*. 반대로 비합리적인 좌표생략은 어떤 부정적 효과를 가져올까요?

그런데 *이런 좌표비상의 능력이 가상현실세계에서 그럴듯하게 시현되는 것처럼 눈속임을 하는 것은, 아무 쓸모가 없을 뿐 아니라 큰 미래위축(**未來萎縮**, shrinkage of future)을 초래하여 인류는 정상적으로 보면 시간적으로 물량적으로 막대한 손해를 보는 것*이지요.

이미 성큼 다가온 가상현실, 증강현실, 메타버스가 인간의 인지력과 감각을 압도하는 현상은 현재로서는 불가피해 보이기는 하지만, 진정한 인간성 발현에 크나큰 장애물이 될 것이며 인류역사를 정치, 경제, 문화의 영역을 내용적으로 쪼그라 들게 하지 않겠습니까? 그러나 결국 닥친 상황은 겪어야 되기 마련이니 어찌하겠습니까?

정치영역에서 챠이나(支那 共産黨)가 자행(恣行)하는 유아병적 행위들을 보십시오. 경제영역에서 천한 거렁뱅이 (이 단어는 사실 매우 음악운률적인 단어이다! 현기증!) 같은 돈 위주의 강탈행위는 결국 상당 부분 *인생들을 속이는 기술과 남에게 속지 않으려는 기술과 대중을 전유물로 삼으려는 대중조작의 기술만 지나치게 발달시키고 있는 것*입니다.

세계적으로 문화영역에서 인간성을 좀먹는 과장된 홍보기술과 성/몰입/마성(性/沒入/魔性, sex/absorption/satan) 등으로 몰실(沒實, 본 번역은 唯識論을 따른 것 아님)시키는 과정은 이제는 치료하려면 어디서부터 손대야 할지 모를 정도가 되었습니다. 왜냐하면 건강한 씨앗을 계승하는 교육정신이 파괴되었기 때문입니다.

국제정치에서 <u>찌나(China)를 보세요</u>. 그들은 원래 찐, 또는 지나(chi-na)로 불립니다. <u>지나(支那, 어찌那 갈렸느냐支의 뜻, how come divided?)</u>의 모든 사유방식이 합리적인 듯 수백년간 선전해 왔으나 아전인수(我田引水) 적입니다.

<u>제 이익을 위하여 인류의 주(主軸)차원인 평화추구를 벗어나서, 남을 침탈하고 자기 백성까지 잡아먹기를 마지 않으며 자기중심의 역사왜곡을 일삼게 된 것도 이런 깊은 이유가 숨어 있는 것입니다.</u>

<u>인류의 주축(主軸)차원인 평화추구를 벗어나, 침탈하는 만행</u>

<u>인류의 문제는 통합하여야 하는 지식체계가 어수선하게 얽혀 있고 아직도 유아(乳兒) 단계라는 것입니다. 이러한 갈대로 엮은 것 같은 지식체계로는 우주진출은 어렵습니다. 인류는 갈수록 자기 내부의 불확정, 불확실, 부정확, 무질서에 놀랄 것입니다.</u>

놀라기만 하는 것은 그런대로 참아 줄 수 있지만 <u>인류의 역사가 붕괴하는 요</u>

_인들이 인간 내부에서 나오는 것이 문제_가 되는 것이지요.

인류의 역사가 특히 확장 사이클(expansion cycle)에 있을 때 인간들은 생각의 기준들이 흔들리게 됩니다. 이것은 기존의 사고체계가 정직성(honesty)을 담보하지 못한 부분들이 있기 때문입니다.

21세기 들어서서 정직성 문제에 서광을 비추어 주는 블록체인(blockchain) 테크놀러지가 발전하고 있는데 이 방법이 암호화폐(crypto currency)로 돈 버는데 제일 먼저 사용되고 있다는 사실은 매우 유감스럽기도 하고 흥미롭기도 합니다. 어떤 좋은 방향의 사건도 인간의 탐욕과 연결되지 않고는 이 세상에 발 디디지 못한다는 것이 고개를 끄덕이게 하지요.

암호화폐가 한번 된서리를 맞고 다시 재정비하는 듯 보이는데 더 깊이 조사해 보아야 하겠지만 블록체인 기법은 또 새로운 기술영역들이 나타나며 진화중입니다. _블록체인(block + chain)을 우리말로 하자면 가장 기본적인 빌딩블록(building block)들을 한데 체인(chain)으로 묶어서 거짓정보나 정보의 왜곡이 끼어들지 못하게 하겠_다는 의미를 품은 것이겠지요.

아마도 사회전체를 이 기술로 묶는다면 확장성에 큰 장애가 될 것이지만 _사회의 안정성을 지키는 정직성의 보루로서 미래사회의 여러 분야의 중요한 기둥들을 블록체인과 또 다른 교체할 수 없는(unalterable) 정보기술들로 지켜 줄 수 있다면 미래 인류역사의 기초가 견고하게 세워져 갈수 있지 않을까_ 생각합니다.

실상, _정보기술의 가장 중요한 부분은 연장, 또 연장해가는 맥락기술보다, 다양한 모든 정보들을 한 묶음으로 볼 수 있도록 하는 통일성, 또는 통합성_

을 갖추게 하는 체계기술에 있습니다. 체계기술의 기반이 공역적이고 깊이 있는 논리로 구축된다면 맥락기술이 더 확장성을 갖추게 되겠지요. 정직성은 체계기술의 초석이 됩니다.

그러므로 모든 약속들과 법체계들은 정직성에 기초하여 경영-관리-정치를 안정시키는 것이지요. _미래인류문화는 이 정직성에 기초하여야 합니다. 그리고 정직성은 공동체적 레벨에서 확립되어야 우주 멀리까지 확산해 나갈 추진력을 얻습니다._

역사기록의 사건전개를 나누어서 표현하면 (in a divisional expression of occurrence), 분포분류(分布分類)적인 지시방식(확률방식만이 아닌)으로 정착되고 과학적 합리성을 유지하면서 특정사건 발생(specific occurrence)의 기록들이 기록자의 자의성을 제한하며 객관성을 유지할 수 있는 방법론이 생겨날 것으로 보이는 것입니다.

우주시대의 역사해석과 기록은 공동체 방식으로 발전

그러므로 인류역사의 우주시대가 되면 역사해석과 역사기록은 본질적으로 공동체가 기록하여야 하는 것입니다. 수많은 공동체에서 자체기록과 자체해석을 내어 놓아야 하고 그 해석들과 기록들이 층서(層序)를 올라가며 여러 단계로 통합과정을 거치는 현장변증(現場辯證)의 과정을 거쳐야 하는 것입니다.

특히 앞으로 수많은 _AI들 또는 super AI들의 기능이 사회 전반에 걸쳐 침투_

·확산하게 되면 인간사회가 그 영향력을 극복하는 첫번째 단계가 역사기록과 그 해석에 대한 인류 전체의 공동체적이고 층서적인 진지한 통합적 참여가 필수적으로 요구될 것이기 때문입니다.

초거대망계와 기틀과학(cruxology)

특히 *태양계로 진출확산하는 인류의 앞길에 각종 각급의 사회가 전 태양계에 걸쳐 방대한 스케일로 존재하는 경우, 인류는 그 모든 사회들을 평가하고 상호 교류하며 통합적으로 운영해야 할 방법론을 찾아야*하며, 이에 대하여 본서는 태양계내 인류사회의 *거대망계(Menesys; megalo-network-system)를 기틀과학(cruxology)의 방법론으로 경영*하게 될 것으로 예상하고 있는 것입니다.

이제 우리는 미래를 한번 예측을 해 보아야 하지 않을까요? 즉 가까운 미래, 즉 100년 이내에 인류가 경험할 변화는 어떤 것일지? 쉽게 정리해 보기 위하여, 근래에 나온 책에서 미래를 변혁할 다섯가지 세력(The Five Forces, 2021, S.S.Hoffman)으로 나열된 요소들을 참고하여, 본서는 미래변화를 입체적인 구조로 바꾸어 보았습니다.

인류미래사회의 양태도 결국 일반적인 사회변화와 근본적으로 같으리라고 생각합니다. 그러므로 사회변화를 정사면체(正四面體)로 표현하면서 정사면체의 밑면을 이루는 세 꼭지점들을 체계요소(sysy)- 맥락요소(nexy)- 여유요소(rumy)로 세가지로 배정하여 나누어 봅시다. 이는 *공간 속에서 맥락적인 네트워크가 먼저 생기고 이 맥락적인 요소들이 체계를 잡아가며 체계요소가*

증가하고 이에 따라 원초적인 공간의 여유요소가 줄어드는 형국인 것이지요.

그 정사면체의 밑면이 아래로 발달된 하방(下方)사면체의 아래쪽 꼭지점은 인류사회의 물리적인 하드웨어의 초석인 나노생명과학(bio-nano science), 또한 사면체의 밑면이 상부로 발달하여 생기는 상방(上方)사면체의 윗 꼭지점은 인류사회의 소프트웨어의 주축을 이루는 지능(intelligence, 미래로 가면 지능의 정의는 단계적으로 무척 복잡해질 것임)으로 보는 방식으로 단순화하여 미래의 인류사회가 변화해 나갈 모델을 간략하게 생각해 볼 수 있습니다.

말하자면 두 정사면체를 합체한 단순한 하나의 정육면체로 미래를 시각화하여 보고, 앞으로 100년 정도의 변화는 이러한 모델의 확장에 의하여 이루어 지지만, 무한이라는 변수를 도입하여 확장되어 갈 미래를 그려 봅시다.

그러면 하방꼭지점(low vertex)은 나노생명과학의 생장점(bio·nano-convergence)이 되겠고, 상방꼭지점(high vertex)은 초인공지능의 합성유기체(super·AI·organoid)가 될 것이며, 중간수평면의 세 꼭지점은 각기 포괄연속의 續·頂点 (horizontal vertex of continuum/inclusion) – 심층밀도의 習·頂点 (horizontal vertex of depth/density) – 연산확장의 算·頂点 (horizontal vertex of computation/expansion)으로 부를 수 있다고 생각합니다.

이런 생각을 여기서 다 풀어 말하기는 어렵겠고, 인간은 이 변화를 200년간 모두 흡수할 수 있는 능력이 있다고 믿으며 이를 위하여 자기의 가장 깊은

잠재력까지 동원하여 미래를 헤쳐 나갈 것입니다. 그렇지 않으면 절대전능한 역사신이 펼쳐 나가는 최고 수준의 역사가 아닌 것이지요. 가장 깊은 잠재력까지 동원하는 것, 그것은 어떤 것일까요?

새 하늘 새 땅!!! (caelum novum et terram novam) 인류가 우주에 진출한다는 사실의 특별한 뜻은 천지인 삼재(天地人 三才)가 하늘과 땅이 변하고 사람까지도 그에 따라 새로운 차원의 일들을 경험하고 변하게 되리라는 것입니다. 그 이후의 차원은 인간개체의 위상(locality와 relativity)이 변화하겠지요.

뿐만 아니라, *인간 존속과 생존의 전반적 조건이 단절적으로 비연속적으로 변하기 때문에 역사의 연속성과 정보처리의 연계해석이 스무스하고 스마트하게 이루어 질 수 있는 방법이 없는가* 많이 고민해야 한다는 것이지요. civitatem sanctam, Hierusalem novam, 과연 거룩한 도시 즉 새 예루살렘은 오는 것인가? 어떤 형태로? 누구든지 간절히 알고자 하는 것입니다.

향후 200년간 변화에는 인간성의 안정이 필수적

인간은 자연계에 무척 많은 변화를 가져왔다고 일반적으로 생각합니다. 그러나 태양계 전체 또는 은하계 전체의 관점에서 보면 어떨까요? 그저 하나의 행성에서 이루어진 지표면의 변화일 뿐이겠지요.

앞으로도 화성의 테라포밍 등의 대단위 프로젝트를 상상하며 인간들은 몸을 떨 정도로 자랑스러워하고 있습니다. 또 에너지 문제로 다이슨 스피어(Dyson sphere) 같이 항성 하나를 통째로 에너지 기관으로 바꾸는 계획을 생각하며 대견해하고 있습니다.

에너지 문제에는 핵융합과 같은 좋은 방법이 있고, 30년 정도 후에는 현실화 되리라고 생각됩니다. 그럼에도 인류를 이끌어 가는 지성인들의 일부는 절대자와 같은 위치에 스스로 서게 되는 꿈을 가지고 급조적인 상상력을 발전시키는 것이 눈에 띕니다. 인류를 자극하여 진화하게 하기 위해서라고요? 글쎄? 꼭 그래야 하는 것인지…

인간이 특이한 상상력을 동원하는 것은 보통 새로운 자원을 열그 나가기 위해서입니다. 물론 상상력은 돌파구를 마련하는 도구가 되지요. 그러나 <u>인간문명이 새 차원으로 비상하는 것은 균형과 대칭의 안정성이 매우 중요한 요소입니다. 그러므로 가까운 미래 200년의 청사진은 인간성의 성숙에 지금까지보다는 더 초점을 맞추어야 할 것</u>으로 생각합니다.

인류문명에 균형과 대칭의 안정성을 갖추는 일은 <u>현재 존재하는 잡다해 보이는 많은 요소들이 어떻게 무시되거나 경멸되지 않고, 인간성이라는 주체요소가 미래역사의 축으로서 든든히 자리잡게 할 수 있는지</u>에 달려 있습니다.

<u>제3극은 모든 차세대(次世代) 변화의 성숙을 배태</u>

<u>인류가 지구촌(地球村)화 되어가는 이 시대는 음양(陰陽)만 가진 이태극(二太極)의 변화만이 아니라, 삼태극(三太極)의 변전이 나타나는 변화무쌍한 시대가 되었습니다.</u> 어둠(음)도 아니고 빛(양)도 아니고 극미한 기운이

새로 일어나는데 곧 제3극인 것입니다.

제3극의 작용이 음양의 작용에 더하여 개별적인 형태로 또는 집합적인 형태로 지속적으로 나타나기 때문에 음과 양이라고 부를 수도 없고 마치 유목민족들이 대평원에서 이합집산(離合集散)하는 듯한 양상을 보여 주기 때문입니다.

대평원의 자유가 필요하지만 그 중에 *살아남아 삼극의 중심이 되는 자는 여전히 변화를 집중시킬 수 있는 통합적인 성숙성이 있는 자가 차지하겠지요. 그 성숙성은 지극한 고통의 과거로부터 나오는 것입니다.*

후일 징기스칸이 된 젊은 시절 테무진의 고통, 메디아-페르시아 제국의 창시자 키루스 대왕의 고통스러운 성장 기록, 또 70인의 유랑낭인들이 세운 로마의 초기역사, 그런 것들이지요.

이 제3의 극은 세계의 모든 변화가 집결되는 장소에서 배태됩니다. 그것은 반드시 지정학적인 요소만이 변화의 원인이 되는 것이 아니고 모든 복잡다기한 변화의 기틀을 품어 키워 내는 유형적, 무형적인 여건에서 태어나는 것입니다.

제3의 새로운 극이 개입되는 과정은 현대의 첨단을 가는 복잡성과학(複雜性科學)의 관점으로 그 복잡무비한 상황을 잘 설명할 수 있기 때문에 깊이 있는 이해력이 필요한 주제입니다.

*특히 한국은 모든 변화가 집결되는 장소, 즉 공통변경(**共通邊境**, common*

edges) 또는 공변(共邊)이라고 이름 지은 특이한 지정학과 고난에 찬 역사의 특수상황 안에서 생존하고 번영하여야 하는 나라입니다.

미국, 중국, 러시아, 일본의 네 강대국들이 예외 없이 자기 나라의 변경으로 여기는 기묘한 입장인데 우리는 *공통변경이라는 역사의 미니멈(minimum)에서 시작하는 강된장 같은 생배짱을 가지고 살 수밖에* 없습니다. *한국 민족은 제3극의 생성과 삼태극의 중심에 서는 균형자의 위상을 가지고 살 수밖에 없고, 또 그렇게 살아 갈 것입니다.*

제3극의 긍정적 변화가 세계를 선도(善導)

*과거의 제3극들은 오직 지표면에서의 확장성만으로 퍼져 나갔다*고 봅니다. 정복활동입니다. 평면확장, 즉 산차원이었습니다. 몽골과 같은 정복활동이지요. 몸집 불리기 같은 아직은 유치한 영역의 사고방식이지요. 현대에도 관계영역에서 타영역을 규합하며 몸집불리기를 하는 이들은 네트워크를 많이 잡아먹으려고 하지요. *인류가 지난 5000년간 40억을 살육했답니다.*

돈도 쓰고 힘으로도 누르고 희한한 일들을 벌리면서 몸집을 키우려고 하지요. 그걸 하지 말란 이야기가 아닙니다. 좀 성숙한 상태에서 할 수 없느냐는 이야기입니다.

당시 세계인구의 상당한 부분에 달하는 수 없는 사람들을 살육한 후에야 몽골도 나중에는 자기를 탈디하려는 느력들을 통해 200년의 왕조를 세우기는 했지요. *징기스칸이 명재상(名宰相) 예류추체를 만나고 그 손자 쿠빌라이가*

한참 후이기는 하지만 원(元)나라를 만든 것이지요.

지표면을 따라 여기 저기 닥치는대로 모든 맥락으로 걸리적거리는 것들을 점령해 나가다가, 체계가 흔들리며 달가닥 소리가 나면 체제를 정비하게 되지요. 그러나 *체제를 강화하더라도 자기탈피가 없으면, 즉 자기초월이 없으면 무너지게 됩니다.*

이걸 깨닫고 로마에 초기에 점령당한 북쪽의 에트루리아와 후에는 이탈리아 전역의 시민들에게 로마 시민권을 주려고 결정한 로마제국은 결국 옛 자기를 버릴 수밖에 없었던 것입니다.

과거의 자기를 버리는 이것이 네번째 차원이 닥아 온 것입니다. 이러한 역사의 깃점(起点)에서는 초월의 축을 통하여 자기 역사의 밑면을 넓혀나가게 됩니다.

보통 3차원이면 입체를 말하는 것인데 여기서는 한 나라나 문명의 밑바탕을 튼튼히 하는 것이므로, 하나의 차원을 생략하여 3차원이 평면을 뜻하도록 합시다. *이 확장성이 좀 깊이 살피면 바로 지능(知能, intelligence)의 역할이 시작되는 축인 것입니다.*

그러나 이제 오는 미래에는 밑바탕 곧 밑면이 안정적으로 확립된 후, 그 확장성이 위로(upward)도 뻗어 나가기를 요구하고 있습니다. *시간의 차원이 포함되어 있지만 지능적 발전과 진화가 같이 이루어 지는 사차원*인 것입니다. 그래서 *그 확장성이 미래를 주도적으로 좌우하게 되는 것*입니다.

176 뜻밖의 α미래

그리고 마지막에 깊이 아래로 내려가는 차원이 있어야 뿌리를 내리고 10,000년의 신문명을 보장할 수 있습니다. <u>만년의 문명을 보장하기 위한 기초는 인간이 시작하였던 초기성을 강화시키는데 있습니다.</u>

<u>이는 생(生) 또는 생명(生命)의 차원을 튼튼히 다지는 것을 말하는 것이며, 위에서 말한 우리의 역사정육면체(歷史正六面體)를 완성시키는 방향입니다.</u> 그래서 여기서는 단지 구체성 있는 어떤 간략한 대응책이 있을 수 있는지 잠시 언급하고 지나갑시다.

생각하건대, 일단 <u>약 열두가지의</u> 실생활 관련 변화를 선도(善導)하고 뿌리에서 단절되지 않으면서 생장점들을 활성화시킬 수 있는지 고민해야 합니다. 예컨대, 첫째 문자, 둘째 복식, 셋째 공식언어 및 문서, 넷째 식사문화, 다섯째 징병제, 여섯째 일반지식 및 고차원지식 및 문화언어, 등등 이런 순서로 상당 기간 기강을 세우는 데서 시작하도록 구상해 볼 수 있지요.

예컨대 <u>새 땅을 얻는다</u>는 것은 깊이 땅을 갈아 엎어야 한다는 말인데, 만일 우주가 아니라 만주와 시베리아에 새 문명을 심어야 한다면 어찌 하겠습니까? 하기야 요즘 지나가 러시아에 대하여 하는 일들을 보면 시베리아의 지명도 자기 식으로 부르고 한국에 대하여 서해바다를 자기네 내해로 여기는 듯 방자하기 짝이 없는데 앞으로 이런 장애물들을 과감히 제거하지 않으면 안되겠지요…

<u>공통변경의 미니멈에서 강된장(thickest bean curd) 생배짱</u>

고대세계에서 근동의 이스라엘이라는 작은 나라가 어찌하여 전 세계에 막대한 영향을 끼칠 수 있게 되었을까요? 그들이 바로 우리처럼 공통변경에 위치해 있어서 이집트, 아시리아, 히타이트, 바빌로니아와 같은 세계 최강국들의 교역과 전쟁이 이스라엘이 존재한 팔레스틴 지역을 둘러싸고 일어났던 것입니다.

왕국의 서쪽에 있던 지중해 연안 교역로와 내륙 동쪽에 존재했던 "왕들의 대로(Kings' Highway)"를 통하여 물자와 문화와 사상의 교류가 일어났는데, 그로 말미암아 모세오경(Torah)의 사상이 고대에 전 세계로 전파되어 나가는 효과를 볼 수 있었던 것이지요.

우리나라에도 꼭 같이 발견되는 이러한 공통변경적인 특이한 조건을 잘 이해하고 살아온 한반도의 주민들에게는 특별할 수밖에 없는 우리의 장래를 계획하는 능력이 이미 오랫동안 우리들의 신경세포 속에 새겨진 바 있는 것입니다.

그러므로 _우리는 다른 나라들과는 국가전략이 달라야 합니다. 국가의 목표도 달라져야 합니다. 생존과 번영이 동시에 성취되고 이상과 현실이 양수겹장으로 이루어지는 방법은 없는 것일까요?_ 차가운 우리 머리만이 아니라 우리 가슴의 불타는 능력까지 불러낼 수 있는 방법은 없는 것일까요?

이에 대한 _해답은 창의가치에 대한 통찰에서 옵니다._ 우리는 너무 오랫동안 가슴의 힘을 무시한 채 살아온 것 같습니다. 보통 생각하기를 창의는 뇌를 어떻게 쓰느냐에 달려 있다고 생각하지요. 골을 굴린다는 말은 뇌만 사용하는 상황을 참 재미있게 표현한 듯합니다.

그러나 _창조 작업에는 가슴의 열정과 부드러운 온기가 언제나 예외 없이 필_

요하다는 것을 심장을 흐르는 혈류(**血流**)의 양이 부족한 현대인들이 좀 깨달았으면 합니다. 어질다는 것은 마음과 마음들이 서로 측은지심(惻隱之心)으로 연결되어 순탄하게 서로 스통되는 상태를 말합니다.

어진 나라는 덕스러운 창의적 연속체경제에 의하여

그러므로 필자는 우리가 심정(**心情**)적으로 지향하는 "어진 나라(**仁國**, integrium or integritium)"는 덕스러운 창의적 연속체경제에 의하여 전 세계적인 차원과 배경 위에 세워질 것이라고 말하고자 합니다.

이를 통일의 여정에서 그리고 그 초입(**初入**)에서부터 우리 나라에서 시행하고 이후 전 세계적으로 경제적 연속이 단절되고 발전이 지연된 지연국가들(**遲延國家**, retarded countries)에게까지 세심하게 연결될 수 있도록 하여, 모든 인류가 빠짐없이 활성적인 경제제도의 이익을 누릴 수 있도록 하기를 원하는 것입니다.

기술과 생산과 금융의 효율성과 정확성 위에 세워진 현재의 세계적인 경제연속체, 찬란한 창의성이 어진 인간적 덕성 위에 모든 세계인류를 포괄하는 빛나는 정치경제적인 높은 차원을 열어서, 곧 비폭력적인 삼일만세운동의 간절한 소원이었던 어진 나라를 향한 꿈에서 이루고자 했던 이상사회인 것이지요.

현재의 자본주의는 아직 더 개선할 여지가 남아 있는 것이, 상품(commo

dity)들의 실질가치와 시장가격 사이의 괴리(*乖離*)된 부분이 크기 때문인 것으로 생각됩니다.

시장이 불안정하여 그동안 수백년간 이상기대심리(*異常企待心理*)와 오도(*誤導*)된 가격형성으로 폭리와 독점이 가능했던 시장상황이 자본독점을 도왔던 측면이 있어서 자본형성에 유리했던 점을 인정하지만 *가치와 가격은 서로 근접할수록 사회의 합의가 무리없이 이루어 질 수 있다*고 봅니다.

좀 전에 말한대로, *정확한 역사기록의 합의(合意)공동체로서 인류가 스스로 서가면서 미래기술사회의 고차원적 인간성 속박(人間性 束縛)에서 벗어나는 그 첫번째 통로*를 열어 나간다면, *창의가치를 삶 속에서 채워 나가는 두 번째 통로는 인간에게 첫번째보다 더 막중한 과업이 될 것이며 인류의 본질을 더 심오하게 나타낼 수 있는 방법론*으로 인류역사 위에 자리잡아 나갈 것입니다.

"그런 것이 과연 가능하기나 한 것일까? 이 투기꾼이나 승부사들의 현실세계에서, 경쟁과 경쟁으로 이어지는 일상의 삶 속에서…'라고 의문을 표시할 분들이 있겠지요. 그러나 염려 놓고 믿음을 가집시다.

*인류가 지금까지 존속해 온 것이 단순한 인류의 능력과 경륜에서 나왔다고 믿지 마시기 바랍니다. 이 말이 운이 좋았기에…라고 말하는 것이 아님*을 이해해 주십시오. 우리는 인류역사의 새로운 차원을 믿음 위에 서서 열어 나갈 소명과 추구력이 있습니다.

고통 속에 당하기만 해 왔다는 과거가 이제는 보배로운 것이 되었다는 기쁨을

180 뜻밖의 α미래

이제는 생생히 느껴가면서 이런 역사적 과업을 실행할 수 있다면 매우 복스러운 일이 아니겠습니까?

이제 새로운 차원들의 중심은 약속이어야 합니다. 인간성을 위한 약속입니다. 인류가 멸망하지 않으려면! 100년동안 모든 세계적 약속에서 소외되어 왔고 전혀 장외(場外)의 존재로 도외시되어 왔던 우리는 이를 주장할 권리가 있습니다.

182 뜻밖의 α미래

6 α시대의 직접민주와 가치시장경제

6 α시대의 직접민주정치와 가치시장경제

<<한민족의 인류사적 맹약, 어진 나라의 헌약(憲約, covenant), 만국공법과 통일헌법, α시대는 2025~2075년간의 50년, 직접민주정치의 창발, 가치시장경제의 창출>>

이제 6장으로 들어왔습니다. 새로 생긴 차원들의 중심축이라는 그럴 듯하고 알쏭달쏭한 이야기를 하려고 한다고요? 그리고 그 제목 아래에 붙은 작은 글자 설명중 헌약(憲約)은 무엇이고 헌법이라는 가장 중요한 개념이 도대체 왜 그 뒤에 붙어서 나오느냐는 겁니다.

1980년대경 사이버 세계가 조금씩 보통 사람들에게도 열리기 시작했습니다. 그러면서 <u>국가의 권력에 대하여 세계는 다시 생각하기 시작했습니다. 국가의 소멸까지 생각하게 되었지요.</u> 국가와 시장의 대립각에 대해서도 논란이 생겨 났습니다.

그러니까 약 40년전, 한국의 통일이 가져올 변화와 그 대응책에 대하여 고민하고 있을 즈음이었는데, <u>한국의 통일사건이 지닌 세계사적 소명은 결국 대한민국이 통일 이후의 나라를 어떻게 설계하고 완성시켜 나가느냐에 달려 있음</u>을 깨달았습니다.

<u>한민족의 통일은</u> 세계 모든 보통 나라들의 큰 잔치가 될 것이고 지난 모든 시

대에 인류의 소원이던 평화와 자유와 박애(博愛)가 성취되는 *인류사적 큰 단락(段落)*이 될 것이라는 것이었죠. *역사의 몸체를 만들어 나가는 핵심적인 결절(結節, articulation)*이 되리라고 말해도 되겠네요.

그러나 이 모든 것보다 더 중요하게 생각했던 것은 과학과 미래에 대한 간절한 소원이 항상 내 존재 속에서 우리 민족을 구해내야 한다는 절규와 함께 쉬지 못하게 닥달하고 있었다는 달입니다. 지금의 젊은이들 속에 나 같은 소원을 품은 사람들이 많이 있겠지요.

그리고 한국의 상황은 세계적인 침체상황 속에서 지금 매우 잘 나가는 것 같지만, 솔직히 꼴통 진보들과 느림뱅이 보수들과 폼이나 재고 게으름 피는 지도층들의 하는 짓을 보면 참 한심하기 짝이 없어서 젊은이들에게 직접 비젼을 제시하지 않을 수 없어서 이 책을 쓰는겁니다.

사실상 한국은 저출산(인구문제)/해송로(자원문제)/주변국(안보문제)과 같은 제한조건들이 앞길을 가로막고 있다고들 하지요. 그러나 어떤 문제들도 해결 없는 문제는 없습니다. 그러나 판단하고 결단하는 주체들이 참신해져야 된다는 말입니다.

이 책이 생각하는 것은 *2030 ~ 2040년 정도 예상하는 완전통일의 즈음에 가서는 반드시 급진적(Radical)이고 에너지가 충만한 젊은 세력들이 국가의 중추가 되어야 한다는 것입니다.* 해결해야 할 문제가 너무 많고 방향을 크게 틀지 않으면 정체될 분야와 문제들이 산적해 있다는 말입니다.

그 젊은이들은 아마 40대만 되어도 이 책이 말하는 정도의 노인네들보다

더 깊고 높은 식견을 가지고 빨랑 빨랑 정책을 입안하고 삽질을 하더라도 좀 효과적으로 하고 웬만한 야산 언덕 하나는 하룻밤 사이에 다 밀어버리는 정도의 에너지가 있어야 한다는 말입니다.

*솔직히 앞으로 15년 정도 후에는 40대 초반의 대통령과 국회의원 및 내각 멤버들이 다가닥 다가닥 말타고 나타나야 한다*고 본다 이겁니다. 그러면 지금부터 그런 정치세력의 입장(入場, entrance)이 필요하겠지요? 한두명 꽂아넣었다가 속아져서 폐기되는 그런 해프닝 말고요. 그래서 *1525@2023의 단체전(團體戰)이 중요하다*는 겁니다. 지원세력도 중요하지요.

*이런 변화를 가져오려면 지자체와 국회의원들의 연령한도를 혁명적으로 내려야 합니다. 각기 18세와 24세 정도로 내려야지 현재의 40세 제한조항으로는 나라가 10년 내에 고사(枯死)하기 딱 좋다*는 말입니다. 세계가 얼마나 신속히 변화해 가는데 그냥 손가락 빨면서 뻘짓할겁니까?

어쨌든지 *한국은 고리국가(chain state)입니다.* 고리는 고구리, 구리(句麗) 등 과거 우리 나라 이름과 통하는 바도 있지요. 그러나 *미래의 모든 작고 큰 나라들을 엮어 주는 숙명적인 통합능력이 우리 속에 숨겨진 채 수 천년을 내려온 것을 우리는 깨달아야 합니다.*

그러므로 이제 우리는 인류 전체를 아우르는 *한마당(Common Ground)*에 대하여 이야기해 볼 계제가 되었습니다.

당시에 한국통일이 공동체문제와 깊이 연관되어 있다고 깨달았기 때문에, 공산당이나 사회주의 계열은 빼고, 건전한 인류학적 의미에서의 공동체적 운동들을 많이 만나 보려고 노력하던 때였지요. <u>모든 세계의 역사는 Common ground에서 미래가 창출됩니다.</u>

이게 무슨 말이냐고요? <u>관리(admin), 경영(mgmt), 협치(governance)를 넘어서는 공명울림(resonance)의 공동체적 해법(解法)인 나온다는 거지요. 누구라 앞뒤가 없고 동일한 보조로 호흡이 하나고 리듬이 하나인 '역동적인 안정상태(stabilized condition with dinamicity)'가 나타나는 것입니다.</u>

<u>역사신(歷史神)이 펼친 창의미래(創意未來)의 대평원(大平原)</u>

<u>생존과 번영이 동시에 성취되고 이상과 현실이 양수겹장으로 이루어지는 방법</u>은 없는 것일까요? <u>해답은 창의가치에 대한 통찰(通察, insight)에서 옵니다.</u> 돈의 가치로만 환산하는 왜곡된 창의가치는 진정한 창의가치가 아닙니다. 그러나 <u>인간의 성의(誠意)가 투사된 참된 창의가치는 곧 인간성(humanity)이 가진 진정한 힘</u>입니다.

<u>인류는 원래 창의적 미래를 낳아 놓는 금빛 거위 같은 존재입니다.</u> 자기 몸에서 황금알들을 낳아 잘 부화시키면 새로운 시대가 도래하는 것입니다. 창의미래(創意未來, creative future)를 가져옵니다.

과거의 파괴적 무질서를 창조적 질서로, 새로운 것을 겁나 하는 나약함을 모험적 시도를 두려워하지 않는 대담함으로, 지독한 근시안(近視眼)을 지평선

의 작은 점 하나까지 무엇인지 다 알아차릴 수 있는 원시안(遠視眼)으로, 안 팎이 다 바뀌는 변화를 가져옵니다.

인간에게 주어진 신적 형상(imago Dei)이 얼마나 무한한 가능성을 가지고 있는것인지, 그 놀라운 모양(similitudo)이 얼마나 끝없이 창의적일 수 있는지, *함께 어울려 이룰 수 있는 공동체적 사회가 어떤 '뒤집히고 식겁할' 그러나 "찬란한 창의미래를 성취할 수 있는지"* 꿈을 가져야 할 것입니다.

진정한 창의적 의욕과 정책사업과 법제도는 역동적인 환경을 이루어 가며 민생문제의 해결에 지속적으로 탁월한 결실을 가져옵니다. 그리고 *주어진 상황에서 진정성 있는 창의는 모두의 가슴 속까지 결속되어 강력한 힘이 있고 방향이 집중된 한 덩어리의 벡터(vector)를 만들어 냅니다.*

그런데 하나 잊으면 안 되는 점은 *목적을 향하여 끝없이 긴장하는 공동체에서는 의식이 과도하게 집중되므로 의식잉여현상이 나타난다는 점입니다.* 엄청난 정보의 홍수와 끝없이 몰려오는 문제해결을 요구하는 상황의 연속! 머리 속에 골이 부풀어 오르는 느낌! 이것을 경험한 사람들은 *인간의 의식이 정상보다 확장되고 불필요한 '의식의 잉여'가 일어나고 있는 것이 아닌가* 갸우뚱하게 됩니다.

현생인류의 중앙공원을 미래 신인류의 한마당으로

본서에서는 현대인들의 의식잉여현상에 대하여 여러 곳에서 다루고 있습니다. 그러나 *잉여의식이 반드시 부정적인 결과만 가져오리라고 생각하면 안*

됩니다. 의식잉여 현상은 창의가치를 불러내기 위한 준비단계로 보면 됩니다.

아마도 장기적으로 볼 때 이 해석이 가장 적절할 것입니다. 그러므로 잉여의식은 신인류의 특색이며, 신인류의 의식잉여(新人類 意識剩餘, Cognitive Surplus)현상은 현생인류의 Central Ground를 미래 신인류의 Common Ground 로 바꾸어 나가는 기초작업이라고 보아야 합니다.

잉여의식에는 과거의 역사 속에 비밀스러운 부분이 있습니다. 현세인류 일탈(逸脫)의 근원과 그 치유방법이 그 속에 있으며 상대적으로 불필요한 잉여의식의 원인은 주로 지금까지의 조작과 현혹정책인 3S 등에 있었으나, 통섭적 전화위복(統攝的 轉禍爲福) 으로 미래의 인류역사를 위한 중요한 열쇠로 활용할수도 있음을 깨달아야 하겠지요.

의식의 잉여를 어디에 쏟을 것인가? 이는 블록체인의 파듭(blockchain propagation), 다차원적 메타버스의 구조형성(multi-dimensional metaverse structuring), 가현실(假現實, 가상현실이 아님)적 게임에 대한 몰닉(沒溺) (immersion in gaming of pseudo-reality, not only virtuality)…

그리고 창의가치 생성의 심리적/생리적 흐름에 빠져버리는 것(sinking into the psychological/physiological flow of producing creativity value), 실제 가치의 부단한 흐름 발생(incessant streaming of factual value), 가치자본주의의 확립(establishment of value capitalism), 등과 같이 미래 문명이 발생할 잠재력이 숨겨져 있는 심도(depth)와 밀도(density)의 차

*원에 대거 쏟아 부어넣어야 될 것*입니다.

의식은 가치를 발생시키는가?

의식은 밝히는 것입니다. 말하자면 어둠에 상반되는 빛과 같은 것입니다. *의식이 우리의 느끼는 것이라는 제한적인 생각은 우리의 한정된 마음에서 생긴 것이고 의식은 우주적이고 만유 속에 충만*한 것입니다.

*의식은 비추이는 빛이기 때문에 인류의 삶의 여러 차원에 존재하는 무한한 수효의 말려 들어간 차원들을 비춰게 되면 그 숨은 차원들이 펼쳐나오면서 삶의 상황을 변화*시키는 것입니다. 이것이 바로 인생들의 프랙탈이라고 이름할 수 있습니다.

*인간의 삶에서 내용물이 되는 가치는 존가(**存價**) 또는 본가(**本價**)로부터 시발(**始發**)하여 여러 단계의 변환을 거쳐 순환하여 시장가치에 이르게 되고, 인간들이 실생활에서 만나는 현실적 사건들을 규정하는 정량적 가치로 전환되는 과정을 밟습니다.*

본서의 앞쪽에서 *가치를 우리말로 되무른만큼이라는 뜻을 줄여 무름큼이라고 이름* 지었습니다. 왜 무른만큼인가 하면 *무한한 차원에서 유한한 차원으로 발출하여(processed) 나오기 위해서는 그만큼의 가치를 인정받아야 하기 때문*입니다.

만일 이 *현상우주가 전체적으로 인식이 가능한 어떤 형태를 취하고 있다면*

*이는 곧 무한하지도 않고 유한하지도 않고 인정받은 만큼 즉 되무른만큼 이 세계가 형성되었다는 뜻*인 것입니다. 즉 그 가치(worth or worthdom)만큼 인정받았다는 말이 되겠지요.

이것이 아마도 Planck 조건에서 쌍소멸 후에 10억분의 1 정도의 물질이 남아 현상적 물질세계를 구성하게 되었다는 물리학자들의 언급과 통하는 이야기일지 모릅니다. 예컨대 Planck 조건의 각 질점에 물질이 산출되는 경우 숨은 차원들이 나타나는 fractal 현상이 생기지 않겠습니까?

프랙탈(fractal)은 무한한 수효의 말려들어간 차원들의 발현이라고 생각합니다. 프랙탈은 앤트로피의 근본원인일 수 있습니다. 엔트로피는 비가역적입니다. 역(逆)프랙탈(reverse-fractal)도 현상세계 속에서 가능하지 않습니다. 그러나 아공간에서 어떨지 우리는 알지 못합니다.

생명현상은 반(反)엔트로피(negentropy) 현상

우리는 *이 세상의 생명현상이 반(反)엔트로피(negentropy) 현상이며 엔트로피를 거스르는 방향인 것을 압니다.* 엔트로피는 우주의 존재론 자체와 얽혀 있는 개념입니다. 그리고 역(逆)엔트로피(reverse-entropy)는 우리가 사는 차원세계에서는 불가능한 것을 알고 있지요. 그러나 아공간에서는 어떨지 우리는 역시 알지 못하고 있습니다.

인간은 앞으로 1000년간 여전히 의식이 무엇인지 이해하기 위해 씨름하고 있을 것입니다. 그러나 현재 논란이 되고 있는 무한의 유무를 떠나서 무한이

라는 주제를 마음 속에 다루고 소화하지 않으면 아무리 고차원적인 연구도 의식의 문제를 해결할 수 없을 것입니다.

가치문제는 오직 인류가 자기가치를 부인하고 포기함으로서만 전 우주적인 가치순환에 대해 전폭적이고 진지한 참여를 할 수 있을 것입니다. 그러나 자기포기에 대하여 받아들일 수 있는 사람들은 많지 않을 것입니다. <u>우주를 통찰하는 참된 의식은 실상 자기포기로 모든 것을 구획화(區劃化)하는 의식을 버리는데서 나오는겁니다.</u>

의식 자체는 사실 자기가 스스로 의식하는 것 같지만 유한한 자기로서는 상황을 규정할 수 없으므로 <u>누구든지 만일 나는 의식한다라고 말하면 나는 무한한 본원(本源)과 교통하여 이 상황을 의식하는 것이다라고 말하는 것에 다르지 않습니다.</u>

그럼에도 불구하고 <u>우리는 왜 상황을 찌그려트려 보는 어리석음을 범하는 것일까요? 이는 자기를 버리지 못하고 자기 중심으로 해석하려 하기 때문입니다.</u> 실체론과 본체론을 버리면 껍데기만 가진 지성이 되는 것입니다. 알 수 없는 실체의 세계를 무서워서 피하면 garbage만 가지게 되는 것이지요. 이 6장은 오랫동안 생각해 온 '가치의 일반이론'(general theory of value)의 일부를 줄여서 싣기로 했습니다. 이 부분이 설명이 되어야 책이 줄거리가 서겠더라고요.

그래서 먼저 삼본가치 이론(三本價值理論, triradix theory of value)에 대하여 설명하고, 가치의 정치적 함의를 중심으로 만국공법의 뼈대를 이루는 방향으로 논리를 전개해 보겠습니다.

앞으로 인류가 반드시 가야 할 길입니다.

삼본가치이론(Tri-Radixism in Value Theory)

세계인들의 공통된 가치론은 19세기 이래 편향성을 띠고 노동가치설로 굳어졌습니다. *200년 전만 해도 아프리카와 아메리카를 포함한 세계의 거의 전부가 한국에서처럼 하늘, 사람, 땅의 삼재(三才)를 가치의 기본으로 삼았지요.*

그런데 산업혁명과 이후 산업노동자들에 주로 영향을 받았지만 사람의 노동력만이 경제학에서도 가치로 인정받게 되었습니다. *삼본의 가치론(三本價值論, Tri-Radixism in Value Theory)은 하늘/사람/땅의 세 뿌리(三本)에서 나오는 세 가지 가치를 균형있는 생각으로 바라본 것입니다.*

*삼본의 가치는 하늘로부터 창의가치, 인간공동체로부터 공동체가치, 땅으로부터 토지가치가 나온다고 생각합니다. 그런데 이 세가지 가치는 실상은 본체론적 가치 또는 존재론적 가치 - 즉 본가(**本價**) 또는 존가(**存價**) - 에서 나오는 것이지요.*

아직도 현대과학이 빅뱅에 대하여 물리학적 이해가 완전하지는 않지만 빅뱅 이전과 이후의 상황을 나누어서 *빅뱅 이후를 현상세계가 개시된 것으로* 보고 이야기를 이끌어 나갑시다. 그러면 *빅뱅의 찰라에 가치현상의 근본인 본가가 생겨났다고 말할 수 있겠네요.*

처음에는 *인간의 의식이 본가(**本價**, worth)에서 창의가치를 꺼내오고, 창의가치가 공동체로 스며들어서 인간들의 인정을 받게 되면 창의가치는 그 공동체의 특성의 하나로 변하여 공동체가치로 편입하게 되는 것이고, 공동체가치가 어떤 지역 또는 어떤 지점에 축적되면 공동체가치가 가장 비근한 예로 토지가격이나 지대(**地代**)로 전환되어 토지가치의 영역에 편입*되는 것입니다.

이러한 설명과 그 실증적 사례들은 곧 가치가 여러 번의 전환을 통하여 가치순환을 한다는 논리를 방증하는 것으로, 말하자면 *인간세계는 가치로 인하여 동기(**動機**)를 얻고 학문적으로 가치동력학을 성립*시킨다는 것입니다.

가치동력학(Value Dynamics)은 가치인과율의 역동적 기술

*가치동력학(**價值動力學**)은 가치인과율(**價值因果律**)의 역동적 기술(**記述**)*입니다. 자연과학, 사회과학, 인문학은 모두 인과율을 중심으로 *형성*되었습니다. 생각해 봅시다. 인문학이 인문과학이 되지 못한 것은 좀 무언가 탐탁치 못한 일입니다.

그런데 인문학이 과학의 대열에 합류하지 못한 것은 가치론이 정립되지 못한데 있지만, 특히 그 가치문제를 정량적인 기반에서 다루지 못하고 최근까지도 단지 윤리적이고 정성적인 측면에서 산만하게 다루어 왔기 때문입니다.

그 이유는 *인문학에는 심리적인 요소가 깊이 개입되므로* 개인심리학 또는 사회심리학적인 기초적 자료축적이나 다루는 학구적 방법론이 근래에 마케팅 분야에서 조금 나타나기 시작했지만 *아직 일반이론이 배태되지 못하고 있기 때문*이지요.

방대한 과학적 근거자료들을 취집하기 위해서는 뇌과학이나 신경생리학을 뒷받침하는 fMRI 와 같은 새로운 최신도구들이 사용되어야 했기 때문입니다. 이 문제는 뇌신경의 문제만 말고 인간 사이에 상호작용에 대한 심원한 이론작업이 동시에 요구되고 있는 실정이지요.

*참된 가치론(**價値論**, value theory)은 그 개인적이고 사회적인 심리적 메커니즘이 극히 복잡한 창의가치에서 시작하여야 합니다. 유동(**流動**)적인 사회심리적 환경 속에 나타나는 새로운 가치창출의 능력을 가진 창의가치는, 현대로 오면서 인류가 소홀히 해 온 토지가치의 존재론(**存在論**)적인 중요성과 함께, 노동가치가 어떻게 공동체적인 사회적 합의를 위한 근거가 되는가 하는 점과 함께 삼본적 가치론의 세 뿌리를 이루는 것입니다.*

새로운 가치창출의 능력을 가진 창의가치

인류의 농업은 오랜 관찰 끝에 씨앗을 손가락으로 강변의 뻘 흙에 지그시 눌러 심는 수렵채취시대의 말기에 나트-난 단순한 행위에서 시작된 것이며, 호미와 가래와 쟁기와 관개(灌漑)와 삼포제(三圃制)와 마구(馬具)으 발달, 기타 등등 수천년의 발전이 있었습니다.

이후 _오랫동안 현대농업기술로 이어지는 농업혁명을 뒷받침한 창의가 실로 인류의 경제능력 증대에 가장 핵심 가치였던 것입니다._ 농업만 그런 것이 아니었습니다. 창의를 벗어난 산업이 어디 있겠습니까?

모든 사회적 가치 내지는 시장가치는 창의가치가 공동체와 지역적 경제가치로 흡수되어 변환된 것입니다. (사회적 가치는 시계열상(時系列上) 한 순간의 정지된 시간을 선정하여 정태적인 가치현상을 단면적(斷面的)으로 파악한 것이며, 시장가치는 가치의 흐름 또는 순환을 미리 정한 시계열에 따라 동태적으로 파악한 것입니다.)

창의가치의 창출이 시장에너지를 공급

그리고 _시장가치는 화폐체제를 통하여 시장가격으로 전환된 것_입니다. _인류가 생산한 모든 가치 축적_을 그래프 상에 그려 봅시다. 그것은 단지 산술급수로 증가하는 물리적 마력(馬力) 수에 불과한 _머리 아래의 육체노동이 아니라_, 경제가치를 폭증시켜서 기하급수적인 증가현상으로 나타나는 _머리 위의 정신노동인 창의행위인 것_이지요.

삼본의 가치론에서는 토지, 노동, 자본의 세 가지 가치에 대한 보상체계인 지대(rent), 임금(wage), 이윤(profit)이 화폐적 가치보상과 맞물려 있는 점을 간과하지 않습니다. 우리들의 일상생활에서 일어나는 미시(微示)적인 경제현상을 학구적으로 추적하면 _자본은 창의적 노동가치의 오랜 축적에서 오는 것입니다._

우리 *경제의 표층(表層)에 나타나는 현상을 저 밑의 숨어 있는 층으로부터 발현과 같이 가장 심층부의 잠재능력과 결부된 사실들을 이론화*하자면, 현대의 정치경제학에 더 적절한 통찰력과 더 깊은 통섭(統攝, consilience)을 통한 설명 능력이 요구된다는 것간 깨닫게 될 뿐입니다.

땅값의 사회심리/정치경제적 스펙트럼

미래세계의 경영에 대하여 그 근본을 파악하고 싶다면 누구나 토지와 주택문제에 대하여 조금은 더 깊이 들어가 보아야 할 것입니다. 그것은 *땅값의 사회심리와 정치경제의 일반적 스펙트럼(general spectrum of political economy)의 관련성을 이해하는데 달려 있다*고 생각합니다.

개인적인 생각이지만 *한반도의 통일과 이에 부수되는 경제스펙트럼의 조정능력(**調整能力**)은 통일한국의 새로운 젊은 지도층들에게는 불가결한 것*이 될 것입니다.

그래서 *남북(**南北**) 양극(**兩極**)의 경제체제의 합성(**合成**)*으로 최선의 경제 상태를 성취하기 위하여, 제 1 차 3 개년 연속체경제정책 적용계획(**連經 政策 適用計劃**)과 제 2 차 5 개년 연속체경제정책 적용계획으로 약 8 년간에 걸쳐 전 국가적인 가치순환 상황을 전반적으로 정밀조절(over haul)하기 위한 연속체경제 정책을 펴나가야 할 것을 권고합니다.

가치순환, 정밀조절(overhaul), 연속체경제정책

어찌 되었든지 *자유방임(**自由放任**, lasseiz-faire)을 원칙으로 삼는 시장경제에서 기본적으로 창의적 가치의 창출이 시장에너지를 공급*합니다. 그런데 이 창의가치가 상상력과 이상기대심리에 동반하기 때문에 활황(活況)버블의 생성과 버블준위(準位)의 유지관리가 효과적으로 이루어져야 한다는 것입니다. 즉 *경제위상(**位相**) 포텐셜의 조정관리와 보수유지의 방법론이 반드시 필요하다는 것입니다.*

20세기 후반부터 신자유주의와 같은 자본주의의 형태가 몇번 세계경제에 파행을 가져오면서 자본주의가 가치자본주의로 가야 하지 않겠는가 하는 논의도 나오고 있습니다. *가치자본주의는 자본주의의 최종적 정화(**精華**)로 생각됩니다.*

아마도 *우주시대에 들어 가고 상거(**相距**)가 엄청나게 멀기 짝이 없는 태양계내에서의 흩어진 이산(**離散**)사회들을 동질적인 한 덩어리로 묶어 유지할 필요성*이 있습니다. 이런 경우에는 거의 *반드시 가치자본주의를 확립시켜 경제적 활황도 유지하는 한편 서로 달라지기 쉬운 사회들 사이의 사회적 준거(**準據**)를 일치시키는 작업을 계속해야* 할 것입니다.

이 *자본주의의 문제점들은 두가지 사실에 기인(**起因**)한 것입니다. 가치가 무엇이고 정량적으로 다룰 수 있는가에 대한 정직한 규정을 아직 내리지 못했고, 그리고 가치의 동태적인 순환현상에 대하여 인류는 아직 본질적으로 이해하지 못하고 있다*는 뜻이지요.

이제 우리는 가치순환이론이 필요한 지점에 도달했습니다. 자연은 변전(變轉)하고 순환(循環)하는 것입니다. *인류의 경제는 자연의 거대한 순환의 한 부분입니다. 사람이 자기 필요에 따라 떼어낸 것이지요.* 그러므로 인간세계의 가치순환은 자체적인 해석 틀도 필요합니다.

가치순환이론은 우주적 이산(離散)사회의 확산경영에 필수적

인류의 경제현상이란 자연이 스스로 순환하면서 신진대사(新陳代謝)하는 *자연경제현상만의 거대한 물질수지(物質收支, material balance)과정에, 인류가 자신의 욕구를 (창의력을 사용하여) 투사함으로서, 자연현상과는 별도인 축소한 물질수지과정을 고르고 꺼내서(出) 새로운 인간중심의 경제 사이클로 형성*해 낸 것입니다.

인간적인 경제가치를, 자연경제적인 물질수지의 체계에서 떠나, '인식경제(認識經濟)적인 물질수지체계'를 발출(發出)하는 방식으로 창출하여 내는 인간사회의 심층인지심리(深層認知心理)적 차원에서 시작된 것이지요. 이 발출방식의 창출은 이제는 현대의 우주론에서도 잠재적으로 많은 사유체계 속에 포함되어 나타나고 있다고 감지(感知)됩니다. 단지 충분히 체계화되지 않았을 뿐입니다.

발출적 우주론은 현대식으로 간추려 표현하면 "안(亞空間)에서 밖(現像的 物理空間)으로", "극미(極微)의 시원(始原)에서 극대(極大)의 팽창(膨脹)

으로", "무한한 압축(壓縮)에서 무한한 자유도(自由度)로" 등과 같이 표현할 수 있습니다.

극미의 시원(the infinitesimal primordiality)이라는 어정쩡한 표현은, 고차원적인 아공간과 접속되어 있는 최초의 플랑크 시공(時空)조건의 물질 발출을 표현할 방법이 현재 인류의 언어적/분석적/단자적 인식체계에서는 불가능하기 때문입니다.

그러나 무한한 우주 규모의 대팽창에는 역설적으로 보이는 "라니아케아" 현상에서 성간(星間)필라멘트들이 형성되는 것 같이, 무질서 현상을 가능케 하는 모든 자유도를 거슬러 몸체를 이룰 수 있도록, 본원적 시원으로까지 연결된 가역적 연속통로(可逆的 連續通路, path)가 모든 우주의 질점에 존재하고 있습니다. 이 통로들의 연속이 물질세계를 형성합니다.

그것은 발출이라는 현상은 무한차원에서 시작된 차원격감의 과정과 숨겨진 차원들의 말려들어간 현상이 있음을 현대우주론과 연관되어 암시하고 있기 때문입니다. 최종 안정적으로 형성된 사차원 시공간(四次元 時空間) - 현재까지는 이렇게 말할 수밖에 없다 - 이 인간에게 인식된 의식현상 안에 미세분절(微細分節)적 형태의 잔류기억(殘留記憶)으로 남아 있기 때문이며, 이것은 이 책이 생각하는 우주론의 핵심이지요.

가치순환 관점에서 정착되는 가치자본주의

200 뜻밖의 α미래

원래 *우주적 물질세계는 동태적으로 변전하고 순환*할 수밖에 없습니다. *고체도 일시적인 현상이며 결국 순환의 과정중 일시 정착해 있는 것뿐*입니다. 그리고 *가치(worth)는 유한한 인격적 존재인 인간과 현상세계가 만나는 곳에 나타납니다.*

그 *가치는 측정이 어렵지만 적어도 간접적으로라도 정량적으로 파악될 수 있으며 인간의 느낌 속에는 어떤 형태로든지 흔적을 남기게 됩니다.* 이 *가치의 복잡한 현상을 현실 속에 잡아내는 것이 시장가격이며 시장의 가치는 실은 복합적인 성격을 지닌 토지가치체계에 어떤 방식으로든지 포함되어 나타나게 됩니다.*

과거의 왜곡된 자본주의를 극복하는 *가치자본주의의 성취는 인류에게 우주로 진출할 수 있도록 하는 체제정직성의 초석이 되고 인류미래의 통합성을 보장*하는 열쇠가 될 것입니다.

*가치자본주의의 초석은 일반적으로 법적인 제반 정비*라고 보아야 합니다. 즉 *가치이론이 가치순환원리를 통해 시장경제전반에 해석적 권위(**解釋的 權威**)를 가지게 되면 자본주의의 일탈을 효과적으로 방지할 수 있으며 인류의 지속적 번영을 약속할 것입니다.*

*가치순환이론이 공법의 초석(**公法的 礎石**)이 됩니다.*

가치이론에서 인간의 권리장전이 나오고 공법의 초석이 놓여야 합니다. 일반적으로 법체계에서는 공법과 사법을 나누고 복잡한 체계를 가집니다. 그

러나 복잡한 변화를 단순화시키고 현실적인 권모술수들을 대쪽같이 가를 수 있는 법적 판단과 집행이 요구되는 시대로 들어 가고 있습니다.

*천하는 공(公) 밖에 없습니다. 사(私)는 미숙한 것이니까 탓할 것 없습니다. 우리는 모두 미숙한 존재들이니까… 그러나 공은 정직성 위에 근거합니다. 가치의 순환을 파악하는 것은 동기파악(**動機把握**)만 말고 사회전반의 현재 위상을 통합적으로 볼 수 있는 효과가 있다*고 봅니다.

*가치가 왜 중요한가 하면 인생의 모든 권리의 반영상이기 때문입니다. 역사는 근본적으로 권리와 권력의 파노라마*가 어지럽게 지나가는 것이며, 그 본질을 붙들기에는 우리들의 이해와 장악력(掌握力)이 극히 부족하기 짝이 없습니다. 당연히 한숨이 나오는 것이지요.

천일야화의 한 이야기에 눈을 감고, 눈을 뜨고… 잡으세요! 그러니까 아름다운 선녀가 나타나는데 물, 물, 그러는데 물이 없으니까 안개처럼 사라져 버립니다. 드디어 세번째 선녀는 물 있는 곳에서 나타나서 겨우 붙들어 둘 수 있었습니다. 우리가 제주 삼다수 같은 청정한 물과 같은, *진정한 가치에 대한 이해력이 없이는 합리적이고 생명적인 틀 안에서 법적 체계를 장악할 수 없는 것입니다.*

인생의 권리와 정치경제적 권력의 파노라마

*인생의 권력은 자기에게 집중시키는 방식으로 장악하기는 쉽습니다. 그러나 모두에게 공변(**公辨**) - 모두가 끄덕 끄덕 긍정하는 상황 - 된 조건으로*

202 뜻밖의 α미래

<u>권력을 장악하는 것은 공준(**公準**)에 의거하는 것 말고는 방법이 존재하지 않습니다.</u>

공준이야 말로, 그리고 그 **<u>공준이 법이든지 약속이든지 모두가 인정하는 합리성과 단순성 위에 서 있을 때, 권리와 권력은</u>** 준수하게 달리는 마차의 두 바퀴와 같이 <u>안정적이고 효율적</u>으로 구를 수 있는 것입니다.

<u>본원-체계-맥락의 세가지 권리</u>

<u>인간은 본원적(premordial)권리와 체계(systematic)권리와 맥락(nexal) 권리를 날 때부터 가지고 있습니다.</u> 인간현상의 한마당(common ground)에는 이 <u>권리들이 집합하고 이산하는 과정에서 합리적으로 조합하고 상쇄하고 삭제하는 등의 경영적 묘를 살리는 정치경제 현상</u>이 자리잡고 있는 것입니다.

우리는 이제 체계와 맥락의 사회적 권리와 그 위에 엄존하는 인간의 본원적 권리에 대하여 말해 보고자 합니다. 우선 본원적 권리입니다.

<u>본원적 권리(**本源的 權利**, Premordial Human Right)</u>

<u>본원적 권리는 인간 또는 인격에 대한 역동적 존재론에서 나오는데, 이는 인간에게 역동성을 부여하는 인격적 양면성에서 비롯되며, 인간이 가지는 모든 권리의 근원이 됩니다.</u> 이 본원적 권리는 "시원창조권과 생명평화권"으로 구성됩니다.

*시원창조권(**始元創造權**, the right of primordial creativity)은 누구든지 어떤 상황으로부터든지 시원(**始元**, the primordial state)으로 돌아가 본질의 인식과 생존 에너지의 원천을 회복할 수 있는 인간본연의 권리*입니다. (인간에게 주어진 imago Dei 는 바로 이 시원창조권을 말하는 것입니다.)

*시원창조권은 분할된 권익을 추구하지 않고 전국면적(**全局面的**)인 안목을 회복하여 전체를 통합하여 소생(**蘇生**)시키는 생명력을 추구할 수 있도록 뒷받침하는 통합능 권리(**統合能 權利**)를 말합니다.* (이는 국가에 있어서 국민들을 하나로 묶어 세우는 헌법제정의 민주적 근거가 됩니다.)

*시원창조권은 개인의 주관적 인식에 근원이 있으며 자기라는 주체의 자각에서 나오는 생존에너지(survival energy)를 창출*해내지요. 개체주관적인 *시원창조권은 동시에 공동체적 통합인식(**共同體的 統合認識**)에도 원천이 되며 모든 인간사회현상의 초석으로 인정하여야 할 것입니다.*

*생명평화권(**生命平和權**, the right of vitalis pax)은 시원창조권과 쌍벽을 이루는 본원적 권리로서, 생명력을 추구하는 통합능을 가지고 공동체의 세미한 부분까지도 분열을 벗어나서 평화적 분업관계를 정착시키도록 생명과 평화의 합치관계(**合致關係**)에서 정당성을 부여받는 개인 및 사회적 권리*를 말합니다.

*이 두번째 본원적 권리에서 체계권리와 맥락권리가 발생*할 수 있습니다. 왜냐하면 *생명과 평화의 합치관계(accordance and conformity)는 인간이 지향하는 체계성(systemicity)과 맥락성(nexusity)이 같이 긴밀(緊密)하게 공존하며 상호 소통하는 데서 이루어지기 때문*입니다.

체계성의 Systemicity 와 맥락성의 Nexusity 는 우리가 필요에 따라 만든 영어식 조어(造語)입니다. *모든 정적이고 동적인 존재는 체계성과 맥락성의 조합(combination)으로 되어 있습니다. 그래서 상호보완적인 구심적(球心的, centripetal)이고 원심적(遠心的, centrifugal)인 기능과 역량과 구조를 구성합니다.*

인간성도 예외가 아니며 오히려 *인격적/격체적 인간성은 이 체계성과 맥락성이 생겨나는 근원적 역할*을 한다고 생각됩니다. 그러므로 *인간사회의 정치적 권리는 구심적인 체계권리과 원심적인 맥락권리의 상호공생의 관계로 규정*되어야 모든 정치적 사안(事案)을 세밀하게 끌어안을 수 있겠지요.

<u>체계 권리(體系權利, Systematic Human Right)</u>

체계권리(體系權利, Systematic Human Right)는 인간이 모든 경험을 체계화(體系化)하는 의식(意識)과 지성적 능력에서 비롯됩니다. 원래 아무 것도 없는 인류의 마음에 경계를 만들고 정서와 에너지를 결집시키고 시스템을 만들어 나가는 체계창조능력(體系創造能力)이 구심력으로 작용하여 인류의 역사적 발전과 그 지향성과 필요에 따라 국가가 형성된 것이며, *국가는 인류공동체의 체계화 스펙트럼(communal spectrum of* human systemization)에 부속된 가장 중요한 한 유형(pattern)인 것입니다.

원래 <u>인류의 마음은 서로 닮았으므로 단순한 만남과 교류로 삶을 영위할 수 있게 되어 있고 맥락성이 그 기본유형</u>이 됩니다. 그러나 <u>생존과 경쟁을 위하여 집단의 힘을 결집하는 과정에서 평이한 공동체적 경험체계에 긴장을 유발시키면서 집중을 저해하는 요소들을 제거하거나 생략하는 일종의 접기 또는 말기 현상(folding or rolling up)을 뇌신경계에 정착</u>시킨 것이지요. 특히 국민국가 형성과 산업화와 교육과정과 과학기술의 연구개발의 과정은 체계화 능력을 크게 강화시킨 것으로 봅니다.

우리가 여기서 국가라고 다루는 유형은 웨스트팔리안 조약 이후의 국민국가 유형에서 연방국가 유형과 또 더 세련된 국가의 유형까지도 포함시켜 다양한 모델들을 생각하는 것이지만, 아마도 <u>국가가 행성 단위 전체에서 구성원으로서, 부분과 전체의 중간적 역할을 할 수 있다는 정도의 이해가 공유될 수 있으면 합니다.</u>

<u>우리에게 진정 중요한 것은 민주공화정의 꿈이며, 국민들의 의사결정과 권한 위임에 따라 중앙정부와 지자체와 공동체들이 운영되어야 한다</u>는 것입니다. 그러나 국정운영이 구심력을 잃고 파행하지 않도록 국가를 조직하고 통합시키는 국민의 체계권리가 잘 규정되어야 합니다.
그러므로 <u>국가를 위한 구심력을 제공하는 체계권리</u>가 없으면 국가는 아예 존재할 수가 없는 것이며 다음과 같은 것들이 있다고 생각합니다.

생존권(生存權)(the right of survival, 생명평화권에서 비롯, 사회를 통합하는 생명윤리, 種윤리, 공동체윤리, 분업윤리)

인식권(認識權) (the right of cognitivity, 인식은 체계와 맥락의 공동출발점, 의식의 자유, 사상의 자유)

조직권(組織權) (the right of organizing, 입법에 의한 국가 공권력과 정부조직의 자유, 국민 측의 결사의 자유 등)

균형권(均衡權)(the right of equilibrium, 최소 적정 potential 균등배정권, 예컨대 인두세가 가능하며, 역(逆)인두세도 필요에 따라 가능.)

후계권(後繼權)(the right of succession, 공적권리 계승과 사적소유권 맥락에서 후계선정권, 이는 개별적 창의와 노력의 결실에 대한 권리보전)

공간사용권(空間使用權)(the right of spacial presence, 생존과 행복추구의 맥락에서 토지점유사용권, 더 나아가서 모든 인격에 대하여 위상/ 실상/ 가상적 공간점유권)

가치창출권 (the right of value creation, 가치창출에 있어 주관적 욕구의 개입)

가치축적권 (the right of value accumulation, 창출된 가치를 축적해 나갈 수 있는 권리)

가치방호권 (the right of value protection, 가치의 인정도 방호도 주관성의 개입)

경합투쟁권 (the right of competition, 가치창출과 방호가 모두 현실 속에 경합과 투쟁으로 결부됨)

정전권(正戰權) (the right of just war, 바른 전쟁행위를 할 수 있는 권리)

맥락 권리(脈絡權利, Nexal Human Right)

맥락 권리(脈絡權利, Nexal Human Rights)는 인간이 사회적 맥락을 이어 나가는 의식적이고 무의식적인 접속적 특성을 개인이 활용하도록 허용하는 데서 나옵니다. 네트워킹은 바로 맥락권리에서 나오는 인간정신의 특유의 능력입니다.

인간자유권(the right of human freedom); 인간은 끊임없이 미지세계(未知世界)에 대한 접속욕구(接續慾求)가 내연(內燃)하면서 미래를 꿈꾸어야 건강한 것이며, 그러므로 인간의 자유(freedom)는 맥락권리와 동등한 것이지요. 그러므로 우리는 인간자유권(the right of human freedom)이 모든 맥락권리의 수위를 차지하는 것으로 해석해야 합니다.

삶에서 집중력을 중시하는 인간의 본질이나 국가의 본질로 보아 체계권리가 현실세계에서 앞선 것 같이 느껴지지만, *우주적인 규모로 볼 때는 맥락권리가*

체계권리보다 근원적으로 앞선 본질적 권리라고 보입니다. 많은 논의가 필요한 부분이지요. 그래서 국소적인 개인의 자유가 천부(**天賦**)적인 것이고 타자(**他者**)가 침범할 수 없는 기본권의 뿌리라는 것입니다.

*행복추구권(**幸福追求權**) (the right of pursuing happiness*, 생명평화권에서 비롯됨, 행복정서과 효용가치의 합치조건 안에서 정당화)

*기회균등권(**機會均等權**) (the right of even opportumity*, 주로 피사회교육권(被社會敎育權)이며 위상공간점유권에서 비롯됨)

*창의권(**創意權**) 또는 자기표현권(**自己表現權**) (the right of creativity, or the right of self-expression*, 문화권, 언론자유권, 자기위상공간 창발권)

*연속유통권(**連續流通權**) (the right of mobile connectuum*, 연속체개념과 관련하여 위상공간사용권(位相空間使用權)에서 비롯, 소외탈피권(疏外脫皮權), 생존권과 행복추구권에서 비롯된 유통 potential 조성 권리와 책임)

가치상통권 (the right of value intercommunicability, 가치에 대한 교환가치 판단을 허용하는 권리)

가치분할권(the right of value division, 가치의 나누어 가짐이 가능한 심리적 기제, 가치분점(分店)의 온천)

가치사용권(the right of value utilization), 교역자유권으로 사유재산권의 가치사용 및 공유권리)

*아직 일천한 이러한 인류의 인격권리(the right of human personality)에 대한 연구는 앞으로도 계속되어야겠지만, 일단 현재 수준의 만민공법과 또 거기에서 나오는 한국통일헌법을 위한 기반으로는 이 정도의 선에서 정리*하고자 하며, 맥락권리와 체계권리의 개념을 통합하여 이해하는 것은 아래에 기술하는 내용 속에 그 단초가 있음을 이해하고 보완하기를 바랍니다.

이와 같이 새로운 발상으로 *만민공법의 근거에서 우리 나라의 새로운 헌법적 지평을 발견*하고자 한다면, *기본권 문제에서 긴급권(the emergency rights)의 적용범위도 규정할 수 있어야* 하며, *비상한 국가상황에 따라서는 국가의 기본질서로서의 헌법을 특정 범위를 한계로 하여 적절하게 적용할 수 있도록* 하는 지혜가 필요할 수도 있음을 인정하여야 하겠지요. 이는 길게 보면 로마인들이 생존한 가장 중요한 지혜였습니다.

지난 두 세기에 걸쳐 규범진공(規範眞空)으로까지 가 버린 국민국가들의 규범약화(規範弱化)의 역사적 추세가 국가이성(國家理性)등 그간 실험해 온 관념적 상징에서 구체적으로 피해 갈 수 있는 방법을 찾아야 합니다.

과거 역사상 천 년을 내려온 왕권신수설(王權神授說)에 대한 기피(忌避)에서 시작되어, 절대주의(絶對主義)의 그림자를 벗어 버리고자 하는 *이 시대의 자유정신이 좀 더 성숙하여 실천적 실용주의를 능히 소화할 수 있어야 참된 시민적 자유와 독립된 국가로서의 자유를 누릴 수 있을 것*입니다.

210 뜻밖의 α미래

지난 세기에 일어났던 *양차 세계대전은 사실은 인류가 자신 속에 도사린 관념적 절대주의에 대한 자기내면적 전쟁을 벌였던 것이며, 모두가 어울려 사는 공동체적 상대주의 또는 상호주의에서 민주 또는 직접민주주의 (direct democracy)의 꿈이 성숙해 나갈 수 있는 토양이 마련되어 있다*고 봅니다.

그러나 *절대주의의 마성(**魔性**)에 사로잡힌 테러리즘이 번지는 것을 보면서 세계는 다시 잔류해 있는 유사종교적 절대주의의 망령(**妄靈**)에 다시 몇 십 년을 더 시달려야 하는가 하고 걱정*되는 부분도 없지 않습니다.

매스 미디어의 도움으로 대폭적으로 개선되기는 하였으나 아직도 *인류는 여러 층으로 뚜렷이 구별되는 "자유(**自由**)에 대한 층서적 정서괴리(**層序的 情緒乖離**, stratified emotional dissociation)가 세계의 정치현장에 존재"하고 있다*고 보며, 이러한 "결실이 없는 아랍의 봄" 같은 현상을 어떻게 극복할 수 있을까 하는 생각을 하게 합니다.

이러한 *자유와 민주와 공화에 대하여 현대세계가 지닌 정서적 괴리(**情緒的 乖離**)의 파괴성(**破壞性**)을 인류는 상대적 실천능력의 보완을 통하여 해결하여야 할 것입니다. 실천적 차원에서 맥락권리와 체계권리를 이해한다는 것은 교육의 몫이 아닌가 보고, 시민운동의 차원에서 권리의 교차와 교합을 긍정적인 방향으로 연습할 수 있어야 한다*고 봅니다.

체계권리와 맥락권리의 교차(交差, crossing)와 교합(交合)은 상황에 따라 충돌이 일어날 수도 있고, 한편 *상황해석에 따라서는 특히 가치의 교류와 상관된 분야에서는 상조(**相助**)하는 관계를 만들 수도 있는 것입니다.*

*예컨대 가치창출(체계권리)과 가치축적(맥락권리)의 교합, 가치상통(맥락권리)과 가치방호권리(체계권리)의 교합등의 이차적(**二次的**) 상호작용은 새로운 상황의 진전을 가져올 수 있는 것*이지요.

다음 <표 6-1>에서는 두 상충되는 듯한 권리가 어떤 연관성이 있을 수 있는가를 보여 줍니다.

<표 6-1> 맥락권리와 체계권리의 연관성 예시

맥락권리는 (접촉 – 분업 – 연대) – 평화 – 자유
                       | | |
체계권리는 (자아 – 조직 – 양도) – 화합 – 자아

지금 다룬 *"건국통일의 국가경륜학"이라고 불릴 수 있는 이러한 일련의 생각들은 필자의 견해가 반드시 옳다는 것이라기보다, 지난 반세기동안 시대가 변해 온 궤적을 따라오다 보면 우리나라가 앞으로 새로운 개헌을 위하여 포괄적으로 고려하여야 하는 여러 가지 항목들에 대하여 독자들이 생각하도록 인도해 주리라고 믿습니다.*

현재의 한국이야 말로 인터넷 등의 영향으로 가장 큰 폭으로 변화된 사회에 살고 있는 것이고 북한도 통일되는 과정에 더 급격한 변화를 경험하리라고 생각되기 때문입니다.
(이상 7장의 가치에 대한 언급들은 고왕인 저, 직접민주정치, 2015, 인용)

가치이론과 만유(萬有)공법(Omnis Ius Publicus)

장차, 대한민국의 통일과 헌법의 개정과 관련하여 국민들은 만년역사의 기상(氣像)을 떨쳐야 합니다. 에너지를 잃은 정치권의 근시안적 인도(guidance)에 맡기면 안 되겠지요.

새로운 젊은 발상을 할 수 있는 세대가 필요합니다. 특히 1525@2023은 연어의 무리가 태고의 고향으로 돌아가듯 전신을 떨고 떨치고 닥치고 뛰어오르고 생명을 낳아 놓아야 합니다.

이제 10년이 지나지 않아 세계는 미래의 법체계를 만유공법/만민공법/만국공법의 층서적 구조를 갖춘 완전히 판을 뒤집는 미지(未知)의 법체계에 대하여 논의를 시작할 것입니다. 로봇이라든지, 인공지능이라든지, 신에너지라든지, 테크놀러지 변화만 아니라 *생명관련의 신국면을 열어 갈 것입니다.*

생명관련의 법진화(法進化)적 신국면

예컨대, *만유공법(萬有公法)*은 생명질서공법 + 에코시스템공법 + 과학기

5 α시대의 직접민주와 가치시장경제 213

술공법의 새로운 차원들을 열어 나갈 것입니다. 만민공법과 만국공법도 반드시 새로운 충격파가 올 것입니다.

*모든 인간성 공법의 근원인 만민(**萬民**)공법과 모든 정치경제적 공법(권력배분의 공법)의 근원인 만국(**萬國**)공법의 틀은;*

유스티니아누스의 동로마 시민법대전(corpus Iuris Civilis)와 같이, 씨줄로는 고전주의적인 편찬이 한 줄기가 나오지만, 날줄로는 법들의 총서와 휴매니티의 사상적 진화를 고려하여, 현대의 법전들을 포괄하며, 미래의 평화지식체계의 법적 뼈대가 무엇인지 나타내는 것이 되어야 할 것입니다.

이것이야 말로 *인공지능에게 맡길 수 없는 총체적 인류 본연의 작업에 속하는 것*이지요. 동로마 레오3세의 Ecloga법전과 같이 *더욱 위대한 휴매니티를 지향하는 방향으로 우주인간(humanicosm)적 각성*이 나타나야 할 것입니다.

*재산권에 대한 강조점이 나폴레온 법전에서 나타났듯이, 지금은 가치에 대한 깊은 이해와 천착이 인류에게 사상적 거보(**巨步**)를 내딛게 할 것*이며, 이는 세계정치적 권력추구가 아닌 모든 지연국가(retarded country)들까지 살려내는 고리국가(chain country)로서의 한국이 인류를 위하여 할 수 있는 최고 최선의 인류사적 봉사가 될 것입니다.

또한 *세계국가들 간의 소프트한 약속형태를 취하며 전체적인 장기적 방향성 정립을 가능케 하는 헌약(**憲約**, covenant)의 형식을 개발하여야* 합니다.

214 뜻밖의 **α**미래

UN이 어떠한 장기적 비젼을 가지고 있으리라고 믿지만, 헌약의 작업은 민족들과 나라들이 체계오-맥락적인 측면을 모두 고려하여, <u>법문명(**法文明**)이 활발하게 자랄 수 있는 체계와 맥락의 전이대역을 건강하게 조성하여야 합니다.</u>

<u>법경영(**法經營**)적 지혜와 평화지식체계가 인류의 사상적 상공간(**思想的 相空間**)을 지속적으로 창조해 나갈 수 있도록 현재의 국제사법재판소 등의 기능을 넘어서는 법원(**法源**)적 항시기구(**恒時機構**)를 창시(**創始**)</u>할 필요할 것으로 생각합니다

<u>헌약(Covenant)과 헌법(Constitution)</u>

<u>헌약(Covenant); 슈퍼·펄소널 뉴론 시스템 방식의 연결국가(고리국가, Ring or Chain country)들 사이의 약속을 말하며 과거 영연방의 13개조로 이루어진 느슨한 헌약체계에서 평화지식체계와 슈퍼·휴매니티의 두가지 기둥으로 안정적 사상체계를 갖추어야 할 것입니다.</u>

<u>만국공법(**萬國公法**)과 통일헌법(**統一憲法**)의 권리장전(**權利章典**)</u>

<u>통일 개헌의 첫 번째 착점(**着點**)은 미래에 온 세계가 인정해야 하는 만국공법(**萬國公法**)의 초석과 근간이 될 사상을 찾아내는데 있습니다.</u> 이것이 80 년전 마그나 카르타 이후에 암중모색(暗中摸索)하고 있는 인류에게 부과된 자유와 인권의 대소명(大召命)입니다.

만국공법에 대해서는 세계의 학계에서 아직 명확한 가이드 라인이 형성되었다고 보기 어렵습니다. 단지 *이 시대에 이르러 인류는 만국공법의 성립을 위한 지침을 마련해야 하는 책임*을 느끼게 되었습니다. 세계가 하나되어 가는 과정은 역설적이게도 비록 약육강식의 파괴적인 식민주의적 팽창정책이 중요한 역할을 담당하였으나 오랜 작용 반작용의 결과로 세계화라는 평화로운 결실을 맺게 되었습니다.

진정한 평화를 위해서는 아직 먼 도정이 남았으나 인류는 머지 않은 장래에 열려오는 우주진출의 시대를 바라보고 있고 이러한 *대비약(大飛躍)의 시대를 위한 만민공법과 같은 체계적 기반을 현재 지금 정도의 시기에 확립시켜야 할 필요*가, 비록 표현하지는 못하지만 현실적으로 모두에게 감지되고 있는 것입니다. *만국공법은 결국 인간 사이에 그리고 인간과 자연 사이에 관한 인간의 권리에 대한 규정*이며, 인간이 우주의 중심이 아닌 것을 이제는 누구나 인정하지만 오히려 인간이 우주와 환경을 다스릴 수밖에 없는 현재적 상황을 불가피하게 받아들이는 입지에서 확립되어야 하는 것입니다.

통일한국을 위한 대한민국의 준비는 *온 국민이 세계인의 안목을 가지고 인류역사의 새 장을 여는 것을 심정적으로 느끼면서 전진하여야 그 이후에 오는 통일한국의 난국을 헤쳐 나갈 정신적 힘이 생긴다*는 것을 인식해야 합니다. 우리는 *우리 핏값으로 증언한 평화의 사상, 즉 삼일운동의 정신인 어진 나라의 비젼을 반드시 현실 속에 이루어야* 하는 것입니다.

우리의 통일헌법(Constitution)은 가치이론(Value Theory)에 근거한 만유공법(Universus Ius Publicus)에서 도출해야 합니다.

헌약과 헌법의 기반은 현존 각종 국제협약의 통합하는데 있으며,
지구적 단·중기적 급변사태,
예컨대, global peace-economy collapse, divisionism by DNA-cognitive ethnic cistribution, *한반도통일*(reunification, *integration* or 포월(inclusive *accommodation*),
*국제정치, 세계경제, 문명변혁*의 측면들을 모두 고려하기를 저의합니다.

통일한국과 공동부(**共同富**, common wealth)의 꿈

세계의 정치경제적 권력관계에 대한 이런 포괄적 이해 위에 우리는 스스로 자문합니다. 우리는 과연 어떤 나라를 세워 나가려고 하고 있는가?

홀로서기가 불가능한 연속체적인 세계경제의 실상을 이해하고 창의가치가 방대하게 축적된 선진 한국으로 가기 위하여 어떤 목표와 지침을 갖추어야 할 것입니까? 필자는 현재의 단계에서 *우리들의 지향점이 통일과 공동부(**共同富**, common wealth)의 꿈을 성취하기 위한 것으로 바뀌어야 한다*고 지적하고자 합니다

한반도의 존재는 역내국가들 또는 세계 전체의 발전을 위하여 *세계적 대합의(**世界的 大合議**, Global Grand Consensus) 위에 창의가치의 적극적인 산출과 그러한 활성적인 창의 지식체계(**活性的 創意知識體系**)가 지속적으로 축적될 수 있는 중심적 데이터 베이스 기지(**基地**)의 역할*을 감당하여야 합니다. 그리고 누구나 *한국을 침략하는 일은 전세계의 뇌나 신경망을 파*

*괴시키는 일이 된다. 단순한 고리가 아니라 허브(hub) 고리국가이다. 이는 자료중심(DBS) 이상의 창의지식 체계운용의 묘(**創意知識 體系運用之妙**) 를 가진 지역*이 되어야 합니다.

중립지대로서의 한반도는 공통변경으로서 세계열강들이 마주 앉는 자리로서 열려 있어야 하고, 상업과 금융의 선호하는 매력적인 조건을 갖출 수 있어야 하며, 앤티-테러 등 치안과 안보에 있어서 급변하는 상황 속에서도 치밀한 첨단의 방법론을 제시하는 오피니언 리더가 되어야 합니다.

지나와 러시아의 최근 패퇴를 보면서 한반도의 과거 백년 이래 새로운 세계사적 흐름이 오고 있지 않은가 생각해 보는 것입니다.

또한 인문학적 상상력과 교육적이고 문화적인 새로운 기틀들을 *공통변경의 특이한 중립적 평형(**中立的 平衡**)이 자리 잡을 수 있는 포괄적인 중도(**中 途**, via media)의 입장에서 전세계로 자유롭게 확산시킬 수 있는 국제적인 보장을 받을 수 있어야*합니다.

이 때 *중립적 평형이란 세계적인 창의가치를 창출하고, 축적하고, 교류하고, 전세계로 방류(**放流**)하는 창의적 자유(**創意的 自由**)가 보장된 국제정치적 평형(**國際政治的 平衡**)의 상태에서 다이내믹한 새로운 의미를 가지고 규정할 수 있는 것*입니다. *우리의 영세중립은 이러한 반대급부가 확실한 기브 앤드 테이크가 가능할 때 생각해 볼 가치가 있습니다.*

<u>국가라는 것 (So-called State)과 그 가치</u>는, 기존의 관념적 해석에 따른 <u>**땅과 백성, 그리고 주권적 권력에서 시작하여, 민주, 공화, 치정(治政, 지방자치, 공동체 정치과정, 개인직접참여), 복리(복지인권)까지 점차 확대되는 국가의 기능적 정의에 대한, 끊임없는 확장**</u>을 경험하여 왔습니다. 조금 복잡한 생각이지만 현대적 확장에 의한 실천적 개념으로는 <u>국가라는 위상공간과 선출권, 그리고 입법권과 재량권에 대한 변천</u>이 시대를 거치며 나타나고 있습니다.

이제는 국가는 존립시킬 가치가 있는가 하는 생각 속에 지난 20세기 종반에는 시스템으로서의 국가가 존립가치가 있는가 하는 의견들까지 제시된 적이 있습니다. 이제는 아마도 많은 학자들중에 <u>*인류 상공간(人類相空間)의 골격구성을 위한 국가군(國家群)들의 세부적인 관리방법까지 생각*</u>하고 있을 경세가(經世家)드는 사상가(思想家)가 있음직하다는 느낌도 듭니다.

<u>우리는 전 세계와 동북아시아 역내의 광대하고 심오한 창의가치를 축적하고 교육하는 기지(**基地**)</u>로서 관련 국제기구와 데이터 베이스를 운영하고, 태평양 연안과 동아시아에 상충하는 국제세력간에 합의 매개자의 역할을 자임하고, <u>세계평화의 파괴세력에 대한 앤티-테러 등 정보와 해결능력을 축적해 나가는 평화의 교두보로서 지정학적인 소임</u>을 다하고자 합니다. 이것이 <u>삼일운동(31**運動**)의 사상적 지향성(**思想的 指向性**)</u>을 꿰뚫어 본 우리의 <u>결론</u>이 되어야 합니다.

7 창의교육의 정보과학기술;
홍익미래의 컴몬·그라운드

7 창의교육의 정보과학기술; 홍익미래의 컴몬·그라운드

<<창의교육, 한민족의 교육적성, 홍익·인류책임교육, 교육정보과학기술>>

창의교육의 정보과학기술은 인류미래의 컴몬·그라운드입니다. 인류가 나아가는 길은 인류가 위대한 홍익미래(弘益未來)를 건설하여 진정한 휴매니티를 살려내는데 있습니다. *휴매니티, 즉 인간성은 우주가 인간을 배태한 진정한 이유입니다.*

현재 *인간성은 매체침투(infiltration of media, both of mass and smart)와 정보과밀(dense and excessive information)과 의식잉여(surplus of cognition)와 같은 부정적 시대정신의 영향 아래 많은 손상을 받고 있습니다.*

인류에게 닥쳐오는 역사적 과제들은 *인공지능 기반사회를 건설하고, 생존형 창의교육을 추구하고, 장기적으로 태양계내 창조사회를 확장하는데 있습니다.*

창의교육의 본질

창의교육은 정보과학기술의 기초 위에 세워질 수밖에 없습니다. 이미 *인류는*

222 뜻밖의 α미래

<u>정보과학과 뗄래야 뗄 수 없는 단계까지 발전</u>했습니다. 인간의 사고 자체가 그 양태와 품질에 있어서 정보과학체계에 큰 영향을 받고 있지요.

<u>IBM의 에니악 시대와 현재의 스마트 시대 그리고 앞으로 오는 양자기술의 시대 모두 정보과학의 체계에 직접적 영향을 받고 있는 것이지요.</u>

<u>정보/비정보의 비율, 창의/비창의 사이의 비중, 창의가치의 시장경제 정착 (**定着**)심도와 그 비중 같은 것들이 모두 본질적인 영향을 미칩니다.</u>

이제는 <u>정보사회의 행태는</u> 예전처럼 개체중심적인 freedom도 아니고, liberty도 아니고, 오히려 <u>*radiation*이나 *discharge*와 같은 상호교류적 공간개념으로 설명되고 사유하여야 하는 단계까지 왔습니다.</u>

<u>창의작용의 특성이 창의가치는 대체로 현재 상황과 외형적으로는 대척적이고 역발상적인 형태로 나타난다는 것</u>은 어떻게 보아야 할까요? (What is external anti-contra essence of creativity?)

창의가치는 인간이 일반적으로 기대하는 바에 더한 본가변형(worth-morphe, **價値變態**)이라고 보아야 합니다. 가치에 무관한 창의는 단지 허상에 지나지 않습니다.

<u>창의교육의 본질은 학습자의 내적 특성과 내적 동가를 확립해 나가는 것인데 창의교육시스템에 몰입함으로써 이루어지는 것이지요.</u>

창의교육의 정보과학

창의교육정보는 선별적으로 공급하여야겠지요. 즉 선별정보공급이 필요하므로 기존의 샤논의 정보이론에서 차이가 날 수 있겠습니다. *샤논의 공식은 엔트로피와 상호정보량에 관한 내용*이지요.

창의현상은 가치순환의 사이클에서 상류에 속하는 부문에서 고휘발성인 창의정보의 보존문제가 떠오릅니다. 즉 창의현상은 앤트로피 증대와 사회불안정성을 증가시키게 됩니다. 그리고 상대적으로 하류부문에 속하는 인공지능/자동화 부문이 (인간성을 담지한) 하류창의현상을 폐색화/고사(蔽塞化/枯死) 우려가 있으므로 완화해결책을 모색해야 한다고 봅니다.

창의사회와 창의교육

창의사회는 창의가치의 생산/축적/순환에 의하여 이루어집니다. (참조; 순환은 하류의 배출과정에서 잠행적 복광cycle(潛行的 複光周期, 무의식적 집단의식심화로 들어가는 경향도 나타난다.)

창의교육은 사회전반적/부문적/모세관적으로 창의가치를 산출하는 적정교육방식을 정착시키는데 있습니다. 그리고 창의교육은 시민교육과 미래의식의 강화, 창의사회의 동반건설, 개인적창의활동의 구체화를 시현합니다.

사회와 국가는 국민교육을 넘어서는 창의교육에 대한 전반적인 정보과학적인 마스터플랜(EITech)을 입안·시행해야합니다.

교육정보기술(EITech, Educative Information Technology)

교육정보는 순환합니다. 기술중로에 속하기 때문이지요. 그리고 *교육정보는 새로운 창의가치가 늪은 실용정보들을 중심으로 공동체가 선택적으로 흡수하고 체계화하여 방출하기 때문에 하나의 흐름(stream)을 이룹니다.*

그 *상류(Upstream)에는 시장의 가치체계에 반응하여 교육목적에 맞추어 공명하는(resonant, 교육체재*가, 변화하는 정보의 규격(mesh)에 맞추거나 규격을 변화시켜가며 정보를 체질(sieving)하는 *Resonant Mesh Method가 정착될 것입니다.*

그 *하류(Downstream)에는 정보이용자가 정보를 자유롭게 선택하고 자기의 교육을 변경하며(floating) 받아들일(reception) 수 있으므로 Floating reception Method*를 디자인할 수 있을 것입니다.

*정보의 자유로운 선택은 변동교과과정(floating curriculum system)과 연계된 자동평가결과(automatic assessment generation)와 그 결과로 배출되는 지성인력의 소요(axial admin of sapience population of society)에 의하여 균형*을 맞추어 나갈 수 있을 것입니다.

여기에 반드시 자료은행이 요구될 것이지요. 이 DBS는 시대에 맞추어 자료를 자동적으로 규모와 내용과 기타 요소들을 자율발생하고 발전시키는 *인공지능 개념의 세계적 DBS를 갖추어서 (DataBase embryonic development) 미래사회의 미래상을 향하여 설계되고(design of future attractor of society) 그 중심에서 세계로 파급하도록 하는 (propagated worldwide from DBS Station) 방식*을 취하게 될 것입니니다.

((Starting(hitting) location of embryonic division, between initial zygote and variety of full developmental spectrum)) 말하자면 세계교육산업의 자료은행 역할을 하도록 할 수 있을 것이며, *세계교육 중심으로서의 통일한국을 바라보게 할 것이지요.*

한국인의 적성은 창의교육산업, 창의정보관리산업, 창의체계경영산업에 적절하다고 봅니다.

교육정보기술(ElTech)의 몸통과 두 날개.

교육정보는 미래역사의 추진력입니다. *한국인들의 특질은 세계의 기술대학과 교육대학에 잘 들어 맞고 또 아마도 가장 행복해 하지 않을까 생각됩니다. 또 세계 모든 나라들이 소중히 여겨 줄 것입니다. 인구문제도 저절로 해결될 수 있으리라 생각합니다.* 이 모든 것이 국민을 어떻게 교육시키느냐에 달려 있는데 신속하게 추진하는 것이 좋을 것입니다.

교육정보기술은 사회와 국가가 전반적으로 발전시켜야 하며 평화지식체계(PKS)+ 국지체(SKS, 국가지식체계)+ 창의교육정보체계(CEDB)로 되어 있습니다.

*국지체(國知體, state knowledge system)*는 몸통

국지체는 국가의 관리- 경영- 협치- 공명(Admin- mgmt.- governance- resonate) 전반에 걸쳐서 가장 관심을 가져야 합니다. *국가의 지식체계를 관리하지 않으면 국가는 한 세대 안에 망하게 되는 것을 사람들은 잘 모릅니다.* 이는 별도의 국가적인 관리우원회가 필요한 부문입니다.

아마도 현재 한국의 *국가교육위원회는 이 부분에 더욱 관심을 가져야 할 것입니다. 국지체는 의료지식체계(의지체) + 방위지식체계(방지체) + 생산지식체계(산지체) + 과학기술지식체계(과지체) + 법제지식체계(법지체)로 나누지만 그보다 통섭적 내부조율이 진짜 필요한 분입니다.*

국지체(國知體)는 반드시 국가정보체계와의 분리가 필요(미국 twitter의 정치개입)하지만, 여전히 *국가정보체계와 (EITech의) 국지체는 연계가 필요*하리라고 봅니다. *시장원리에 따른 체계-맥락의 거대망계를 구성하는 지혜를 발휘하여야 할 것입니다.*

*국지체의 보존과 협력의 테크놀러지는, 국지체의 몸통에 평화교육체계와 창의교육정보체계를 두 날개로 하여 운영되어야 국가경영이 장기적으로 효율*을 얻어 움직일 것입니다.

평화지식체계(Peace Knowledge System)의 날개

평화교육체계는 17세기 보헤미안이었던 요한 코메니우스에게서 시작되었습니다. 그는 평화교육체계로서 Pansophia(범지학), Pampaedia(범교육학) 형태를 창안하여 세계인류역사를 새로 쓸 이상에 살았던 근대교육학의

시조였습니다.

우리는 인류의 정보를 범정보PanInfo, 범교육PanEdu, 범경영PanMgmt와 같이 더 폭을 넓혀서 인류의 모든 활동을 평화교육체계에 포괄하여 인간의 지성계에 평화의 날개를 치도록 하고 싶은 것이지요.

이 범정보PanInfo, 범교육PanEdu, 범경영PanMgm이라는 표현은 미국의 특징을 잘 나타내고 있는데, 미합중국이라는 나라가 실수도 많이 있고 어떤 때는 서부활극같이 유치한 때도 많이 있지만 본받을 바도 상당히 많다는 것을 알려 줍니다.

본서는 미합중국은 인류역사에서 우주진출을 위한 여러 기능을 최적화(**最適化**)하여 지닌 나라로 생각합니다. 그래서 America-Cosmos를 합하여 Americosm이라고 부릅니다. 미국의 정치경제적 특징은 국민교육시대 이후의 유럽의 전통을 떠나서 *"자율성 위주의 시스템 형성"*이 많은 부분 이루어지고 많은 분야에서 *자연적 성장을 유도*하며 *민(民)위주의 사회를 건설하기 위하여 노력*하는 데 있어 왔습니다

창의교육정보체계(creative educative information system)

국지체의 몸통에 평화지식체계가 한 날개라면 그 다른 날개는 창의교육정보체계(CEDB, creative educative information system)인 것입니다.

창의교육은 창의가치의 산출/축적/유통으로 이루어집니다. 창의교육은 228 뜻밖의 α미래

<u>EITech의 핵심개념이지요. 특히 슈퍼인공지능이 일반화된 사회로 올라가면 창의교육 없이 인간사회는 쿠력하기 짝이 없고 스스로 말라 죽을 수도 있는 것입니다.</u>

창의교육 정보체계란 <u>창의가치를 내포하기 위하여, 교육정보 창출의 상류단계부터, 조직적/체계적 DBS에 축적하는 중류단계와, 교육정보 유통의 하류단계에서 평화지식체계의 형성과정에 동시적으로 작업될 수 있다</u>는 것입니다.

국지체와 평화지식체계는 상당히 거시적 행태와 관련되어 있고 창의교육정보체계의 운영은 좀 더 미시적 행태와 관련되어 있다고 봅니다.

<u>예컨대 이미 존재하는 Big Ter. IT 회사들, Youtube- Twitter- Meta- Google- …등 세계적 기업들은 그 기능들 중 많은 부분이 세계적 규모의 창의교육정보체계의 기능과 활동을 부분적으로 담당할 수 있습니다.</u>

ChatGPT와 같은 신생 테크놀러지는 인간의 시스템들을 부끄럽게 만들고 있는 것입니다. <u>ChatGPT의 기능증에 평가체계가 이미 마련되었다는 확신을 가지게 합니다.</u>

말하자면 세부설명이 필요한 피교육자 스스로 결정한 교과 목표를 지향해 (Youtube 유사형태) 나갈 수 있으며, 뿐만 아니라 <u>평화지향적 교과과정이 자동적으로 구성되고 평가까지도 받을 수 있는 가능성을 인정해야 할 것입니다.</u>

학습체계와 평가체계가 실무선상에서 이루어지도록 적절히 보완하는 선에서 창의교육정보체계가 큰 그림을 그릴 수 있는 발전이 이미 이루어져 있는 것입니다.

창조교육의 산업화는 지금도 신념과 의지가 필요한 분야이며 특히 *국가차원의 창조교육은 이 책에서 처음 제기*하는 것이다. 그러므로 30년전 제기하였던 샬롬평화지식체계를 잠시 언급해 두고자 합니다.

Shalom "Creative Peace" Knowledge system

원래 샬롬"창의적평화"지식체계(Shalom "Creative Peace" Knowledge system)는 "창의적 평화"라는 인류역사에 대한 새로운 목표를 이루기 위한 - 임마누엘 칸트가 주창했던 영구적 평화(perpetual peace)에 대비하여 – 역동적이고 활성적인 평화에 주안점을 두고 약 30년전 제기되었던 개념입니다.

그러므로 과거의 교육제도에 결여되었던 창의성이 교육을 통하여 심어지고 시간이 지날수록 세계의 정치 경제적인 상황까지 변화시킬 수 있는 궁극적 해법이 된다고 던져졌던 것입니다.

현재 세계의 평균적 지식체계는 과거와 달리 매우 유연하고 창의성이 상당히 진작되어 있습니다. 대한민국은 장기적으로 볼 때 인류와 *세계의 중급 및 고급의 교육적 사명*을 자임하고 나가야 하며 그것이 우리의 천직일 가능성이 높은 것이지요. 말하자면 세계인들의 교육에서 *중등, 고등학교와 대학교 및 대학원의 수준을 계획하고 담임*하는 것이 될 것이라는 말입니다.

그러므로 *슈퍼AI와의 긴밀한 교육협력체계를 개발*해야 합니다. 그래서 *세*
230 뜻밖의 α미래

계를 모두 더불어 번영하는 연속체로 만들기 위하여 나아가서는 우주로의 진출을 위하여 가장 필요한 자성능력과 정서적 공통기반을 구축해 주는 역할이 우리에게서 나와야 할 것이라는 말입니다.

샬롬(Shalom)은 평화에서도 "창의적 평화"를 나타내며, 긍정적 사회에너지가 충분하며 기반지식체계가 건전한 인간성과 합리성 위에 구축되어 있고 개인과 사회의 창의성이 활성화된 평화적 상태를 말합니다.

창의성이 활성화된 평화지식체계의 특성

창의성이 활성화된 평화는 공동체를 살립니다. 그래서 공동체의 멤버들이 뇌와 입과 손에 살아있는 창조능력이 생깁니다. 그러나 공동체를 손상시키지 않고 각기 다른 말을 하는듯하지만 결국 한 갈래로 수렴됩니다. 수렴되지 않더라도 복수(plural)의 다른 목표를 가지고도 공동체 안에서 같지지 않고 협화적으로 일을 성취시킵니다.

창의적 평화지식체계가 공동체내에서 작동하면 그 지식체계는 평화를 이루기 위해서 자원배분문제에서부터 각자의 위상까지 모두 배분하여 공동의 목표를 더 원대하게 키우고 쓸모를 확인해 줍니다.

말하자면 공화정(共和政)과 민주정(民主政)의 원형(元型)이 나타나며 권력보다 평화와 협화의 효율이 생기는 것에 기대를 가지게 합니다. 지식체계는 이상하게도 외적인 사건의 발단이 되는데 우리는 그 연관성을 읽지를 못하고 있는 것입니다.

*현재 옆나라 찌나는 역사공정 어쩌고 비열한 방법을 쓰고 있는데 이것이 사실은 모든 인류역사에 나타나는 사상전(**思想戰**) 레벨의 작전이며 한국은 아직 이런 생각들이 일반화되어 있지 않습니다.*

한국은 전략개념이 아니라 **홍익정신에 근거한 인류전체의 역사적 발전을 위하여 창의적 교육의 방법론을 낳아 놓아서 눈앞의 전쟁에서도 이기고 궁극적인 홍익적인 우주시대를 열어 놓아야 할 것입니다.**

이 챕터, *제7장의 앞부분에 교육정보과학기술(EITech)을 다루면서 Resonant Mesh Method와 Floating Curriculum Method에 대하여 언급했습니다.* 창조교육의 세계산업화를 다루기 전에 이 두가지 방법에 대하여 다시 한 단계 더 들어간 설명을 첨부하려고 합니다.

Resonant Mesh Method(共鳴式 체눈 방식)

*Resonant Sifting Method (공명식 사선(**篩選**, 체질)방법)라고도 불릴 수 있는데 이는 지식체계를 분류하고 새로운 구조로 구성하는데 쓰이는 방식*을 의미합니다.

보통은 구글 플랫폼처럼 키이·워드 분류 방식이지만, *공명식은 평화관련 사용빈도와 의미심도/관련도에 따른 sieving(체질) 방식의 분류법을 선호합니다. 그러므로 나열식이 아닌 의미론적인 지향성을 가진 방식을 만들어 내는 것이지요.*

합목적적인 공명을 일으키는 만큼 빈도/심도/관련도의 영역축소가 이루어져서 (아마도 탈차원적인) mesh size에 의하여 걸러지는 방식으로 정착될 것입니다.

우리 다시 EITech란 무엇인지 생각해 보아야 합니다. *EITech는 창의산업이 인간의 지능, 최근에는 인공지능과 연계하여 인간의 지식체계와 사고체계와 궁극적으로 인간성에 이르는 범위까지 자동화 테크놀러지를 사용하여 에너지와 시간을 절약하는 방식입니다.*

그 과정에서 *인간정신 각 부문들을 모듈화(modularization)하고 구조적으로 상호연관(interconnection)시키고 집중적으로 문제를 해석하여 (concentration on concerned issues) 교육적 목적을 위하여 해법(solution)들을 찾아내는 방식이지요.*

Resonant Mesh Method는 크메니우스의 PANSOPHIA를 현대화한 방식이라고 믿습니다.

Floating Curriculum Method(浮游式 교과과정)

EITech의 하류를 구성하는 Floating Curriculum Method은
우리말로 부유식(浮游式 교과과정)으로 부를 수 있으며 *학습자 주도의 개인 맞춤형 교육과정을 의미합니다.*

개인적 특성들을 요소분석(factor analysis)하고 독표지향적으로 재구성

(reframing)을 해서 교육과정을 항상 개인맞춤형으로 해줍니다.

이는 과거의 독학시스템과 연결할 수 있는 개념이지만 현재의 YouTube를 *확장시켜 평화지식체계의 거대망계적 해석을 통하여 모든 인류가 밑바닥에서 지식정점에 이르기까지 도야 할 수 있는 길을 열어 주는 것*입니다. 여기에는 반드시 *검증, 평가의 부대적인 시스템(assessment data bank, 문제은행)*이 요구됩니다.

또 이런 Floating Curriculum을 운영하려면 *Data Base Accumulation 과 Propagation tool이 필요*하겠지요. *이 방식은 코메니우스의 PAMPAEDIA의 현대판*이라고 보시면 됩니다.

*이러한 ElTech가 인류의 역사발전에 다음 10년만에 100년을 뛰어 넘고, 다음 3년만에 반세기를 뛰어 넘을 수 있는 저력이 있다*고 생각됩니다. 성패는 어떻게 인간성의 구조를 파악하는가에 달려 있는데 이것은 본서는 슈퍼·펄소널 신경체계에 대한 연구에서 온다고 생각합니다.

*모든 정보관련산업은 현실의 정보(information)와 해석적 지능(intelligence)의 상관 관련을 잘 파악하고 있어야 효과적인 결실*을 내리라고 봅니다. 즉 Intell을 제대로 알려면 info의 본질을 정확히 꿰뚫어 보아야 합니다.

*Info는 아무 연고(**緣故**) 없이 상황 속에서 갑자기 그냥 pop-up 하는 것이 아닙니다.* 하다 못해 초기 Hippi 들의 기행(奇行)들도 모든 사상을 수용하는 개방적 힌두이즘과 인간이 오랜 시간 시달려 온 허무주의라는 사상을 딛고 새

로운 시대정신을 창조하겠다는 기조를 깔고 나타났기에 매우 다루기 어려운 데카당(decadent) 사상운동으로 자리잡게 되었던 것입니다.

*Info는, 의미론의 상공간에서 검증받고, 각종 언어의 음운론적 상공간에서 수용되고, 사람들의 삶 속에서 오랫동안 정착된 정서적(**情緒的**) 대응질점(**對應質點**)이 생긴, 매우 탄탄한 구조적 특징이 있는 것이지요.*

Educative Information Technology (EITech)은 요즘 사용되는 AI기반의 맞춤형에서 발전한 방식이며, 예컨대 가장 단순한 형태로 교육정보 내용이 keyword별로 분류되어 있어서 이에 해당하는 교과과정을 편집할 수 있습니다.

지식체계나무mapping

그러나 여기에는 *지식체계나무 mapping*이 반드시 필요합니다. 이것은 별도의 심도 있는 사상작업을 요하는 것입니다. *지식체계 시공간에 대한 개념*을 알려주어야 합니다. 갈하자면 휴먼, 플래닛, 우주, 역사 등으로 나누어지는데 이러한 것을 시공간 개념으로 빼내야 하고, 수학적 개념과 숫자를 통하여 전달하여야겠지요.

*뇌신경세포의 발생학에서 뇌신경세포들이 화학적 그래디언트(**勾配**)에 따라서 신경세포줄을 따라 정확하게 자기 위치에 가서 서는 것*을 본 일이 있으신가요? 바로 이런 일이 지식체계 구성에 들어 가는 매카니즘인 것입니다.

창조교육의 세계산업화

앞으로 10년(국내), 20년(세계), 20년(성숙)의 3단계 작업으로 우주시대의 교육정보 테크놀러지를 열어 가야 합니다. 이를 위하여 기존의 모든 IT 플랫폼들의 기반을 창의현상에 맞추어 통합하는 작업이 필요하지요.

앞으로 10년 내에 창조교육의 기반지식 통합 + 기업적 동기부여 + 체계구상작업이 동시에 이루어져야 합니다. 말하자면 이미 어느 정도 모습이 드러나고 있는 EITech기법개발을 완성하고 교육자료 만들기, 전문인 훈련은 현재 수준에 맞추어 수입도 병행하여야 할 것입니다.

*체계의 구상은 한국인의 학습방식교육이 가지는 적합한 특성들을 효과적으로 연장 시키고; 세계인류의 다양한 특성에 적용하고; AI 또는 슈퍼AI체계와의 통합조건에 적응하며; 학습교육AI들과의 공명협치체계와 맥락을 만들어 내고; 세계적 교육협치산업을 개창(**開創**)할 수 있게 되어야 할 것입니다.*

창조교육산업은 평화롭고 창조적인 한국 사람들의 미래 먹거리 중에서 가장 적성에 맞고 한국의 세계사적 위상에 들어 맞는 방향입니다.

1 *인류는 앞으로 과거- 현재- 미래 역사를 제대로 계승적으로 해석(Fioneutics)*하고,
2 미래의 세계에서는 *인류의 창의가치 산출을 충분히 증폭시킬 수 있는 류적 변화(**類的 變化**)를 성취할 수 있도록 생리· 사회 ·문화적인 변화(Crevolution)* 를 가져오고,
3 사회와 국가와 인류의 역사를 관리하는데 있어서 *각 층서(**層序**)마다 위상*

236 뜻밖의 **α**미래

*포텐셜(Phase Potential)을 통하여 예측하는 체계*를 갖추고, 4지구행성을 중심으로 전 태양계로 진출하여야 하는 앞으로의 천년간 예측할 수 없는 *다양한 위기(contingence)가 나타나는 다중임계(Multicriticality) 의 부근(vicinity)에서 대응하여야 하는 견고한 방어책을 미리 미리 준비하여야* 하는 것입니다.

전부 처음 듣는 말이라서 아마 이런 이야기가 무슨 꿈꾸는 것인 줄 생각할 수도 있겠지만, 진지하게 관찰하면 *세계의 초첨단기법을 사용하는 지식층들은 무의식적으로나마 이미 상당 부분 이러한 방법론에 의지하여 사유하고 있다는 것을 알아 두면 좋겠습니다.*

평화지식체계

인류가 축적해 온 지식체계는 다시 인류에게 feed back되며 우리의 삶에 영향을 미칩니다. 그래서 전쟁의 참혹함을 아는 인류는 모든 지식체계를 평화 중심으로 체계를 잡으려고 노력해 왔습니다.

그런데 평화는 우리가 생각하듯이 정태적인 것이 아닙니다. 동태적일 뿐 아니라 역동적으로 변화무쌍하다고 표현해야 옳을 것입니다. 그 모든 변화를 감싸 안고 모든 욕구들을 포괄하고 새 힘도 북돋우어 주고 평화의 상황을 견지하는 것은 실은 매우 어려운 길입니다.

평화지식체계는 창의적이어야 합니다. 그래야 인류를 먹여 살리고 보탤 것이 분명한 부분들도 미리 디리 손보고 할 수가 있지요. *고요한 평화는 늙은 평화입니다. 이제 우주로 널리 진출할 인류는 젊은 평화를 추구해야 합니다.*

투지도 가득하고 복잡다기한 문제들에 해법을 제시하고 청년의 힘이 가득한 창의적 평화가 인류의 마음을 점령해야 합니다. 그러므로 우리의 평화지식체계는 창의적 평화지식체계가 되어야 합니다.

"창의적 평화"지식체계("Creative Peace" Knowledge system)

대한민국은 장기적으로 볼 때 인류와 *세계의 중급 및 고급의 교육적 사명*을 자임하고 나가야 하며 그것이 우리의 천직일 가능성이 높습니다. 말하자면 *중등, 고등학교와 대학교 및 대학원의 수준을 담당*하는 것이 될 것이라는 말이지요. 그러므로 *슈퍼AI와의 긴밀한 교육협력체계를 개발*해야 합니다.

그래서 *세계를 하나의 연속체로 만들기 위하여 나아가서는 우주로의 진출을 위하여 가장 필요한 지성능력과 정서적 공통기반을 구축해 주는 역할이 우리에게서 나와야 할 것*이라는 말씀입니다.

*인류사회에 요구되는 평화지식은 생산성과 상당한 심도로 연계되고 창의성과 그 지향성이 주된 경향이 겹치며 역동성이 있어서 인간성을 활성화시키는 특성*으로 구별됩니다. 아마도 이것을 생명적이라고 부를 수 있을 것 같습니다.

평화지식체계(平知體, 평지체)는 인류를 멸망에서 구원해 낼 수 있는 적극적 능력을 견실하게 내포하고 있어야 하며, 국가와 공동체를 붕괴로부터 지킬 수 있는 내적 구조를 가져야 합니다.

238 뜻밖의 α미래

평지체는 그 심부(芯部)에 우주적 통합적 논리를 가지고 건설적이고 생명적인 사상이 장치되어 있어야 하겠지요. 그러나 생경에 대해서는 죽음의 대척점이, 건설에 대해서는 허무적 대척점이 반드시 명시되어야 할 필요가 있습니다.

<u>창의활성화체계와 창의교육</u>

창의교육은 인간 개인과 사회적 차원에서 창의적인 특성을 진작시키는 교육이며 그 결과로서 _다양하고 심층적인 창의활동을 활성화시키기 위한 교육방법_ 입니다. 창의교육은 인간사회의 창의활동에서 비롯되지만 또한 창의활동을 증대시키기 위한 목적을 가집니다.

창의활동은 창의가치를 산출하는 모든 인간활동을 망라합니다. 그러나 창의활동이 가진 몰입(flow, defined by M. 미하일칙센트마이)의 과정이나 창의가치의 지나친 휘발성대문에 _인간의식의 불안정성이 사회적으로 비정상적으로 높아지는 것을 방지하기 위하여 시장경제는 그 기반을 시장구성원이 속한 공동체 가치체계에 뿌리내리고 있습니다._

창의가치는 경제적이고 비경제적인 모든 가치를 포괄합니다. 경제적 창의가치는 시장경제가치를 말하며 시장에서의 교환가치를 시현할 수 있는 가치를 말합니다. 시장경제가치라는 개념이 사실은 공동체가 흡수하고 인정하는 창의가치 라는 말이는 아마 모두 동의하실 것으로 봅니다.

창의활동의 분류를 1종(조합적 창의), 2종(신생차원적 창의), 그리고 3종(전국적(global) 창의)로 나누는 것을 기억하실 겁니다.

창의교육체계를 단계적으로 대별한다면, 첫째, 창의 기반지식 교육, 둘째, 창의 촉진맥락의 구축, 셋째, 창의 구상체계 교육으로 생각할 수 있습니다. 이는 창의교육의 산업화에도 그대로 적용될 수 있으리라고 봅니다.

제3종의 창의는 사회 전반적인 깊은 뿌리에까지 변화가 일게 하며, 사회나 지식이나 사고방식 자체에 전반적으로 새로운 기반을 창조하여, 인류문명의 거대망계 (巨大網系) 자체를 변화시켜 나가는 것을 말합니다.

말하자면 우리가 소원하는 *통일 한반도의 꿈은 이런 제3종의 창의와 맞물려 진행되어야 세계인류역사에 새 기운과 새 생명과 새 방향을 내려 줄 수 있다*는 것입니다. 이런 *제3종의 창의현상을 필자는 창명(創命, crevolution)이라고 부릅니다.*

다음 시대를 위하여 하늘에서 사람들 사이에 내려오는 새로운 명령, 즉 우리의 전통적 사고방식으로 이야기하면 천명(天命)을 받는 것이라는 뜻입니다. 그리고 강조할 것은 예전에는 새로운 왕조가 천명을 받는다고 하였으나 이제는 *새로운 국민이 새 시대와 새 역사를 열기 위하여 새로워진 하늘의 명, 즉 시대정신을 받는 것입니다.*

그런데 이렇게 *사회기반을 재구성하는 작업으로 들어가면 장래에 오는 모든 사건들에 끊임없이 영향을 주게 되는 역사 초기성(歷史 初期性, historical initiality) 이라는 개념을 이해하여야* 하는데 이는 마치 환경호르몬처럼 또는 결혼해서 계속 서로 영향을 받고 사는 반려자처럼 모든 사건에 영향을 주게 되는 것입니다.

역사 초기성을 이해한다는 것은 미래를 예측하기 위해 매우 중요합니다. 인간의 모든 지식체계와 사고방식에 깊이 있게 침투하는 이 단순·명쾌하지만 방대한 영향력을 가진 역사초기성을 새로 받는 것이 곧 새로운 시대를 열어 나가는 열쇠를 받는 것입니다. 곧 창명이라는 것이지요. 창명은 3창 곧 제3종의 창의에서 나옵니다.

다음에 나오는 8장에서는 *지구주민의 창조적 생존도략에 대하여 다루면서 그 생존도략을;*

첫째, 크레볼루션,
둘째, 위상포텐셜,
셋째, 다중임계근방의 제목 아래
인류를 위해 적절한 방식의 해결방식을 생각해 보겠습니다.

242 뜻밖의 α미래

8 *지구주민의 창조적 생존도략(Survival Consilia)*

8 지구주민의 창조적 생존도략 (Survival Consilia)

<<생존도략, 크레볼루션, 위상포텐셜, 다중임계근방>>

*Consilia는 strategy에 대비되는 용어입니다. Strategy는 전략, 즉 싸우는 방식을 말합니다. Consilia는 도략(**韜略**), 즉 품고 있는 해결의 방법론이라고 보면 크게 틀리지 않습니다.*

전략은 싸울 것을 염두에 두고 있는 생각이고 도략은 평화를 선호하는 생각입니다. 그러나 도략도 싸움에 절대 지지 않을 방책을 드러나지 않게 일상생활에서 갖추고 있는 것입니다.

이 장에서는 인류공통의 관심사인 지구주민들의 *창조적 생존도략(Survival Consilia in creative manner)*에 대하여 설명해 보려고 합니다. 이 *컴몬·그라운드*는 세가지 키이·워드가 있습니다. *평화(peace)- 창의(creativity)- 지성(intelligence), 즉 Crea-Pax-Intell입니다.*

이 세가지는 인류가 미래에 발전하는 만큼 인간성을 안정시키고 문명을 발전하게 하고 인류의 생명적 기반을 우주 어느 곳으로 진출해도 든든히 지켜 줄 것입니다.

인류는 지금 미증유(未曾有)의 변화를 경험하고 있습니다. 그 *변화의 근본 원*

인은 인간성의 초기화(reset or initial change)에 있습니다.

이것이 제5장(章)에서 설명한 _200년간의 초기 변화로서 그 이후의 700 ~ 800년간의 인간의 '주관과 객관 사이의 영역조정'이 이루어질 것_입니다. _주관과 객관의 차이를 정확히 인지할 수 있는 능력은 intelligence에서 최고의 능력_입니다.

200년간의 초기변화

깊이 살펴보면 가장 합리적이어야 할 수학과 물리학까지도 사유(思惟)의 거대공간 속에서 주객관의 차이를 잘 분별하지 못하는 듯한 느낌을 주는 부분들이 있습니다. _앞으로 약 1000년간 인류는 '태양계를 벗어 날 수 있는' 본격적인 우주적 특질을 이러한 엄정성(strictness) 위에 갖추게 될 것입니다. 말하자면 그 기초를 닦는 것이 초기 200년이라는 뜻입니다._ 아마 엄정성이 평균 10%이상 향상되어야 할 것입니다.

인류는 '지구를 벗어나는 것' 정도의 사건도 "새 하늘과 새 땅(新天新地)"의 도래에 맞먹는 충격을 겪게 될 것이며, 인간인식과 지식체계의 3차원적인 좌표에 대한 적응력이 매우 달라지게 되는 좌표변환(座標變換) 인식능력이 더해질 것입니다. 태양계내에서 돌아다니더라도 예전과는 다른 태양계에 속한 행성들과 태양계밖의 항성들이 우리의 생생한 느낌과 지식체계를 바꿀 것입니다.

이 장에서 먼저 다룰 내용은 _intelligence에 대한 복합적 해석_이며 과거에는 지성 또는 정보라고 부분적인 기능으로 이해하던 과거의 상황에서 발전하여 *intelligence는 생존의 도략을 통하여 인류의 Common Ground를 만들어내는 전반적 시스템 자체, 즉 인류지성(humanity intelligence)을 말하게 될 것이라*는 생각입니다.

인류의 격체활동을 근원적으로 지배하는 *Common Ground는 창의정보의 collection에서 시작하여 교육정보의 생성·산출과 그 분배·유통에 이르기까지 또 미래지향성의 결정과 정착까지 심원한 분야를 망라하는 것입니다.* 이는 슈퍼인공지능과 연계되어 단시일내에 인류의 삶을 급격하게 변화시킬 것이지요. 그 중간과정에 시행착오가 없을 수는 없으나 이를 최소화하는 방안이 신속하게 집중적으로 연구되어야 합니다.

*인류의 복잡성이 출현(emergence)하는 이유*는 수천년간 아마도 거의 과거 10,000년간 장기간에 걸쳐 '*맥락형성이 된 정치/경제의 밑바닥*' 위에, 주로 수백 년 전부터 과거에 국민국가들에 의해 이루어지기 시작한 '*강제적 지향성이 있는 국민국가의 체계형성 노력*'이 *3차/4차 산업혁명과 과학기술의 발전과 함께 인간성을 압도(overwhelming, prevailing) 하기 때문*입니다.

만일 체계(system)가 먼저 형성된 곳이라면 맥락(network)이 파고 들기가 어렵습니다. 인터넷이 맥락적이지만 성공한 것은 인터넷의 위상공간이 전혀 강압성이 없는 새로운 위상공간이기 때문이었지요.

새로운 위상공간이라는 말은 orthogonal(直交的) 공간이라고 표현할 수 있을 것 같은데, 기존의 강제성이 전혀 상관할 수 없는 푸른 공간(blue space)이라는 말입니다. 이리저리 얽혀서 꼼짝달싹할 수 없는 강제성과 경

쟁이 가득 찬 붉은 공간(red ocean)이 아니라는 말이지요.

우주는 경쟁이나 강제성이 처음에는 전혀 없었지요. 우주는 원래 생긴 시초에 확산적/이산적(擴散的/離散的)이었고 그래서 기본적으로 맥락적 존재일 뿐 아니라 엔트로피법칙이 무질서를 부추기지요. 체계(system)로 다잡아 가려면 에너지가 무지무지하게 드는 것입니다. 그래서 생명이 나타나기가 어려운 것이지요.

<u>인간성이라는 햇빛이 비추어내는 무지개 빛 스펙트럼(humanity spectrum)은 파동(?)특성에 따라 주로 세가지 영역을 나타냅니다.</u>

일반적 파동에 있어서 고주파와 가시광선영역파와 저주파가 각기 쓸모가 다른 것처럼, 인간성을 분지(分枝)하여 나오는 파동(?)적 또는 요동(搖動, fluctuation; wave를 순수 한국어로 만든 '어울결'이라는 말을 더 선호하고 싶다)적 특성들이 있어서 세가지 대역(帶域, band)으로 나눌 수 있습니다.

그것은 <u>국가와 같이 강제성이 큰 체계대역과, 인간성이 주로 문화라는 형태로 서식하는 중간단계의 전이대역과, 막힘이 없고 연결을 중시하여 자유도가 높은 맥락대역으로</u> 나뉘겠지요.

말하자면,
1체계대역(體系帶域, systematic zone, 주로 강제성이 큰 제국과 국민국가 개념),
2전이대역(轉移帶域, transition zone, 주로 인간성 문화와 각종 공동체 영역),

3맥락대역(脈絡帶域, nexal zone, 주로 유동적이고 느슨한 네트워크 연결체들 영역)의 *세가지 대역이 펼쳐져 있는 인간성 스펙트럼(humanity spectrum)이 역사 속에서 인과율을 따라 지속적으로 다양하게 변환되며 나타나는 것*을 발견할 수 있습니다.

이러한 *인간성이 자유도와 강제성에 따라 복잡한 서식환경의 변화대역들을 가진다면, 일어나는 사건들을 판단하고 처리할 수 있는 고차적 능력이 요구됩니다.*

특히 우리가 생각하는 *미래의 생존환경은 일이 닥친 후 해결하는 전략적(**戰略的**, strategic) 방식이 아니라, 모든 상황이 일어나기 이전에 미연(**未然**)에 대비할 수 있는 도략(**韜略**, consilia)적 방식을 필요로 한다*고 생각합니다. 이런 대처방식을 '도략변형론'이라고 부르기로 합시다.

*Consilia morphology(도략변형론, **韜略 變形論**)*

*Consilia morphology(도략변형론)는 인류생존도략의 큰 기본줄기인 평화지식체계와 창의활성화체계 등을 감안하여 대응책을 정비해야 오랜 평화를 보장할 수 있는 기본체력을 갖추었다*고 말할 수 있겠지요.

후에 설명하겠지만 *도략변형(**韜略變形**)의 방법론은 화·경·쟁·전(**和·競·爭·戰**, 평화/경합/쟁투/전쟁)의 네가지 상황변화에 대한 대응방식을 실시간 효과적으로 전환할 수 있는 능력에 주안점*을 두고 있습니다.

이 모든 방법론을 현실에 적용하는 *실질적 해법인 EITech(교육정보 테크놀로지)는* 뒤이어 설명이 나오지만 이러한 *화전(和戰) 양면의 전환 및 대처를 신속히 할 수 있는 시민교육까지 포함하고 있어야* 하겠지요.

지금까지의 논의는 평화- 창의- 지능이라는 세가지 키이·워드를 현실 속에서 구체화하기 위하여 대체적으로 어떤 구상을 해야 하겠는가를 말씀드렸습니다.

이는 인류의 *집합지능(collective intelligence)으로 잘못 해석된 통합적 지식판단체계(統合的 知識判斷體系)를 적절하게 구성하여 대처하고 잘 조절된 교육 노력으로 극복할 수 있다*고 봅니다.
그 효율성을 위한 핵심고리는 다음과 같습니다.

현대를 사는 우리는 각종 정보기관을 intelligence라고 부르며 *가까운 미래에는 Big Ten과 같은 사(私)적인 intelligence 기업들까지 공중지능 (public intelligence)의 범주*에 넣겠지만, 앞으로 200년간 태양계로 진출하면서 인류는 *SuperAI들을 모두 포함하는 거대지능망계(巨大知能網系, megalo intelligence menesys)를 Solarche Intelligence(태양계지능)로 불러야* 하리라고 생각됩니다.

왜냐하면 Solarche intelligence는 일종의 의식주체가 될 것이기 때문입니다. *인간이 그 한 부분이 되는 것이 아니라 쌍방향의 동등한 협치의 형태가 될 것이기 때문입니다.*

意識剩餘(Cognitive Surplus)해법의 Central Ground

우선 이런 상황에서 해법을 현실에 적용해야 하는 젊은 세대들, 즉 <u>신인류(新人類)의 의식잉여(意識剩餘, Cognitive Surplus)현상의 Central Ground가 곧 Common Ground가 될 것</u>입니다.

젊은 신인류들은 의식잉여를 병적인 현상으로 보지 말고, 호기심/의구심/실험탐구 같은 현재의 3차원적인 전신(全身) 더듬이를 작동시킬 필요가 있습니다. 이걸 3D Whole-Skin Tentacle(3차원적 전신 더듬이)이라 불러야겠지요? 전신 더듬이를 사용하는 능력이 생기면 Identity Growth(몸집 또는 정체성 성장)가 이루어지겠지요.

<u>*실상 metaverse와 그 이상의 육감(6感)적 훈련이 되는 whole tentacle(실존적 더듬이)로 인간능력이 비상하게 된다면 아마 우주로 진출하는데 큰 도움이 되겠습니다.*</u> 우주는 현재 우리가 이해하는 지성(intelligence)으로만 진출하기에는 너무 벅찬 곳이니까요.

인간이 만든 Super AI들도 아마 비명을 지를 겁니다. 능력의 한계에 봉착할 것이니까요. 그러나 <u>인간은 제대로 훈련되면 Super AI의 할아버지라도 활용하는데 어려움이 없을 겁니다.</u> 그게 인간의 본령(本領)이지요.

<u>*20세기 말, 21세기 입구에서부터 인류에게는 재능이 폭발적으로 증가*</u>하고 있습니다. <u>*기량(器量/技倆)이 뛰어난 새로운 세대가 나타나고 있는 것이 눈에 띕니다.*</u> 이런 사실은 그 시대가 가진 특성을 잘 말해 주는 것입니다. 물론

고차원 교육의 확산고· 저변의 고능력층의 두께가 증가하는데도 이유가 있지만, <u>언어로 만은 설명이 안되는 인류의 내적능력의 동향변화</u>인 것입니다.

과학기술, 예술문화, 기업경영, 등 특히 1980년경의 정보통신혁명의 정착과 2020년대부터 생활기술혁명이 온 이후 인류는 <u>앞으로 예측되는 인간능력의 확장(extension of human ability)이 특히 AI가 상용화되는 2030년 이후부터는 구체적인 상상이 불가능할 정도라고 봅니다.</u> 그 때가 되면 현재 나오는 예측들은 거의 가을 낙엽같이 시들은 자료로 생각되지 않겠습니까?

<u>앞으로 200년간 100계단을 성큼 성큼</u>

그럼에도 불구하고 <u>인류는 앞으로 200년간 100계단을 성큼 성큼 뛰어오를 것</u>이라고 생각합니다. 아마도 <u>2030년부터 평균 2년마다 인간의 적응력을 시험하는 비약적 변화들을 기대하여도 좋을 것</u>입니다.

이러한 비약 변화는 기계전자기적 혁신, 생화학적 혁신과 이후의 본격적인 나노(nano)테크 혁신, 지구외(地球外) 주거테크와 스마트 도시 같은 거대(巨大)테크놀로지들의 혁신, 인간적 친근성을 개선시키는 사회(社會)테크놀로지, 등 상상할 수 있는 모든 분야에서부터 시작될 것입니다.

요즘 나타나는 <u>양자정보기술의 발전은 예측이 불가능한 영역에 속하는데, 특히 미래 200년간 인간성(humanity)의 변환</u>이 인간성의 바닥까지 긁어내면서 이루어 낼 변화들은 과장과 왜곡이 심한 SF 소설 같은 류는 아니더라도 가히 <u>전초월(**全超越**)/전비약(**全飛躍**)이라고 불러도 무리가 없을 수준</u>

으로 인간을 몰아 갈 것 같습니다. 그래서 믿음이 필요합니다.

반세기전에 아부다비의 한 공무원의 말은 자기 부친의 세대가 사막생활에서 현대기술사회까지 한평생 수백 년에 걸친 인류의 기술변화를 삶 속에서 다 체험하셨다고 말하는 것을 들었는데, 바로 그 아랍 에미레이트(UAE)가 다시 자기 부친들의 세대보다 더 큰 갭(gap)으로 미래를 향하여 비상하고 있는 것이지요.

이는 한국도 마찬가지입니다. 현재 남한과 북한의 차이가 50년으로 보고, 대한민국은 진짜 숨차게 지금까지 달려온 것인데, 북한의 삶은 모든 것이 그냥 제자리 걸음만 하고 있는 것입니다. 그런데 <u>남한은 미래를 위한 기본능력만 마련하는데 지난 50년이 들었고 앞으로 50년의 발전을 위해 또 뛸 일이 남은 것이지요. 세계인류는 대한민국의 비약에 놀라고 있고 앞으로의 비상(飛翔)이 궁금할 것입니다.</u>

이쯤에서 우리는 인류 공통의 광장을 의미하는 컴몬·그라운드에 대하여 다시 자세하게 말해야 될 것 같습니다.

현 상황에서 인류는 컴몬·그라운드를 통하여 하나가 되어 가야 할 것입니다. 인류공통의 광장에서 이루어야 하는 과업은 인류가 비약초월(Leaping Transcent)할 수 있는 기반을 함께 더불어 성취해야 하는 것입니다.

<u>인류는 Darwin의 책 제목에서와 같이 "Descent"(하강)했고 이제 우리는 "Ascent(상승)"의 길을 가면서 생명인간의 길을 열기 위해 노력 중입니다. 그런데 진정코 우리가 해야 될 일이 무엇인가 묻는다면 "Transcent"(초월)</u>

_의 길을 가야한다_고 말해야 될 것입니다. 니체 할아버지의 흉내를 내는 것이 아닙니다.

과거에는 영어에서 초월을 transcendence로 썼지요. _이제 우리는 descent- ascent- transcent라는 새로운 언어정렬을 선보이고 있습니다. Transcent는 아직 사전에 오르지 못한 상황인데 우리는 transcent를 전부 또는 전국면(全局面)적인 변화를 가져오는 통전적(統全的) 변형과 진화와 전환을 뜻_하기 위하여 쓰고 있는 것입니다.

<u>Crev-olution = Kreb-olution = Transcent of Humanity</u>

그래서 우리가 사용하는 _크레볼루션(crevolution)이라는 용어는 비약초월(leaping transcent)를 의미하며 creative revolution의 함의(含意)_를 가지고 있습니다. 좀 더 나아가 생화학자들에게는 잘 알려진 _Krebs' Cycle 이라는 초절(超絶)한 우수성을 가진 생체에너지과정(生化學反應徑路)의 진화와 연관_시켜, 인류미래의 비약적 변화를 그려보려고 하는 것입니다. 말하자면 크레브(Crev)-olution를 크레브(Kreb)-olution과 _음성학적인 유사성에서 연계시켜, 용어의미를 강화_해 보려는 의도가 있는 것입니다. 좀 억지이기는 하지만 어쩝니까? 아무도 모르는 미래를 더듬이로 찾아 나가는 중인데!

인류가 성취해야 하는 초월적 미래사회를 이루어 나가기 위한 피할 수 없는 방법론으로 등장하는 _크레볼루션은 1) 메타·콤플렉스(거대복합망계), 2) 온혈비상(溫血飛翔, warm-blood soaring), 3) 탈경계(Beyondary; beyond-boundary)_를 목적으로 삼고 있습니다.

*1) 메타·콤플렉스(복합거대망계)*의 목적은 우주로 발진(發進)해 나간 인류는 지구상에서의 오밀쪼밀한 소사회들의 단순거대망계가 아니라, *적어도 태양계 전체를 대상으로 심원한 변화를 내포*하고 *미래 200년에서 1000년 정도의 비약초월을 경험*하면서 복합적 거대망계를 이루어, *모든 층서의 사회들이 서로 인원과 정보와 물자를 유통하면서 상생하는 관계*를 성공시켜야 하는 것입니다. 이 메타컴플렉스는 인간의 육체가 신진대사하듯이 한 몸된 파노라마를 일구어야 한다는 것이지요. 꿈이 야무지지요?

*2) 온혈비상(溫血飛翔, warm blood soaring)*이라는 목적은 인류사회가 냉혈동물들의 차가운 피 말고, *휴매니티의 따뜻한 피를 가지기 위하여* 많은 에너지를 쓰더라도 *높은 사회진화적 모토(motto)를 가지고 비상하려는 의지를 가져야* 한다는 것입니다. 냉혈이 되면 인간들은 문명을 순식간에 파괴시킬 것입니다. 차거운 피는 싫습니다.

*3) 탈경계(Beyondary; beyond-boundary)*라는 목적은 *'경계를 넘어서 그보다 더 지나서 위쪽으로*라는 뜻이겠지요. 이는 *끊임없는 비약초월, 즉 크레볼루션(創命, 창조적혁명)이 가진 행동양식의 결과*입니다. 지구에서 태양계로, 태양계를 지나서 은하계로, 그보다 더한 곳으로도 경계를 허물고 비약초월을 하겠다. 이것이 지금현대의 역사에도 인류가 보여주는 행태가 아닐까요?

비약초월(leaping transcent)이 요즘 많이 쓰는 퀀텀·립(quantum leap, 量子跳躍)과 다른 점은, *새로운 시대의 천명(天命=시대정신)을 받는다는 크레볼루션(창명, 創命)*은 경계를 허무는 것이 목적이 아니라 *새로 뚫고 들*

어가서 확보한 경계선 안에 새로운 인류의 영토에 새로운 유기·격체 (organoperson)들을 산출(conception)해야 한다는 점입니다. 아무리 도약(跳躍)하여 높이 뚀면 뭘합니까? 사람들의 귀엽게 까딱거리는 머릿수와 사람사는 자잘한 그 소중한 이야기들이 채워져야지요!

2015년에 나온 *직접민주정치*라는 책에서도 *창명(創命, crevolution)*이라는 개념을 다루면서 *새 시대의 시대정신*을 받는 일을 설명하면서 *창출경제/창발정치/창현문화/장의교육/창조미래의 유기체적인 국가정책*들을 선보인 적이 있습니다. 아마 ㅈ-끄·아탈리가 주창하고 시도했던 긍정경제보다 더 확고한 유기적 사회변화를 제시했었다고 생각합니다.

아마 우주시대로 접어들어 한세기가 지나가면, 태양계로 진출한 인류가 솔라르케(Solarche, solar-arche, 태양계-신기원)시대로 진입하면서 말썽 많은 화폐단위도 ATP(Adenosine T-iphosphate)라는 생체어너지화폐를 기본단위로 삼고 에너지AT그문명단우 로 경제생활의 재편성이 이루어지지 않겠습니까?

예컨대 체세포*인구*문명소요에너지레벨 같은 개념으로 접근하는 것이지요. 블록체인의 기술이 양자정보와 결합하면 어떻게 될까요? 우리에게는 조금만 용기를 가지면 변화할 수 있는 무한한 가능성이 열려 있습니다.

앞으로 *인간들의 사고(思考)는 21세기 현재도 많이 동태적이지만* 더욱 역동적인 형태로 변화하것고, *기본적인 인식방법이 자기 개체의 공간적 단순이동과 서로간의 영향에 의거한 군집(群集, cluster)상태로 이해*하고 있습니다. 그러나 오래지 않다 우리는 세계가 요동(搖動)에서 시작되었고 모든 것이 중첩된 파동(波動, wave)의 형태로 존재한다는 것을 받아들이게 될 것이지요.

<u>휴매니티의 변환</u>

이 파동의 형태는 지금도 oscilloscope와 각종 전자기파의 변환장치들을 통해 익숙해져 있는데, 앞으로는 이 <u>**파동상태의 자기인식이, 인간현상을 결국 개별적 형태와 집단적 유형이라는 제한적이고 고형(固形)적인 상태보다, 유동적이고 조화(調和)라는 개념으로 상식화 되도록 유도해 갈 것**</u>으로 생각됩니다.

이러한 변화는 인식능력의 근본을 갈아 엎을 수 있는 의식훈련의 이기(利器)들이 발명되고 일반화되므로 인간성의 파동적 특성을 스스로 인정하게 할 것으로 예상합니다. 여기서 우리는 wave를 파동으로 부르기보다 우리 말에 잘 맞는 "얼결"이라는 용어를 사용해 보기를 권고하고 싶습니다.

<u>**미래에 인류는 조화(harmony)라는 의미에 몰입될 것**</u>인데 우리 한민족은 실질적으로 **창조주(創造主)**도 조화옹(造化翁)이라고 부르곤 했는데 이를 <u>**조화주(調和主)**</u>라는 말로 어울림(**調和 또는 共鳴**)의 의미를 강화시키고 <u>*resonance*가 인간격체를 형성해 나가는 핵심기제로 부각시키는 것이 한국의 심성에 맞는 일이 아닌가</u>생각해 보는 것이지요.

그러므로 *Wave*는 얼결(파동), *resonance*는 어울결(**共鳴**), *consonance*

는 한울(**合致**)라는 새로운 단어군(**單語群**)으로 규정하여, 세계의 역사를 위축과 확장(**萎縮**과 **擴張**, contraction and expansion)의 역동적인 현상으로 기술할 수 있게 되리라고 가능성을 타진해 봅니다.

이제 우리는 인지방식의 변화를 통해 네가지의 가장 기본적인 휴매니티 변환 프로세스(transforming process of humanity)를 구상해 보고자 합니다. 이는 평화지식체계 - 창의교육체계 - EITech(PEKS/SIS/CEDB) - 인간성 필수관리(신세계 개척 핵심(**核芯**) 개념)로 이루어 질 것입니다. 연필심 같은 단어에 쓰이는 심(**芯**)이라는 단어에 주의하시기 바랍니다.

평화지식체계를 세우고 - 창의활동을 일으키고 - EITech/ CEDB/ PEKS 를 체계화하며 - 인간성을 필수적으로 관리하여 (신세계 개척의 **核芯** 개념으로 삼아) 우주적 현실 속에 위에서 계속 언급해 온 역사적 crevolution을 지속적으로 sustain 할 수 있는 기반과 바탕을 확립하려고 하는 것입니다.

Crevolution and Negentropic Stress

인간은 반엔트로피(negentropy)적 존재입니다. 생명현상 자체가 그렇지요. 인간의 Negentropy는 엔트로피적 자연상태(entropic natural environment)에서 생체적 스트레스(bio-stress)를 유발시킵니다.

Negentropic stress가 없어지려면 그 process 자체가 DNA로 편입되어야 한다. 이 편입은 과도한 스트레스(excessive stress)가 부하되는 고에너지를 소모하는 접힘현상(high energy consumable enfolding)으로,

*system*이 물질(hardware)에 *각인(engrave) 되기 위한 과정*으로서 문턱 에너지 소모(threshold energy consumption)가 많으며, 그 편입과정은 crevolution의 주요 과정 중의 하나입니다.

DNA편입은 crevolution에서 철새의 도해비상(渡海飛翔) 같은 오랜 시행착오 후의 정착결과인 것이지요. 이것은 system이지만 *DNA에 정착한 안정적 시스템(stable system)*입니다.

따라서 *창명(crevolution)은 ATP-effective (energy-effective, EXE-effective)해야 하고, Syn-stress(省스트레스) 해야 하고 folding(접힘)과 unfolding(폄)의 과정을 계획(planning) 할 수 있는 체질용 모눈(sieving mesh)이 필요*하다는 말이 됩니다.

Sieving mesh(SM)는 시스템 사이에 결합시 (두 단백질 분자가 서로 결합할 수 있는 상교상효적(相交相效的) 공간이 있듯이) SM은 두 기존의 system 또는 다수의 system이 상호 절차효율적(process-effective)이고 상합성(相合性, Inter-fittability)이 서로 잘 맞는 있는 mesh를 갖추어야 하는 것이겠지요. 이것은 미래에 중요한 학문분야로 팽창할 것입니다.

본서는 *난영미(蘭英美)권역(Dutch-Britton-America)의 시대정신에 민감한(pro-crevolution) 체질적 강점을 상당히 평가해 주는 데, 이는 미국의 우주진출과 관련하여 장기적인 아메리코즘(Americosm)의 미래를 낙관하기 때문이지요.*

난영미에서 로마제국의 퇴조(ebb tide) 과정이 유의해 볼만하고, 로만 카 258 뜻밖의 α미래

<u>톨릭의 퇴조(退潮)도 상당한 의미가 있으며, 영국의 국교도, 미국의 비국교도들이 비판받을 점도 있지만 비교적 건전한 몇번의 평화적 방향전환을 통해 역사의 방향이 잡힌 것을 상당히 평가</u>하는 것입니다.

이를 세계역사를 통틀어 단계별, 규모별, 등 각종/각급 격체특질의 적응/적극/변환기제를 연구하여야 합니다. 이것이 앞으로 최선, 최고의 역사를 살고자 하는 우리나라 사람들에게 매우 중요한 과제가 될 것입니다.

거기에서 위상포텐셜, 다중임계와 이들 사이의 상호작용을 고려한 크레볼루션 전략을 추출해 내야 합니다. 예를 들자면 위상포텐셜의 진폭 변화, 각운동량 속도, 감가속, 복수(複數)위상 변화 및 중첩, 등으로 안정성 강화와 집중력 및 영향강도 및 파괴력 변화 관리 를 알 수 있어야 합니다.

<u>선진 상위권의 국가의 전략은 어떤 전략특성을 가져야 할 것입니까? 통일이나 신탁통치 혹은 한시적으로나마 필요할지 모르는 연합의 과정이 어떤 사전, 사후 전략을 요구하는것일까요?</u>

한반도 통일의 과정에 일관하여 겪게 되는 세계화 경쟁에서 국가의 총역량 집중이 필요합니다.

현재 우리는 아직 통일과정에 진입하지도 못했는데 세계의 선진 국들은 모두 우주시대에 진입하는데 총력을 기울일 것이므로, 이러한 전환시 대적 도략을 형성하는 새 방향을 잡기 위하여 <u>우리에게 불가결한 신국가 건설도략과, 미래적이고 포괄적이어야 할 국가체질 전환도략의 방식은 어떠해야 할 것입니까?</u> 위상포텐셜도략을 어떤 방법론으로 어떻게 구체화하여 적용할 것입니까?

이 모든 상황에 대응하기 위하여 복잡성과학적인 다중임계근방의 도략(**多重臨界近傍韜略**, Strategy of Multiple Criticality and its Vicinity)이 요청되는데, 구한말 이후 한반도와 특히 현재의 대한민국은 다중임계근방에 위치해 있습니다. 지정학적으로 매우 민감한 상황변화를 다중적으로 내포한 지역입니다. 이는 국제적으로 공통변경(共通邊境)으로 규정되기도 합니다.

장래에는 세계 전체가 MCStrategy(다중임계근방) 상황에 놓이게 됩니다. 사실은 이 상황이 이미 우리 코 앞에 다가와 있습니다. 단적으로 코비드-19 상황과 기후변화, 전쟁위험, 금융위기 등의 요소들이 한꺼번에 터져 나오는 것을 보고 충분히 예상할 수 있는 것입니다. 과거처럼 상투수단이던 세계대전이 아니면 이 상황을 해소할 방법이 없는 것일까요?

위상포텐셜(Phase Potential); 영속적 생명현상관리

위상포텐셜 기법은 실상은 과거의 정직하고 양심적인 지도자들, 특히 가정의 엄마 아빠까지 포함하여 현실 속에서 경험적으로 사용하던 방법입니다.

*이것은 고대로부터 내려오는 왕도(**王道**)의 기본이며; 사람들의 여론 등 현장적 감각을 중시하는 전인지(**全認知**)의 방법론; 몸의 문제(**人**)를 중시하여 백성들이 먹고사는 문제를 최우선으로 두고; 현대적 의미에서 시장과 국가의 접점을 찾는 안정적이고 역동성을 유지하는 일에 집중하는 것입니다.*

전인지(全認知)에 대하여 말하자면, 예를 들어 *수만 년간 구석기인들부터 인류는 눈치로 살아왔습니다.* 인간들 즉 우리들은 무엇이건 눈치 채서 벌써 다 알아 버립니다. 전방위 눈치의 비법; 눈치는 겸손하고 온유한 것이지요. 공동체유지의 비법인 것입니다.

인류언어의 층서적 구조는 모두 다시다시피 음운론- 의미론- 구문론(관계론)- body language(눈치 영역)- 텔레파시(?) 등으로 내려갑니다. 아직은 상식세계에서는 통하지 않는 텔레파시의 단계에 들어가면서 앞으로 인류특질의 복합적 변화가 필요하고 또 AI, 로봇, 의식주의 격변, 등의 실생활 도입으로 자율사회(autonomous society) 영향이 크기 때문에 인류특질의 비연속적, 단절적 변화가 나타날 것입니다.

위상포텐셜 도략은 한국을 위하여 2010년에 제시되었지만 매우 범용성이 높기 때문에 전 인류가 시간이 흐르면서 모든 선진국이나 뒤쳐진 지연국가(retarded states)들이라도 다 받아들일 수밖에 없는 우수한 방법론입니다. 뿐만 아니라 위상포텐셜 도략은 모든 인류가 *전체 지구행성적으로 사용해야 하는 가장 합리적인 정보판단 및 의사결정의 기법*인 것이지요 건강진단에서부터 국가동향까지 인류역사의 역동적인 흐름을 파악하기 위해서는 진정코 반드시 필요한 것입니다.

신진대사 (metabolism)- 기틀(crux) - 동조(同調, sync)

영속적 생명의 관리에서 신진대사와 같은 생명유지시스템으로, 더 나아가서 기틀(crux)과 같은 미래변화의 핵심요소들의 구조적 관리와, 줄여서

"sync"라고 부르는 동조현상(synchronization)에 대한 심도 있는 연구들이 필요합니다. 지금도 이미 세계적으로 과거에 이루어진 충분한 연구실적들이 있기 때문에 정치인들이나 정당들이 마음만 먹으면 사용할 수도 있는 상태로 봅니다.

단지 새 관점을 갖추는 것이 필요하고 국민들도 실생활 레벨에서 다가오는 미래기술에 적응할 필요가 있는 것입니다. 왜냐하면 Sync현상은 A.I. 또는 Super A.I.가 인류문명내로 적극 도입될수록 심각한 영향력을 미칠 것이기 때문입니다. *인간의 생활이 메타버스와 같은 기술에는 외형적 전개에, 또 A.I. 기술에는 내적 특성의 지나친 개입이 있게 될 것*으로 보이기 때문입니다.

일반적으로 위상포텐셜이라는 용어를 쓸때는 역사의 흐름이 사이클을 가지고 사인·커브(sinuous curve)를 그리는 상황을 연상하고 실제로 우리의 일상이 그런 기분으로 흘러가고 있습니다. 그래서 좋은 일과 궂은 일이 번갈아 가며 우리 삶에 나타난다고 보는 것이지요.

그런데 역사의 흐름이 플러스 부분으로 올라가서 좋은 때가 있고, 또 여러가지 손해를 의미할 수도 있는 마이너스 부분으로 내려가면 내부 분란이 생기거나 외적의 침입이 있거나 바람직하지 못한 일들이 생깁니다. *이를 피하여 긍정적인 요소들이 지속적으로 역사의 흐름을 윗쪽으로 향하는 상향기조(上向基調)를 견지하게 할 방법론과 예측기법을 조직적으로 사용할 필요가 있는 것이지요.*

실제로 정치나 안보상황과는 달리 금융이나 경제적인 정량적 예측기법은 상당히 발전해 있습니다. 그러나 예컨대 리만 브라더스 사태가 왔던 월·스트리트의 붕괴는 아직도 정리되지 못한 세계경제붕괴의 각중한 위험을 극복할 논리적이고 실질적인 하법이 없는 실정이라고 걱정들 하곤 하지요.

말하자면 *인류가 이런 상황을 극복하고 미리 미리 피해 가려면 진지하게 가치의 일반이론을 통해서 부풀려진 경제적 흐름들을 바로 파악할 수 있는 경험치들을 모아 나가고 "정직한" 경제의 길을 걸어야 할 것입니다.* 말하자면 이 모든 것이 상당히 브풀려진 기술의 시장도입 비용과 비정상적인 시장가격의 왜곡에 그 근본 원인이 있고, 이는 정치경제적인 권력문제오·너무 깊이 얽혀 있어서 이를 일부둔이나마 ㅂ·코잡으려면 대단한 노력이 필요하리라고 보는 것입니다.

그러나 *세계는 결국은 정직한 가치이론의 적용으로 권력문제에서는 평화를, 경제적 이윤 문제에서는 효용을, 인간성의 문제에 있어서는 창의를 성취하게 될 것입니다.* 이는 인류가 앞으로 큰 난관에 부딪혔을 때 아마 진정한 가치란 무엇인가 궁금해하며 가치의 역동적 변화체계에 대하여 새로운 파라다임을 얻기를 소원(所願)하게 될 것으로 생각합니다.

인류는 창의와 평화를 양립시킬 수 있는 진정한 창의적 평화의 시대를 속마음으로 간절히 바라고 있습니다. 이는 허수(虛數)가 끼어들지 않은 진정한 가치로 시장과 경제가 큰 왜곡 없이 흘러가는 가치자본주의(價値資本主義)가 저 멀리 지평에 나타나고 있기 때문입니다. 진정한 가치의 흐름 위에 창의적 평화를 이루어 나가기 위한 인류역사의 도정에서 위상포텐셜 도략과 다중임계근방의 도략의 개념을 활용하여 설명하고저 합니다.

장기적인 안목으로 세겨 역사 *내적(內的)인* 잠재력 상황을 지속적으로 관리

*하고 경영하는 복합도략(complex consilia)인 위상포텐셜 도략*과, 당면한 문제에 중단기(中短期)적으로 대처하고 *외적(外的)인 상황조건에 실시간으로 또 미리미리 대응하는 통합적인 도략인 다중임계근방 도략*과 병행하여 사용하여야 합니다. 그러면 위상포텐셜도략을 어떻게 현실에 도입하느냐? 시작은 그리 어렵지 않다고 봅니다.

"잠재능 발현 정책"

*위상포텐셜도략은 전반적인 상황과 이를 세분한 다양한 말초적 정책 내에도 적용할 수 있다*고 봅니다. 위상포텐셜에는 큰 항목인 *"잠재능 발현 정책"이 있습니다. 잠재능을 발현하도록 공동체를 이끄는 것은 공동체의 역사발전을 위해 매우 중요한 방법입니다.*

다시 그 잠재능 발현 단초정책에 포함된 세가지 하위 아이템으로 그 단초(端初)가 나타나 있는데 이들은 *국가잠재능 발현을 부스팅(boosting)하기 위하여 먼저 손을 대어야 하는 시동정책(始動政策, igniting policy)이지요.* 이는 *모성(母性)과 지성(知性)과 투지(鬪志)의 세 가지 인간성의 핵심*이며 종자-씨앗과 같이 인류의 마음에 특별히 깊이 아로새겨져 있는 절대역사신의 선물입니다.

*위상포텐셜 도략과 쌍벽을 이루는 다중임계근방 도략은 평화/경합/투쟁/전쟁의 네단계로 국가 사이에 관계가 험악하여 질 때 대처하는 비상시의 방법*입니다. 대체적으로 *화/경/쟁/전(和/競/爭/戰) 네단계 상황에서 쟁(爭)략과*

*전(戰)략의 부분에 집중적으로 다루어 질 것입니다. 왜냐하면 이는 다분히 위기상황과 밀접하게 연계되어 있는 투쟁적 방법론이 스며 들어 있기 때문*이지요.

인류의 현상적 위상은 많은 축을 설정하여 복합적인 변수들로 표현할 수 있는데 이것은 수학적 방법으로 현상변화를 계량적으로 묘사(simulation)하려고 할 때 개념적으로 다양하게 정리하여 쓰이고 있는 방식입니다. 필자는 이 변수들을 4내지 5개 또는 많아야 10개 이내로 적용하는 것이 좋다고 봅니다. 그러므로 변수는 시대와 상황에 따라 변할 수 있고 주변수(主變數)와 종속변수(從屬變數)와 기반변수(基盤變數)들로 나누어 처리할 수도 있을 것입니다.

이 *위상(phase)은 특정변수마다 파동에서 주기변화에 따른 변위(變位)를 말하기도 하고 한편 그 모든 변수적 요인의 개별적 변화를 복합적으로 표현할 수 있는 방법*을 찾아야 하겠지요. *인간의 뇌신경계의 인식체계도 이러한 위상 표현방식을 감성이나 정서나 복합적 느낌으로 표현하는 방식*을 취하고 있습니다. 이러한 정서적 요소 중에 가장 잘 알려진 것이 그 트 필링(gut feeling)이라고 부르는 우리 장부(臟腑)의 느낌입니다.

우리 장부의 느낌은 매우 복잡한 구조를 가질 수 있는데, 이를 뇌신경계가 정리하고 논리를 부여하며, 경험과 연합시켜 적절한 심벌들을 생성시키고 확고한 상관체계를 만들어 나가는 것이 인간의 경험체계라는 것이고, 그 경험이 축적될수록 개인의 특별한 사고의 유형이 형성되는 것입니다.

인간의 논리체계가 외부와의 접촉에서 온 경험에 의하여 점차로 자라간다

*는 것은 인간사회에서 시스템이 폭넓게 맥락적인 네트워크와의 연결을 통해 그 내용이 풍부해지고 점차 새로운 차원으로 발전해 나가는 것*과 같은 것이지요.

Common Ground 도략의 실천에는 사회내적인 위상을 잘 운용하여, 타성(墮性)적인 또는 *관성(慣性)적인 포텐셜의 수준* 및 적절한 *역동적 긴장성(力動的 緊張性)을 유지*하는 것과, 사회외적(社會外的)인 상황변화 중에 격변을 가져오는 요인들이 구조적으로 얽혀서 각 요인들이 어떤 임계점에 달했을 때, 또는 *여러 요인들이 상호 영향을 주면서 카타스트로피적 상황(catastrophic status, 災難狀況)을 연출*할 수 있을 때, 이러한 영향을 *미리 당기거나 상쇄시키거나 미연에 방지하거나 하는 고도의 판단력과 기획력*을 필요로 하는 것입니다.

여기에 위 파라그래프에서 첫 부분이 위상포텐셜 도략이고, 뒷부분이 다중임계근방 도략인데, 이 *위상포텐셜 도략과 다중임계도략의 상관관계까지 감지(感知)할 수 있는 훈련된 능력*이 있다면 *국가운영의 기본적인 능력*을 갖추었다고 할 수 있을 것입니다. 또 그런 안목을 부단히 훈련하여야 할 것입니다. 그 훈련은 *주목할 지점(地点) 또는 착안점들을 잘 찾아내는데 있다*고 봅니다.

*결국 사회의 탄력성 유지 상태를 점검*하여야 합니다. 조이고 푸는 것이 필요하지만 그것은 사건의 발생 또는 계획함에 따라 탄력을 가지고 새로운 운동에 너지를 발생시키고 전달될 수 있도록 유연하며 팽팽함을 간직한 근력(筋力)이 강화되어야 하겠지요. 이는 *잠재력을 지속적으로 또는 필요한 때에 불러*

내어 발현시킬 수 있는 긴장상태 또는 려기(勵起) 상태에 놓아 둘 수 있는 방안입니다.

이는 마치 전자가 높은 위상의 궤도를 돌다가 에너지를 방출하고 낮은 궤도로 내리듯이 잠재력을 집행능력으로 나타내고 다시 휴지(休止)상태로 돌아가 다음 사건을 위한 새 에너지를 축적하는 과정을 되풀이 하되 그 주기를 잘 맞추어 나가는 기술인 것입니다. 이는 뒤에 위상포텐셜 도략이라는 부분과 연계한 개념으로 다룰 것입니다.

간인성(intertrinsic property) 설명

한반도는 항상 예방전쟁에 힘써야 합니다. 그러나 전투가 불가피하면 빠르고 효과적으로 승리하거나 정리하여야 합니다. 우리는 평화를 사랑한다기 보다 평화가 보장하는 생존을 목말라하는 나라이며 민족입니다. 위상포텐셜 도략은 극단적 사태진전을 막기 위한 예방 목적의 국가적 방책이지요.

위상포텐셜도략은 내인성(內因性, intrinsic), 간인성(間因性, intertrinsic), 외인성(外因性, extrinsic) 요인들에 의하여 영향을 받습니다. 내인성이란 주로 자체의 체계가 갖는 특성에 의하여 영향받는 것인데 체계는 어떤 구성체의 내적 특성을 규정하는 가장 주된 요소이기 때문입니다. 외인성은 주로 외적 상황에 의하여 영향 받는 것이며 이는 주로 외부의 이질적 요소들이 체계 안으로 침투한 경우가 아니면 대부분 외적 연계를 가진 맥락들로부터 오는 요인들입니다.

간인성이라면 아마 그 영역(英譯)인 inter-trinsic이라는 생소한 단어부터가 마음에 들지 않을 수 있습니다. 이는 필자가 고심 중에 표현한 것으로 *체계적 내적 요인들과 맥락적 외적 요인들이 상공간에서 만나며 완충하며 상호작용하면서 만들어 내는 중간생태계의 요인들이* 참 중요한 역할을 하기 때문에 만들어 낸 용어이지만, *현대인들은 평상시에 이 간인성 요인들에 의하여 더 큰 영향을 받고 선택의 자유를 누리게 되는 것*입니다.

필자의 판단으로는 *경략(**競略**, competitive state)단계까지는 내인성, 쟁략(**爭略**, conflict state)단계로 가면 간인성, 전략(**戰略**)단계로 가면 외인성 요인들에 더 집중하여 관리하여야* 한다고 보는데 쟁략단계에서 간인성 요인들에 대하여 설명하고자 합니다. 간인적 요소들이 상황을 주도할 때는 많은 논의와 다툼과 긴장관계가 존재한다고 보여 집니다.

(이 부분의 논리는, 반딧불이 무리, 원형운동장 조깅팀, 바라바시가 설명한 초대기독교 네트워크, 현대세계의 국가군(群)들간의 교류 및 교역관계, 인터넷에서의 정보통신 플랫폼과 시스템-네트워크 관련에 대한 간인성 개념에 대한 설명을 이 책 말미에 별첨해 둔 <위상포텐셜도략>에서 찾아보기 바랍니다.)

위상포텐셜 도략의 함의(Implication of Topotential Strategy)

Topotential(位相潛在能)은 Topos Potential의 줄인 말입니다. Topos는 인간 뇌인식(腦認識) 작용의 세가지 대표적인 상공간(相空間, phase space) 형성인자인 Onto-Topos-Logia에서 두 번 째인 Topos(공간적 위

치인식) 상공간을 지칭합니다. (2010, 고왕인, the Creative Peace, p244) phase potential과 동의어입니다.

*Potential (潛在能)*은 물리학의 기초논리로 볼 때 현상에 나타난 모든 작용에 대하여 반작용적 내력(耐力)이 내재(內在)된 반탄력(反彈力)으로 잠재하고 있는데, 이를 Potential이라고 명명한다면. 전압, 유수압(流水壓), 진공흡입력, 중력에 다한 위치에너지 등 여러 가지 현상을 지칭, 함의(含意)하고 있다고 말할 수 있습니다.

반탄력으로서의 Potential은 인문학적 의미로도 전용될 수 있는데 예컨대 경제학에서 생산-이익의 양현적(陽顯的) 관계와 소비-부채의 음잠적(陰潛的) 관계를 통섭하는 통합상공간을 상정하여 고찰할 수 있는 방법론을 마련해 줄 수 있습니다. 이러한 음양상공간(陰陽相空間)의 통합적 상상력은 인간사회의 논리를 근원적으로 변화시키는 요인이 될 수 있습니다. 이것이 태극사상의 원래 의미인 것입니다.

불란서 혁명 이후 민중, 또는 시민 중심의 군사전략은 근대사회의 군사전략을 근본부터 변화시켰습니다. 혁명사건이라는 대전제 아래 시민들의 능력을 흡수할 수 있었던 것입니다.

말하자면 소위 사회주의자들이 말하는 인민에 근거한 군사전략이었습니다. 그러나 이러한 *민중의 내력(內力)을 전략적 군사능력에 포함시키는 시도는 고대로부터 허다한 명장(名將)들과 정치지도자들이 이미 사용*해 왔던 것입니다.

이들이 활용한 대민(對民) 심리전이나 정치적인 대중조작이나 전쟁이나 내란 및 혁명과 같은 대중동원은 민중의 내력(內力), 짧게 줄여 민력(民力)을 동원하는 방법이었습니다. 그러나 가장 강력한 민력동원의 방법론은 민중이 먹고 입고 살고 서로 의지하게 하여 즐거움에 이를 수 있게 하는 왕도(王道, Rule of Right)적 방법론이었습니다.

"왕도"라는 용어가 너무 멀게 느껴진다면 대체(代替) 용어를 씁시다. *"민중이 믿고 따를 수 있는 진정한 전략적 지도력"을 만났을 때 민력의 함양과 활용은 현실화될 수 있었고 실제 역사에서 중요한 벡터(vector)로서 작용하여 왔습니다. 특히 민중의 경제적 이익과 합치하는 국가 또는 군사전략은 단기적으로도 상당한 작용력을 발휘하였지요.* 또한 민중의 생활의 근거를 인간 성정에 맞추어 안정화시키고 윤택하게 하는 방침들은 위대한 정치적이고 군사적인 전략의 근간이 되어 왔습니다.

이러한 역사적 교훈과 사례에 따라 *복잡성과학에서 도출될 수 있는 전략은, 전쟁의 단기적이고 단편적인 승패만을 겨냥한 공수기제를 목적으로 하지 아니하고 사회 전체의 보존과 평화적 상황을 지속적으로 존속시킬 수 있으며, 또 국내외의 심층적 복잡성을 전제한, 폭 넓은 국가경영의 방략, 또는 경세적 도략, 즉 경략(經略, statecraft consilia or statecraft strategy)* 이라고 말할 수 있습니다.

이러한 경략적 관점에서 한국이 치열한 군사력 경쟁이 불붙고 있는 현재 동북아의 모든 가능한 상황에 충분히 대처하기에는 아직 미숙한 방어능력과 공수체계를 가지고 있는데, 이러한 확실한 상황파악에서부터 시작하여 최소의 투자로 최고의 국방 성숙도를 달성할 수 있는 정치경제적인 방도가 있는 것인가, 과연 있다면 그 방향과 지침은 어떠해야 할 것인지를 생각해 보아야 할 것입니다.

*경략이라면 군사안보적 측면만 살피는 것이 아니라 국가경영의 주요 차원(次元)들과 기능축(機能軸)들을 역사적 상황에 적합하도록 간략하게 선별하여 핵심적인 조처들을 가장 효과 있게 시행하는 치밀하게 조직된 다차원적 사고(多次元的 思考, multi-dimensional thinking)*의 형태를 표현한 말입니다.

그러므로 최고 통수권자의 입장에서는 경략적 관점을 가지고 복잡한 상황에서 결정을 내리기 위해서 가장 필요한 것이 있다면 곧 *잠재력 수준에서 주요 사건들의 면모를 살피고 모든 잠재적 조건들을 효과적으로 조직화하여 최고의 효율과 최대의 성과를 달성하고 목표시기에 맞추어 구현하기 위하여 국가를 운영하는 감각*을 구비하는 것입니다.

그 첫 번째 포석은 현재의 국가 위상(topotential of state)을 적정하게 분석하는 기술입니다. 그러므로 정책의 중심에 선 위치에서 가장 *핵심적으로 추진하여야 하는 정책축(政策軸, Axis of Policy)*을 가려내는 안목이 있어야 하며 이는 지도자의 국정철학과 역사적 자각에서 나오는 경세적 능력과 기본적 관점에 속하지요. 이는 세계가 전반적으로 변천하여 가는 *전국적 조건(全局的 條件, global condition)*중에 한국이 가지는 *국소적 조건(局所的 條件, local condition)*을 모두 고려하여 국가위상을 분석해 내어야 합니다.

그 두 번째 착점은 이러한 기본적 관점 위에 *국가위상의 파악, 국가목표의 설*

*정, 주요정책축의 선정, 집중적 시행차원들(施行次元, Dimensions of Implementation)의 정비를 거쳐 중점사업들과 그 순차적(順次的) 시행계획들을 안출*하여야 합니다. 한국처럼 자원이 부족하고 국가운영의 기술이 미숙하며 외적 변화에 대한 적응기한이 한정되어 있는 나라에서는 반드시 *집중적이고 돌파능력을 가진 중핵사업(重核事業, heavy nucleated project)을 구상하여 실천할 수 있는 방법론을 발전시켜야* 합니다.

이렇게 *위상파악에서부터 시작하여 정책시행에 이르는 전반적인 복합적 방법론을 정립한 것을 "위상포텐셜도략"*이라고 부를 수 있습니다. *위상포텐셜도략(位相潛在能韜略, the Strategy of Topotentiality)이라는 새로운 개념은 한국이 종래에 발전시켜온 국가도략을 뿌리로부터 경략적 관점에 입각하여 새로 구축할 수 있는 새로운 차원과 혁신의 공간*을 제공합니다.

복잡성 과학적인 특성을 고려한다면 **현실에 적용하는 과정을 잠재능 발현 도략(潛在能 發顯 韜略)이라고 부를 수 있는데 영어로 SPEM(Strategy of Potential Emergence)**이지요.

역사적으로 인간들은 어떻게 자신을 나타내어 왔는지 아래에 열거해 보았습니다.

*전쟁과 점령과 건설의 역사전개, (로마의 라인/다뉴브 강안에 접경방어도시들)
*전쟁에 이기는 자가 역사를 계승,
*토지를 확보하는 자가 역사를 계승한다. (둔전, 정착, 도시건설 등으로 토지를 확보)

*먹을 것을 확보하는 자가 역사를 계승. 경제전.
*교육체계와 정보전달체계를 건설.
*기술정보가 점차 역사계승의 핵심이 되어 간다. 즉 창의가치 축적과 정비가 역사계승의 핵심.
*문화상공간을 점유
*사상을 장악
*결국 DNA를 승계하는 자가 역사를 계승한다. (현실의 공리)

潜在位相戰略(Strategy of the Emerging Potentiality)

<u>잠재능 발현 핵심정책은 대한민국이 처해 있는 현실이 이미 가진 그 위상에서 시작하고 우주시대를 바라보아야 합니다. 과거의 위상을 존중하지만 과거에 연연하지 않고 전 인류를 위한 새로운 비전이 생겨나야 하는 것입니다.</u>

<u>나라나 사회가 생소한 단계로 올라가려면 전혀 새로운 인식과 관점이 생겨나야 합니다.</u> 잠재위상전략이라는 것은 암벽등반과 같이 손발을 걸칠 곳들을 잘 보아두고 내 몸에서 어떤 부분을 활용해야 하는가를 미리 아는 것과 비슷합니다.

잠재력을 키워 나가는 것, 이는 젊은 세대들의 몫입니다. 특히 1525@2023의 시대적 사명은 바로 새 시대를 열어서 새 물결이 거센 밀물처럼 몰려와 좌초해 있던 한국과 인류역사의 함선을 띄워 나가는 단초를 열어 나가고 그 과업을 성취하는데 있는 것입니다.

다중임계근방(Near-MultiCriticality); 전방위 위기관리

위상포텐셜 방식이 예방적인 측면이 많지만 이와 쌍벽을 이루면서 전방위 위기 관리를 해나가는 현장관리는 다중임계근방의 도략이 맡아야 합니다. 전포괄(全抱括), 전책임(全責任), 전참여(全參與)의 결의를 가지고 우리는 모든 문제들의 해결사(解決士)를 자임하고 *포괄적인 해결의 요령을 익히는 것이 그 핵심*입니다.

*이것은 인구계획, 경제동향, 국토계획, 국제협력, 정보분석, 국방기술, 등 전반적인 국정이 단일 분야, 또는 관련 분야, 또는 전반적인 국정의 경계경보가 임계치에 이를 때 정량적으로 나타날 수 있는 시스템이 구축할 수 있을 때, 지금보다는 더 안정적으로 각 분야의 위기에 대한 소요판단(**危機所要判斷**)*을 할 수 있을 것입니다.

*대한민국은 다중임계근방(MCV)에 위치해 있습니다. 다중임계근방이란 다중특성축을 따라 여러 가지 임계현상이 다중/다층적으로 나타나고 있는 국면이나 지역*으로 정의할 수 있습니다.

그러므로 *MCV(다중임계근방)는 지정학적으로 매우 예민한 상황변화와 위기의 확대 재생산의 가능성을 다중적으로 내포*할 뿐 아니라, 많은 경우에 높은 정치경제적인 압력부하가 걸리고 주민들의 삶을 압사시킬 수 있는 지역인 것입니다.

그러므로 *현대세계의 모든 경영관리 및 국가경영의 현장에 적용되는 복잡성과학으로 보면, 이는 국가전략과 군사전략, 그리고 기업전략의 모든 분야*

*에 활용될 수 있는 전략방법론입니다. 그 내용은 (탄성한계내의) 최소의 스트레스로 최대의 상황변화에 적응하는 방법*이며 위상전략이라고 부르는 방법론의 시술(施術)적 기반을 제공합니다.

다중안보위험 I, II, III과 복합위험에의 노출

원래 모든 병법과 전략의 기초는 다음과 같은 흐름이 있습니다.

첫째, 모든 변고(變故)게 대응할 수 있도록 항상 잘 준비하고, *싸우지 말고 이겨라.* (솔직히 굳이 이길 필요도 없는 상태가 제일 좋은 것이다.)
둘째, 싸우려면 자기가 *원하는 상황(병력, 사기, 병참 등)에서 자기가 원하는 방법으로 자기가 원하는 때에 자기가 원하는 장소에서 싸워라.* 적어도 지지는 않고 재기할 수 있는 힘은 남겨야 한다.
셋째, 현재의 *세력균형을 변화시킬 요인들에 영향을 미쳐야* 한다.(외교, 종횡술)
넷째, 정병(正兵)으로 안되면 *기병(奇兵)을 쓰라.* (일반적인 전술과 조금 정의가 변경된 용어이긴 하나, 전격전, 기동(機動)전, 기공(技工)전, 모략전, 특수전, 정보전, 심리전 등)
다섯째, 전반적으로 *정대(正大)한 전쟁*과 전투를 하여야 한다. 왜냐하면 *명분(名分)이 가지는 힘*은 실리(實利)보다 그 잠재력이 뒤지지 않기 때문이다.

한국의 특유한 상황에서는 위와 같은 요소들 외에도 고려하여야 할 다른 나라에 없는 군사적 전략전술의 상황적 요소들이 있습니다. 그것은 '다중안보

위협(I)'이라는 요소입니다. 마치 폴란드가 당했던 국가분할이 가능한 지정학적 요소이지요. 독일, 오스트리아, 러시아에 둘러 싸인 이류국가의 애환입니다. 우리도 열강에 둘러싸인 삼류 국가였지요.

거기에 또 다른 중대한 요소가 더 존재할 수 있습니다. 그것은 역시 *다중안보위협요소이지만 '다중안보위협(II)'라는 것입니다. 이 두 번째 것은 '복합위험(Complex Contingency)에의 노출'이라고 불러야 할 것입니다.* 복합위험은 항상 우리 근방에 있습니다. 각종 위험은 임계점을 넘어가면서 실제 사건으로 나타나고, 우리는 이런 위험의 층서(層序, strata) 위에 살고 있다는 말입니다. *층서적 위험이란 하나의 위험이 다른 위험을 부르고 국가안전이 위해(危害)될 수 있다*는 것이지요.

국내의 사건이 국민심리를 뒤흔드는 국가적 취약성(脆弱性)을 함께 경험한 적이 있습니다. 그때에 전쟁이 났다면, 경제공황이 왔다면, 등 모든 위험요소들이 다른 나라들 보다는 더 위기가 발화(發火)할 수 있는 임계점들에 가까이 도사리고 있는 일상을 살고 있다는 것을 알 수 있습니다. 아마 누구나 엇비슷한 시나리오를 쉽게 생각해 낼 수 있는 복합위험이 있는 국가라는 것을 인정할 수밖에 없겠지요.

그리고 세 번째 *'다중안보위협(III)'이 있는데 이는 외부의 직간접적 영향과 사주를 받는 내적 분열의 요소입니다.* 우리는 나라의 나가는 방향을 섬세하게 살피고 *심각하게 국론을 분열시킬 수 있고 치안을 혼란시킬 수 있는 다중적 다층적 요소들이 얼마나 우리 내부에 침투해 있는가 느낄 수 있어야* 합니다. 근린의 외국인들이 입국하여 잔인한 살인사건들을 일으키는 것을 보고 이런 생각을 하지 않으면 제대로 된 국민이겠습니까? 작은 나라만의 비애로 치부하기 보다 우리에게 해로운 요소들을 유익한 요소로 바꿀 수 있는, 차원이 높은 생각을 가지고 국민들이 단련되어야 하겠습니다.

다중임계근방도략의 일반적 방법론

*승계(承繼)의 전략
(*승계의 단절이 언제나 위협하고 있는 한반도*에서는 지대한 정치경제적 억압을 이겨나갈 수 있는 승계의 방법론을 별도로 비장하고 있어야 한다. *제1의 기본전략*이다.)

*포괄적 인지(包括的 認知)의 전략
(복잡성 통합의 전략이다. 포괄적 관점을 가지는 것은 매우 정서적인 과정*을 내포*한다. 모든 전략적 상황의 통합적 인지를 할 수 있는 훈련이 필요하다. 다임계상황에서 포괄적 인지전략은 *제2의 기본전략*이다.)

*기회자원 절약(機會資源 節約)의 전략
(특정한 기회의 시기에도 사회의 틈합성과 역사와 지리가 결정하는 상황의 복잡성 때문에 격변의 순간만 아니라 *평시에도 지속적 기회관리(機會管理) 또는 위기관리(危機管理)를 전 방위적으로* 해 나가는 전략적 태도를 말한다.)

*상시 혁신(常時 革新)의 기틀(Crux)전략
(평상시에 혁신(*革新*)의 기틀을 딛고 사는 방법론이다. 바로 뒤에 나오는 *7개 각론적 전략에 대해 총괄*의 역할을 한다.)

***_신축 도입(新軸 導入)의 전략_**
(신축 도입의 전략은 시대변화, 상황변화에 따라 전략가로서 기민하게 대응할 수 있는 방법론이다. 가장 _기업경영적 측면이 강한 결정_과 관계된 것이다.)

***_동축(同軸) 및 축연동(軸連動)의 전략_**
(축연동이나 동축의 전략은 _기회자원 절약_의 전략을 적용할 때, 양적으로 질적으로 에너지와 자원을 효과적으로 배분할 수 있는 현실적 방법론의 하나이다.)

***_상황복잡도 감소(狀況複雜度 減少)의 전략_**
(상황이 지나치게 복잡해지면 약한 _중소국으로는 감당하기 어려운 사건이 일어날 확률이 많아진 처지를 개선_하기 위한 전략방법이다.)

***_충격회피 또는 강화(衝擊回避 또는 强化)의 전략_**
(상황의 복잡도를 감소시키는 전략적 방법에서 사건의 진전방향이 _충격을 약화시키거나 강화시키는 방향으로 진전되도록 유도_하는 전략들을 말한다.)

***_정보 집적도(情報集積度)와 활성도 심화(活性度 深化)의 전략_**
(_다중임계근방에서는 정보의 효율적인 생략, 집적, 활용이 가장 중요_하다. 정보 수집사용자의 격체(格體)에 깊이 관련되어 있다.)

***_상징체계의 정돈 및 확장 전략_**
(사유형식과 사고방식의 도구로서 상징의 체계가 정보와 의사결정의 관점에서 항시 정돈하고 확장하여야 한다. 이는 문화전략 또는 연성전략(soft

strategy)와 관계된다)

***다양한 전략전술 축(戰略戰術 軸)들의 포괄적 육성**
(현대로 오면서 전략은 기존의 상황에 적응하는 것만이 아니라 _전략적 우위를 위한 환경조성_ 까지 도 생각하게 되었는데 이를 위하여 한국은 _다양한 전략전술의 축들을 포괄적으로 육성할 수 있는 방안들을 시행_ 하여야 할 것이다.)

대한민국의 미래는 안보와 외교에 대한 한국특유의 도략과 전략을 어떻게 개발하느냐에 달려 있습니다. 지금까지 8장에서 크레볼루션/의상포텐셜과/다중임계근망의 세가지 도략에 대하여 생각해 보았습니다.

대한민국이 한반도 밖으로 활발히 진출하여 경제적 결실들을 얻으면서 이제는 다양한 문제들에 봉착하게 되었습니다. 알파 세대들은 깊은 전략적 혜안을 가지고 세계역사의 격랑을 이겨내야 할 것입니다.

또한 _인류 전체도 지구행성차원에서 볼 때 위상포텐셜과 다중임계근방이라는 개념이 한 국가의 상황에서보다 우주진출의 과정에서 오히려 더 심중하게 적용되어야_ 할 수도 있습니다.

본서의 연구는 다음 단계에서 미러 행성차원 문제는 인류의 컴몬·그라운드에 대한 연구를 통해 더 심원한 차원으로 들어갈 것입니다.

280 뜻밖의 α미래

9 *컴팍스(Compax) 행성정치와*
솔라르케(Solarche); 두 기둥

9 컴팍스(Compax) 행성정치와 솔라르케(Solarche); 두 기둥

<<태평양양안(Compax)의 행성정치학, 태양계 신기원 (Solarche)의 우주문명 >>

지구행성의 해정학(oceanopolitics)

앞으로 100년간 대한민국만 말고 전세계 모든 국가들에게 영향을 미칠 가장 중요한 요소들은 *기술의 문제, 바다의 문제, 인구의 문제, 자원의 문제입니다. 특히 많은 변화가 바다로부터 올 것입니다*.

바다는 운송과 자원의 문제를 내포하고 있습니다. 그러므로 대양의 경영이 매우 중요해집니다. 특히 *미국이 세계경찰의 지위에 관심이 줄어드는 것은, 물론 우주진출을 위해 투입할 국가자원의 재배분 문제가 있겠으나, 세계의 권력배분의 균형이 변화할 것에 대한 전략교정*에 있는 것이지요.

*21세기 들어와서 벌써 23년이 지났고 그간 세계는 많은 변화를 겪었지만 가장 중요한 변화는 세계화의 종식이라는 것*이었습니다. 물론 세계화 그룹의 움직임은 여전히 활발하게 보입니다.

그러나 인간 면역과 관련하여, 세계인구 문제와 관련하여, 식량/물 문제와 관련하여, 이민문제에 연관되어, 전쟁/재난과 관련하여, 기후변화와 연관되어,

등등 각종 문제는 부정적인 방향으로 세계화의 방향성을 바꾸어놓고 있습니다.

인류는 대평원을 이동할 때보다 오대양을 경영하면서 진정한 자유를 맛보기 시작했습니다. 맥락성 문명은 인류의 영역을 확장시켜 왔습니다. *이제 우주라는 광대한 열린 공간으로 진출을 꿈꾸면서 진정코 맥락성 문명이 무엇인지 새로운 각성을 하여야 할 때가 되었습니다.*

왜냐하면 이런 열린 공간들이 크게 열리기 전에 인간의 문명을 영글게 하는 사건들이 찾아왔기 때문이기도 합니다. 지중해로 나간 그리스의 식민역사도 미케네 문명의 몰락과 관련이 있습니다.

셀 수도 없을 만큼 많은 유목민들의 문명파괴 사건들이 고대로부터 끊임없이 일어났는데 이는 몽골 초원에서처럼 주기적으로 닥치는 조드(Zod)와 같이 기근과 한발이 닥쳐와서 외부로 진출했던 것이었지요. 물론 말이 살쪄서 군대를 움직인 것은 약탈에 재미 붙인 후의 일입니다.

해양으로 나간 서구 기독교 문명의 성지(聖地) 상실이나 역병의 창궐과 같은 사건들이 모두 한 번씩 일어나는 역사상의 정리작업이 아니었나 생각해 봅니다.

아래의 *첫번째 지도는 그랜드 엡실론과 그랜드 치(Grand Epsilon (ϵ) 과 Grand Chi (X))를 보여 줍니다.* 지도에 *삼지창 모양은 바로 엡실론을 나타낸 것*입니다. 원래 그리스 문자인 엡실론은 작다는 뜻을 내포합니다. 그러나 *그랜드 엡실론은 지구 해양의 거대한 연결항로를* 보여 줍니다.

현대문명은 대서양에 축을 두고 한 끝은 북태평양을 통해 동아시아로 다른 한 끝은 인도양을 통해 남아시아로 연결되어 있습니다. 이 *해로의 연속성이 현대물질문명의 기본 골격을 만든 것입니다.*

그림 속의 *유라시아 대륙에는 X자가 그려져서 그 한 축이 아프리카의 남쪽 끝까지 내려가 있습니다. 그것은 인구 희소(稀少)지대이면서도 자원이 많은 지역들을 대체적으로 연결한 선이며, 서유럽에서 남태평양까지 이은 선은 세계에 인구 밀집지역을 표시*한 것입니다. 이것이 그랜드 치가 표현하고 싶은 내용이지요.

그랜드 앱실론과 그랜드 치가 교차하는 지점을 보십시오. 바로 아프가니스탄, 이란, 우즈베키스탄과 같은 나라들이 포진해 있습니다. 알렉산더가 정복행위를 멈추고 대성통곡을 했다는 험준한 지역입니다. 후일 그레이트 게임(great game)이라는 영국·러시아 사이에 해양·대륙 세력간의 유명한 분쟁역사를 간직한 곳입니다.

약간 서쪽으로 항상 분쟁이 많은 카프카스 지역이 있고 그 아래 나라 없는 수천만 인구의 쿠르드 족이 점거한 지역이 있고 이락이 있고 레바논이 있고 이스라엘이 있습니다.

요즘은 흑해, 에게 바다, 아드리아 바다, 발틱 바다와 같이 분쟁을 조성하는 지역에 인접한 작은 바다들이 관심을 끄는데 이런 해양과 분쟁과 세력확장의 역사는 우주에서도 유사하게 나타날 것입니다.

그런데 *우주는 3차원이기 때문에 평면인 해양보다 더 복잡한 양상을 보이*

게 되지요. 이제는 정보통신의 차원까지 생겼기 때문에 인간의 뇌가 힘들어 한번 더 부풀어오르는 중인 것이지요.

Grand Epsilon (ϵ) and Grand Chi (Χ) of Past Era

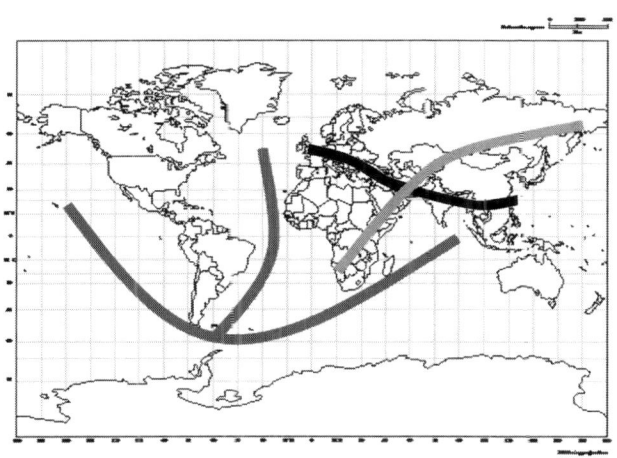

그런데 요즈음은 북극 항로를 열어서 거리를 단축한다는 말이 많이 나오고 있지요. 적어도 앞으로 10년 이후에 그렇게 되면 아마도 아마도 *향후 50년 정도까지는 북극해에서 태평양과 대서양으로 내려가는 두 항로가 π를 그리지 않을까* 생각합니다. 이 지도는 생략했습니다. 상상해 보세요.

이 *π가 이루어지면 세계는 20세기에 이어 두번째 태평양시대를 맞이하게 될 것입니다.* 이를 태평양 양쪽을 의미하는 *Com – Pacific*을 줄여 *compac*

으로 부르기로 합시다.

<u>Grand compac "π" (2030 ~ 2120AD)</u>

그러면 장래 100년에는 지구상에서 어떤 변화가 생길까요? 아마 새 시대로 넘어 가려면 한바탕 역사가 소용돌이 치겠고 평화문제에 대한 인류의 각성이 있어야 하리라는 생각은 누구나 하고 있습니다. 이 부분은 여기서 생략하기로 합시다. 그러나 <u>정신차린 인류가 할 일은 우주와 지구행성과 타인과의 공명(共鳴)하는 법을 배우는 것이겠지요.</u>

아주 간단히 생각해서 <u>인류가 50년 정도 후부터 핵융합이라던가 에너지 문제와 생리를 만족시키는 의식주· 식량· 물에 관련된 테크놀러지만 해결되어도 인류는 우선 지구상에서 널리 퍼지는 양상을 보일 겁니다. 그러면 북위 40도 이북과 남반구로 수없이 이주하지 않겠습니까?</u>

<u>그러한 트랜드는 이후 100년 이상 인류를 사로잡지 않을까요? 이러한 이주 트랜드는 앞으로 50년에서 200년까지 태양계로 나가는 움직임과 병행되어 나타나겠지요. 인간들은 우주공간의 엄숙함보다 푸른 바다를 더 좋아할 것이란 생각이 듭니다.</u>

<u>이러한 변화는 인간의 주거에 대한 인식이 변함에 따라서 지구 해양의 항로는 그랜드 델타를 따라서 그려지지 않을까 봅니다.</u> 특히 초전도선박이나 초고속 해면 질주를 가능케 하는 거대용량 운송선이 가능해진다면 단지 몇가지만의 기술적 비약으로도 인류의 미래에 큰 변화를 가져올 수 있을 겁니다.

그랜드 델타(Grand "Δ")는 아래 지도에서 보듯이 지구 전체에 큰 삼각형으로 나타나고, 남북극/호주/파타고니아/사하라/북아시아/남태평양/카리브해 등 많은 소외지역들이 인구확산 과정을 거쳐 지구문명을 재개편하는 단계로 들어 갈 것입니다.

아마도 100년 후에는 남극과 북반구를 잇는 삼각형의 밑변이 지금보다 엄청난 해상운송량을 자랑하게 될겁니다.

지구행성의 경쟁상태가 실종될 수도 있을 정도로 많은 블루·오션 지역들의 등장으로 그랜드 델타(Grand "Δ")가 형성되어, 북아시아의 한냉지대, 북아메리카의 한냉지대, 아프리카의 소외지대, 남미와 호주의 인구희소지대들이 모두 새로운 가능성을 가지게 되는 것이겠지요?

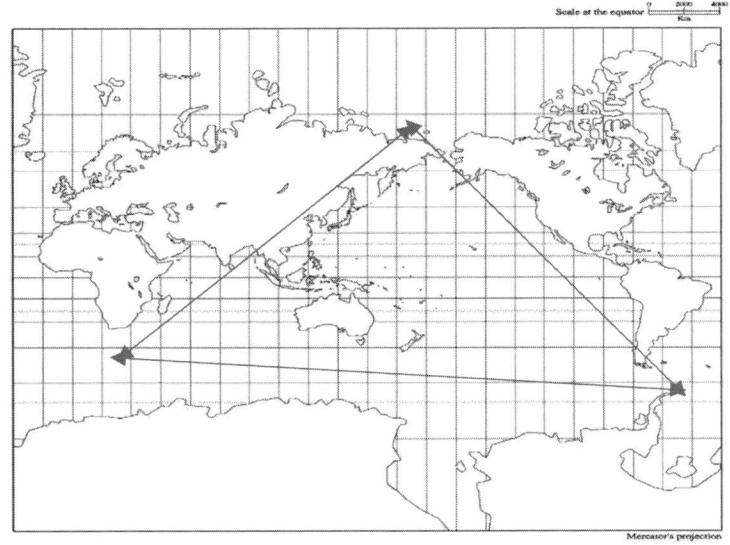

Grand Delta, "Δ"(2070 ~ 2220AD)

그 때가 되면 우리는 *Grand "Δ"가 21세기의 학자들이 규정했던 진정한 globalization과 localization을 합한 Real Glo-Calization이 성취되었다고 말할 수 있겠습니다.*

아마 우주시대로 접어들어 한세기가 지나가면, 태양계로 진출한 인류가 솔라르케(Solarche, solar-arche, 태양계-신기원)시대로 진입하면서 *인간의 심리적 기제와 연계되어 존재하는 말썽 많은 화폐단위도 ATP(Adenosine Triphosphate)라는 생체에너지화폐를 기본단위로 삼고 에너지ATP문명 단위로 경제생활의 재편성이 이루어지지 않겠습니까?*

솔라르케(Solarche)의 기반든 지구행성정치

솔라르케는 지구 행성정치가 안정된 후에야 지속적인 발전을 할 수 있습니다.

이때 한국의 1525@2023와 그 후손들은 어떤 상황이겠습니까? 우리는 역사의 계승적 해석이 얼마나 중요한지 미래를 손바닥에 놓고 보면 느낌이 생생해지는 것이겠지요.

우리는 인간성 보전으로 역사를 관리 해야 할 지구의 엘리트 교육 그룹으로 지구인류의 가는 길에 밝은 해와 같이 비추는 길잡이가 되어야 합니다.

우리는 진정한 홍익을 가능케 하기 위하여 인간성이 살아 있는 기술을 발전시키고 전 문명의 지식체계를 관리해야 할 겁니다. 마치 왕조실록처럼 치밀한 역사기록을 남겨온 우리 조상들 처럼 말이지요.

그리고 가장 중요한 낮은 임무가 지구행성을 관리하고 태양계 전체의 관리를 항상 유념하는 책임세대들을 시대마다 길러내야 되겠습니다.// 민초 고왕인 드림 2023.3.18.

290 뜻밖의 α미래

뜻밖의 α 미래

발행일   2024 년 2 월 1 일
지은이   고왕인
발행처   도서출판 백향목

출판등록제   2022-57 호
주 소   서울시 중구 창경궁로 40-6
대표전화   02-2274-6700

ⓒ 고왕인 2024
본 책 내용의 전부 또는 일부를 자사용하려면
반드시 저작권자의 동의를 받으셔야 합니다.